静安"拔尖人才项目"入选教育研

李伟忠　著

# 小学语文情理课堂

Xiaoxue Yuwen Qingli Ketang

上海教育出版社
SHANGHAI EDUCATIONAL
PUBLISHING HOUSE

丛书编委会主任:胥燕红　陈宇卿

# 总　序

为实现更高品质的教育国际化和更高水平的教育现代化,建立教育高端人才培养梯队,确保静安区普教系统名校长名师队伍的可持续发展,上海市静安区教育局自2009年起实施"教育拔尖人才项目"培养工程,致力于教育高端人才的培养。

"教育拔尖人才项目"培养工程有着清晰的目标,即通过项目的实施,培养出一批专家型、学者型的校长(书记)和教师,促其成长为教育管理、教育教学领域的领军人才,成长为上海市的知名校长(书记)和教师。

教育高端人才的成长有着自身的规律,区教育局依据"因材施教"和"做中学"的理念,遵循个性化、自主性和实践性的培养原则,尝试了区域高端教育人才培养工作的创新实验。

"教育拔尖人才项目"培养人选,根据自身特点和潜能,自行确定发展目标,自主选择最佳发展路径,真正做到学习进修成才途径的个别化、多样性,自主灵活,不拘一格,这是我区"教育拔尖人才项目"培养工程创新实验的主要特点。

"教育拔尖人才项目"培养人选,自行选择发展的路径有:自行选择市内教育名家带教培养,选择硕士、博士学历、学位进修,区内外轮岗锻炼,主持区、市级科研课题研究,出版个人学术专著,等等。

我们教育行政部门需要做的是:积极拓宽学习进修渠道,尽心搭建高层次锻造磨炼平台,充分创造条件来满足培养人选的发展需求。

在区教育局"积极引导、尽心服务,自主学习、主动发展"的工作思路指引下,部分入选的校长、书记和教师选择以出版个人学术专著作为自己学习进修成才的主要途径。

在学术专著的撰写过程中,作者们刻苦学习钻研当前教育改革的新理论,努力夯实自己的专业基础;他们紧密联系教改实践,聚焦教育热点,积极地对教育的改革和发展提出新问题、新观点、新方法,并力图揭示新规律或总结新经验。

每位静安"教育拔尖人才项目"培养人选在撰写和不断完善个人学术专著的过程中,经受了淬炼,并取得了难能可贵的进步;他们在专著中体现了广博深厚的教育理论功底和精湛的教育教学艺术特色。我们衷心希望,他们能以此为发端,坚持不懈地探索与实践,继续前行;同时也希望这些专著中对教育改革的探索和实践、取得的经验和成果,能为本区乃至全市、全国的基础教育改革提供一些参考和借鉴,并经受住实践的检验。

在此,对在我区"教育拔尖人才项目"培养人选个人学术专著的选题、撰写、完善过程中给予指导、帮助的各位带教导师,在项目实施过程中参与专著评估、研讨的各位评委专家,以及对作者成书给予各种支持的同行们,表示衷心的感谢!

上海市静安区教育局

2021 年 6 月

# 目　录

# 第一章　概述

## 第一节　背景

关于小学语文课堂教学,始终存在着两种不同的声音。

### 一、小学语文课堂应该是感性的

在语文教学中,一些教师把重点放在解析知识要点上,原本内容与逻辑严谨的文章被分析得支离破碎,失去了文章原有的生命力,教学活动变成了枯燥无味的知识点的训练。事实上,语文教师绞尽脑汁为学生剖析文本,可能抵不上一段声情并茂的朗读更能深入学生的内心,打动学生的心灵。

许多专家呼吁,语文应该是感性的。

感性教育是对人的感知、情感、直觉乃至无意识方面的教育,感性教育更有利于学生语言的发展。感性语文课堂以学生为感知主体,抛弃传统语文课堂的枯燥、呆板,还语文课堂以生动活泼的氛围。

语言文字在记载知识的同时,还具有刻画形象、表达情感、传递态度的功能。自然科技、人文艺术、精神生活等构成了小学语文教材的主要内容,这些内容都与人的感性世界有着密不可分的联系。从教学的目标上看,语文学习的目标不是语文本身,而是实际生活,即为了切实提高学生的人际交往能力、人文素养水平和现实生活品质。从学习的主体看,小学生的心智还未发育成熟,大都是用感性的方式获取知识、认知世界。① 因此,在小学语文课堂教学中,感性无处不在。然而,在新课改"感性语文"

---

① 郭毅浩,王爱华.高效课堂:模式与案例.小学语文[M].南京:南京师范大学出版社,2011.

的大旗下,许多教师又有新的困惑,不敢在课堂上涉及文章的分析、结构的解剖、方法的指导,唯恐被扣上"老传统"的帽子,致使语文教学效果大大不如以前。

## 二、小学语文课堂不能缺乏理性

两位好友拿着他们孩子的单元练习卷,问我一个问题:孩子在课上答得都对(家长开放日,他们听过孩子在课上回答问题,老师都予以认可),为什么在卷子上那样答题还被扣了分? 最近,我观摩了一位著名教师执教课文《灰雀》,问题相同。

或许,正是语文的所谓模糊性,导致了课堂教学的低效甚至无效。

由此,我想到了若干年前写的一篇听某教师执教课文《水》的随感。课文《水》中有这样一段文字:"从头顶倾注而下的水滑过了我们的脸,像一条小溪流,顺着脖子缓缓地滑过了我们的胸和背,然后又滑过了我们的大腿和膝盖……在水的滑动中,我听得到每个毛孔张开嘴巴的吸吮声,我感觉得到血管里的血的流动在加快。"教师提问学生:"文中为什么用'滑',而不用'流'?"且看接下来的一段教学实录:

生1:因为"流"比"滑"速度要快,如果用"流"字,这样就显得浪费水啦。

师:对作者一家来说,水可珍贵了,不能浪费呀。再请一位同学来说说。

生2:用"滑"字使文章显得生动一些。

师:对呀,文字就变得鲜活了。

生3:我觉得用"流"字太普通了,用上"滑"字有新意。

师:是啊! 我们写文章也要有创新意识。

生4:"滑"需要的水相对少一些,而"流"则需要的水多一些,"滑"字更能体现出水的珍贵。

师:说得真好! 我们一块儿把这段文字读一遍。

(学生齐读)

我们经常在语文课堂中看到这样的教学。但我要问的是:教师提的问题真的解决了吗? 没有! 对于"滑"和"流"的辨析,学生依然模糊不清,而且"越辩越糊"了,这样便滋生了语文的模糊,产生了教学的负效。

其实,这是一个不错的问题。对文本的语言文字进行推敲和斟酌,可以有效提高学生的语文素养。类似这样的提问,在课堂的文本分析与考试的阅读理解中经常会出现,所以,这个问题具有普遍意义。

教师对这次课堂辩论的组织与引导是不到位的,也是很不负责任的。为什么我们的语文课堂教学效益不高?为什么学生的阅读分析能力提高不快?为什么这么多热心人士(不管懂不懂教育,不管懂不懂语文)都可以对语文教学加以指责?理智地想想,非常重要的一条便是因为课堂教学的模糊性。模棱两可、似是而非直接导致了学生认知的错误和思维的偏差。这对学生的认知来说,是一种致命的伤害。

所以,我要大声疾呼:教师,请给予课堂真知!因为求真是教育的使命和教学的本义。如果我们在课堂上不能真正为学生解惑,那么教育的价值就无从谈起。

怎样求得真知?教师必须做好两件事。

一是心中存"真"。语文的问题或许没有唯一的标准答案,但肯定有相对准确的说法。所以,教师在上课之前,必须对教材进行深度解读,建立起相对科学的认知和判断标准。就如上文提及的"滑"与"流"的辨析,教师应该明确:"'滑'字用得好!它形象地写出了水流过身子的感受——滑爽,使读者感受到水的抚摸,体会到水带来的舒服和幸福感。它就像亲人的手,抚慰你,呵护你,让你身心舒畅,由此更加突出水的珍贵和"作者"对水的喜爱之情。"有了这样的"真"识,教师才能给学生正确的引导,才能让学生收获真知。

二是慧眼识"真"。"一千个读者的眼里可以有一千个哈姆雷特"。在语文学习时,我们比较强调文本的个性化解读。在课堂上,教师应注意保护学生的独特想法,鼓励学生的求异思维。但这种"独特"与"求异"并非不合情理、不着边际,如果将"哈姆雷特"解读为"哈利波特",那显然是不对的。语文课堂与数学课堂一样,在"是"与"否"的问题上,教师绝不可有一点含糊,对于学生认知中的错误,应该果断地向学生说"不"。我们需要关注学生的学习过程,鼓励大家各抒己见,大胆表达自己的想法。但在众说纷纭之后,教师应该进行有效的总结与概括,进而明确这一问题的最佳方案。这就是"求真"。

"模糊教学"是高效课堂的大敌。揭去模糊的面纱，我们将会看到语文的神圣与美丽。

"重情轻理"的课堂教学倾向，突出表现为语文课堂理趣的欠缺和对语文学习理性的忽视。传统的语文教学过多地强调了理性，特别偏重知识的分析与讲解，导致课堂死板，让学生主体性丢失。语文教学理当纠正以往语文教育中的过分理性，但也不应该从一个极端走向另一个极端。其实，在语文教学中，我们不能忽略一些理性思维的培养，如怀疑、批判、思辨、探索、逻辑等。相对我国传统的感悟文化而言，这些理性思维或许正是我们所缺少而又必须补上的。① 肖川老师提倡"批判性的思考""内省性的思考""彻底的思考"。他认为，只有彻底的理性才能赋予人一种大气，而唯有大气才能真诚。从某种程度上说，科学理性正是代表着最先进的生产力，影响着国家的发展。

于是，许多小学语文教学专家又呼唤"理性的回归"。

目前，小学语文教学效率不高的现状还没有从根本上得到改变，有的教师还不会"教"语文。作家吴伯箫有感于现今的语文教学：把课文都讲"肿"了，我们还不能激起学生的兴趣，还不能让学生静下心来"潜心会文本"，还不能抓住课文重点语句和可学、可用的写法，引导学生感悟、理解和内化积累。这样势必削弱语言文字的感染力，导致语文应用能力不强，人文熏陶大打折扣。课堂是教学的主阵地，上完一节课，我们都要习惯性地问问自己："我教给了学生什么？"问问学生："你们学会了什么？"其实，无论语文教学被注入了什么样新的精神，有一点应该是不变的，那就是追求学生在语文课堂中的实际获得。教师要尽量做到在短短的40分钟（或35分钟）里，让学生掌握更多的知识，学到实用的方法，保持积极的兴趣，形成良好的习惯。

要提高课堂教学效益，必须找到一些切实的抓手。我认为，既抓"情"，又抓"理"，将两者进行有机的整合，既注重"感性"，又不排斥"理性"，就能使课堂教学入情入理，实现优质而高效。

---

① 郭毅浩，王爱华.高效课堂：模式与案例.小学语文[M].南京：南京师范大学出版社，2011.

## 第二节 情理课堂的内涵

### 一、情

对于"情"的理解，一些学者把它解释为单纯的情绪，即人的喜怒哀乐。另一些学者认为，"情"不单单指情绪，而是指包括了情绪和情感的、区别于认知活动的、人类所特有的、对客观事物所表现出的态度及行为反应。

综合学者的观点，结合小学语文课堂的特点，我们认为，"情"指的是教学中一切能够激发学生积极情感，引起学生共鸣的情感因素。教师通过这些因素来引导学生的情绪、情感，吸引学生参与教学，培养学生的情操与价值观。

### 二、理

理的本义是指物质本身的纹路、层次。人的意识中的"理"，是指对于客观事物本身的次序、规律，是非得失的标准、根据的概括化认知。

对于教学中的"理"，一种比较偏向生活化的解释是，"理"是指道理，包括书本中的理论、生活中的规律以及为人处世的道理。还有一些学者把"理"解释为"理性精神"，认为它是学生思维品质中不可或缺的一部分，包括对问题的深刻认识、逻辑思维以及批判性思维等。

### 三、情理课堂

情理课堂是指在课堂教学中既注重情感、情境、情趣等感性因素，又凸显文理、学理、道理等理性成分，力求课堂教学活动入情入理、情理相融。更形象地说，情理课堂以"理"为骨，以"情"为肉，使课堂教学骨肉丰满。

在情理课堂中，"情"与"理"是互为补充、相互统一、不可分割的。教学需要感性因素与理性因素共同发挥作用——既要重视感性因素对于引起学生兴趣,调动学生积极情感体验的引导作用,又要重视理性因素深化学生认知,引导学生思维的升华作用。以感性因素滋养理性思维,强化感性对理性的促进作用;以理性思维深化感性因素,强化理性对感性的支撑作用。感性因素与理性因素相辅相成,相得益彰,统一于教育教学实践中。

在具体教学过程中,感性因素与理性因素的统一没有固定的方法,需要教师根据教学目的、教学内容、学生特点等进行有针对性的设计与调控,综合运用活动设计、议题辩论、语言升华等方式把二者巧妙地结合起来。

值得注意的是,情理课堂强调感性因素与理性因素的结合,并不是指在每一次教学过程中二者都等分地发挥作用,而是指在教学中,感性因素与理性因素二者都是不可缺少的。但在某个具体的教学过程中,可能其中一个因素作用发挥比较突出,则为显性因素,而另一个因素作用并不十分明显,则为隐性因素。

## 第三节　情理课堂的相关研究

国内外有不少教育学者论述过情理交融的思想,主要包括以下 4 个方面。

### 一、"情"与"理"的内涵

国外教育学者很早就开始了对感性教学与理性教学在教育领域的运用研究,其中许多优秀的教学理论至今仍值得我们借鉴和学习。国外虽未明确提出"情理交融教学"这一概念,但对情理因素应用于教学的研究较早,体系方法也相对成熟,其主要着眼于心理学、哲学和教育学,从学科教学视角,阐述了情理与教学之间的关系。国外研究成果主要包括人本主义思想、动机原则等。

国内的学者对"情"与"理"内涵的观点相似,这里总结了几位具有代表性的观点。

沈一航老师的观点代表了人们对于"情"和"理"最初的认识。沈老师认为,"情"指人们对于外界事物的一种心理反馈,即我们通常所说的"情绪",如喜、怒、哀、乐等;而"理"是指道理,是我们生活中以及书本中的道理。"情理交融"就是既以情感人,充分发挥积极情感的作用,又以理服人,通过说服来教育人。这种对于"情理交融"的认识着眼于对象的情绪状态,主张通过对情绪的把握和讲道理来达到思想教育的目的,比较贴近生活,对于日常的思想教育具有一定的启示,但对于课堂教学工作的指导性有所欠缺。

黄津成老师指出,"理"指"有理、讲理",它并不是把道理灌输给学生,而是通过学生的亲身体验与探究,让他们去发现,并构建出自己的"理";"情"指"有情、动情",在课堂中调动学生的感情,引领学生体验政治课理论中的"情"。"情理交融"就是"理、用、情、美"的有机统一,从内心打动学生。这一观点吸收了建构主义学习观,注重发挥了学生的主动性与创造性,提倡学生主动地探究与自主建构。此外,这一观点创新性地提出了"美"的概念,提出"情"和"理"应当统一于"美"中,是对情理交融内涵新的探索与突破。

## 二、"情"与"理"的关系

苏联教育家苏霍姆林斯基强调,情感是影响智力活动的重要因素。他提出"情感动力"教学理论,认为学生的情感发展需要通过各种有益的活动来培养,以此促进学生的学习与发展。该教育理念的核心就是丰富学生精神世界,增强学生情感体验。总体上讲,苏霍姆林斯基强调情感对促进学生的理性发展,乃至学生的全面发展是至关重要的。

苏联教育家斯卡特金提出,学生认知发展的关键是情感的培养。情感能够促使人从事的各项活动获得好效果。同时他也是第一个提出"教学积极情感背景原则"的教育家,讲究在教学当中充分利用学生的情感因素以促进发展。这一原则说明了情感发展对认知发展的巨大作用。

美国教育家布卢姆认为,教育目标应分为三个层次,不能片面地把教育目标分为认知领域和技能领域的目标,而有必要将学生情感领域的培养目标同样作为教学目标的重要组成部分。他提出了"教育目标分类学",将教育目标分为认知领域、情感领域和动作技能领域。我们可以从布卢姆的观点中看出,教师在教学的过程中不能将"知识和能力目标"作为完成教学任务的全部目标,而是需要把"情感"和"认知"两者相结合,从而满足学生的精神需求。这一观点把教育的情感目标与理性目标提到了同等重要的位置,提倡教育不仅要重视学生的认知培养,还要重视学生的情感培养,使二者相互促进、共同发展。

我国古代著名教育家、儒家学派的创始人孔子就曾说过:"不愤不启,不悱不发,举一隅不以三隅反,则不复也。"也就是说,要选择学生思想矛盾最为激烈、情绪最为浓厚的时候,用道理去启发他、开导他,才能够得到更好的效果。这体现了孔子"因情而教"的思想——观察学生的情感,等待合适的时机,再用道理去引导学生,可以充分发挥情感在理论教学当中的作用,达到事半功倍的效果。孔子还认为"知之者不如好之者,好之者不如乐之者",充分肯定了情感在理论学习当中的重要作用,认为积极的情感能够对理论学习有促进作用。

教育学者冷冉提出"情知教学论",认为"情"与"知"是辩证统一的,应当着眼于教会学生以最好的情绪和态度,运用最好的方法去掌握知识和发展能力,简而言之,就是教会学生学习。

哈尔滨工程大学戴筱筱老师指出,在认知教育过程中,情绪机制与思维机制是共同发展、相互交织的。人的认知与情感是整体。在认识活动的整个过程中,受教育者的认知发展与情感的发展是紧紧联系在一起的。因此,情感可以对理性有积极的促进效应,具体体现为,情感可以影响受教育者的认知过程和理性思维,使其认知和思维得到强化。这一论述从教育心理学中认知发展的角度深刻地揭示了情感发展与理性发展相伴而行的特点,以及情感对于认知的催发效应,表明了"情"与"理"的关系。

## 三、情理相融对教育的作用

著名的哲学家、思想家苏格拉底提出"产婆术",包括讥讽、助产、归纳和定义4个步骤。通过双方的交谈,在问答过程中,不断揭示对方谈话中自相矛盾之处,从而逐步从个别的感性认识上升到普遍的理性认识、定义及知识,帮助其从各种具体事物中找到普遍的共性与本质。其所强调的便是教学应注重对对象情操的陶冶,即通过对教育对象情感的影响,逐步上升到普遍的理性思维,以培养学生的高尚灵魂。苏格拉底的"产婆术"就体现了情理交融的教学方法对学生思想教育的巨大作用。

美国人本主义心理学家卡尔·罗杰斯提出,激发学生的学习兴趣与潜能,帮助学生形成积极向上的正确价值观,使学生最终达到自己教育自己的状态,这才是教育的目的。他认为,认知过程与情感过程是有机统一的,教师应用情感进行教育,才会取得理想的教育效果。

河南师范大学美术学院尹申、贾淇涛老师在《"情""理"相融:美术教学过程的"变"与"不变"》中指出,情理交融是实现美术教学发展的途径之一,只有实现有机统一才能培养出德才兼备的人才。美术教学中,"情"是感动人的,"理"是规范情的,"意"是美术教学追求的最高目的。情理教学对于提高学生的积极情感和学术水平,促进学生全面协调可持续发展有着重要的意义。

## 四、实现情理相融的策略

华中师范大学王倩在硕士论文《高中思想政治课情理交融教学研究》中,提出了提升高中思想政治课情理交融教学效果的几点策略:一是提升教师情理交融教学的水平;二是提高学生对情理交融教学的参与;三是在课堂中应用好情理交融教学;四是注重课下情理交融教学的延续。

江苏省南京市长城小学丁维虎老师在《情理共生教学的探索与实践》中,提出了情理共生教学的实践策略,即课题导入注意以情铺路,知识讲解实施情理交融,练习探究坚持情理互促。

江苏省苏州实验中学张长松老师在《因文拟境,情理相生——例谈文言诗文教学的"生动"追求》中指出,在教学中可以引导学生用经历的生活情境做类比,领悟经典文化的内涵;引领学生细读文本,还原场景,体悟情感,生成共鸣;还可以通过想象场景,帮助学生深入理解文本,设置学科认知情境,让学生理解这"无理"之妙,提升思维品质。

上海中医药大学附属闵行晶城中学黄卫华老师在《扬起语文教学的情理之帆》中指出,初中语文教学可以利用课堂养育学生的真性情,可以散发思维活跃的理性之光,可以实现情理共生的唯美境界,还可以从语文教学的巧设、探究和思辨中去做足功课——于巧设中育人间性情,于细究中明万物之理,于思辨中悟情理之美。

江苏省靖江市实验学校孙艳在《情理相润 言意共生——浅谈我的课堂教学主张》介绍了情理相融课堂的4个策略:借助生活元素引导理性思维,使情感感同身受;借助文本挖掘引导理性思维,使情感符合心智;借助语言解读引导理性思维,使情感悠长绵延;借助道德冲突引导理性思维,使情感深化。

综上所述,国内外有较多思想家、教育家及学者在教育领域中研究"情"与"理",更多关注的是"情"与"理"之间的关系,大都形成了"以情生理""以情促理"的教育教学策略。

# 第二章　情理课堂的理论基础

## 第一节　文字学视野下的"情"与"理"

创立"袁氏拼音方案"的袁晓园先生在《汉语具有简短明确的特点》一文中指出："世界上唯有汉字有字理。"字理，就是指汉字的构字理据。著名文字学家殷焕先先生说过："汉字是有'理性'的文字。所谓'理性'，即是合乎'六书'。"汉字"六书"中象形、指事、会意、形声是 4 种造字的方法。它们的构字理据和组成规律是非常明晰的。几千年过去了，汉字依然顽强地维护着自己的表意文字特点，大部分的汉字依然是有理据的，毋庸置疑，大部分的汉字依然是可以进行字理析解的。

著名特级教师黄亢美老师多年来一直从事字理教学研究。他在《在字理教学中培育学生热爱祖国语言文字的思想感情》一文中提道，中华汉字在世界上是独树一帜的。"六书"造字法造就了千万个具有表意性的汉字，是世界上表达最完整、最准确、最活泼的语言文字。造字之初的象形字生动逼真、图字合一，如"手"的金文写如"✋"，"目"的甲骨文写如"👁"，使人见字知形，见形知义。而后的会意字、形声字内涵丰富，组构巧妙。汉字还蕴含着深厚的文化内涵，如学生学习了"信"字知道了"人"之"言"须诚信；学习了"仁"字知道了该字由"人"和"二"组成，会意为人与人之间要相亲相爱；"孝"上"老"（省形）下"子"，表示孩子搀扶老人在行走，行孝从敬爱老人做起。学生懂得了这些字蕴含的字理，就会既感受"六书"造字之妙，又初步感悟到汉字的文化内涵。

此外，汉字在音律、形体、情趣等方面亦是别具一格、独具魅力的。正是有了这样丰富多彩的汉字，才传承下无比灿烂辉煌的中华文化。而且汉字还超越了方言的阻碍，统一了书面语，约束了方言的分化，在维系民族团结和国家统一方面有着积极的意义和作用。所以，今天我们在识字教学中要加强字理教学，让学生真切地感悟汉字的美妙，由衷地喜欢学习汉字，切实有效地培育学生热爱祖国语言文字的思想感情，让源远流长的汉字文化薪火相传。

## 第二节　文学论视野下的"情"与"理"

文学是人学,离开了人,文学便失去了存在的意义。实际上,文学所描写的内容,都是人的内心世界的展现,即便描写的是大自然的美,也离不开人。像朱自清的《春》,在春草、春花、春风、春雨的背后,仍然是"落地的娃娃""花枝招展的小姑娘""健壮的青年"。文学只要表现了人的心灵,就脱不开"情",离不开"理"。英国诗人蒲伯在其长诗《咏人》里,认为人是由两种天生能力构成的,一是"自爱",二是"理性",即"情"与"理"。就任何一部作品而言,都包含着情与理两方面因素,因为没有理的基础,情便无从产生,即便是表面看来纯抒情的作品,其中仍有理性的影子。①

文学是一个整体,是由"情"到"理",由感性到理性的统一体。长江职业学院的杨敬华老师在《文学作品:感性与理性的统一体》中,具体阐述了文学的感性和理性。②

### 一、文学的感性

文学是由直观形象来表现情感、情绪这些人类带有普遍性的内心世界情状的。其物化形式便是语言符号,直接显示感性形象,与感性形象存在着某种直观的或含蓄的对应。人类最初的语言,不过是用来表示某些人类感性对象的称谓关系。随着人类智力的发展,语言出现质的飞跃,单一的称谓分化为既相互关联又相互对立的两种意义(具体与抽象,一般与个别),具体的、个别的语言符号与人类的情感内容具有更加贴切的对应关系。它适应于人类直观外形的审美心理活动。

文学语言符号所传达和唤起的是大众的内在要求与欲望,是大众的精神食粮,因为它表现为满足其感性方面的要求。所以,创作不仅是语言符号的营建,也是人的各种感觉、情绪的塑造。阅读不仅是对语言符号的

---

① 郭毅浩,王爱华.高效课堂:模式与案例.小学语文[M].南京:南京师范大学出版社,2011.
② 杨敬华.文学作品:感性与理性的统一体[J].湖北成人教育学院学报,2007(6).

接受,而且是对作者塑造的感觉、情绪的接受。作家和读者之所以共同"占有"文字作品,委以悲欢离合,委以喜怒哀乐,这是因为他们是活生生的感性存在物。善、美、自由等,无疑是人的目的,但它们只有融入人的情感之中,并不敌视感性,建立于感性之上,成为感性的升华,才是人的目的。因此,文学的感性,是人的感性存在的直接产物和最集中的体现。

文学饱含情感,但这情感既不是天生的玄妙的纯粹存在,也不是某一方面某一层次的情感,而是包含着由低级到高级、从模糊到清晰的多层次、多向度的情感。因而文字作品是作家生理、心理在多层次、多向度上的整合,并弥漫、渗透至全部的创作、阅读活动之中。文学含有低层次的欲望,也含有高层次的美感,因为文学既表现人性世界中非意识层次的内容,也表现伦理情感、审美情感。

文学的审美本质是由人类各层次、各向度的情感的美学意义的表达所决定的。文学作品的价值源于感性的艺术土壤。文字作品首先是"欲"的产物,其次才是"思"的产物。这就决定了文字内容具有感性的形态特征。文学的永久魅力在于对生命情感的全方位揭示:首先是作家,设立生命情感的矛盾,然后是读者,认识生命情感的矛盾,最后克服、超越生命情感的矛盾。

## 二、文学的理性

从文学作品中,我们可以看到作家对语言的惊人控制能力,运用语言不仅可以活灵活现地刻画现实世界,情真意切地表达内心情感,甚至还可以表达某些无形观念,正是借助语言符号,作家才能进行思维,才能再现现实事物之间的联系和规律。

从形式上看,文字作品就是语言的智慧表达。作家创作就是把一堆零散的材料按照特定的规则组成完整语义的过程。在这个过程中,必然有抽象的、一般的逻辑过程。文字作品是有意义的表达。它必须参与到或多或少的、潜在的、或是显在的抽象概念之中,其结构是语言符号的有序化编码。这里的有序化,就是能从语言符号字句间的细微处体味要素间的整体关联,从而达到一定的美学效果。所以它必依赖于作家的智慧,服从于作家的整体构思。

于是,文学语言在具有感性特征的同时又具有理性特征,既是大众的语言,又是作家的语言。从内容上看,文学既不能脱离感性而存在,也不能脱离理性而存在。文学作为人类精神氛围中的动力性系统,自然而然地受到思维对存在依赖关系的规范和制约。因此,文学也被看成是对生活的反映,即对生活的认知、理解和发现。这是一种理性的评价性反映,作家把这种理性评价融入语言符号体系之中,通过文学作品真实地再现自然和社会的场景,反映一定历史时期的政治、文化、经济,表现不同社会阶层、不同个体的精神风貌,以及他们之间的各种现实关系,使读者获得自然、社会以及人生的种种认识。从形形色色的"模仿说"到马克思称赞巴尔扎克"用诗情画意的镜子反映整个时代",从列宁把托尔斯泰称为"俄国革命的一面镜子"到今天各种"反映说"的文学理论,都从不同的角度说出了相同的真理:文学是理性认识的产物。

作家能把自己的智慧冷静而周密地运用于统一素材、统一表象、创造形象的全过程之中,在创作中体现,在作品中结晶的文学理性不是别的,正是作家具有的、信奉的、能赋予自身生命意义的价值规范系统。但是,文学的感性无论多么具有个性,读者都可以体验,但文学的理性一旦至深至晦,读者就无法介入。于是,文学的理性是衡量作家与读者甚至批评家之间距离的天然尺度。也就是说,文学在与大众同呼吸、共命运的同时,又有了脱离大众的走向。

## 三、作品的情理状态

文字作品作为作家情感和理性物态化了的语言符号系统,以多层面的状态呈现在读者的面前。感性(情感)、理性(认识)共同构成其内容,共同决定其本质。它们的关系如同矛盾的各个方面,既对立又统一,共同构筑文学作品的生成结构。

不同层次的"情"和不同层次的"理"共同存在于作家的心理结构之中,相互排斥、冲突,又相互生成、发展,文字作品便是这种"情"与"理"相互作用、生成的结晶。也就是说,文字作品从内容到形式的统一体中,是由"情"和"理"共同组成的区域。这个区域就是文学形象的生存、挥发空间,就是读者欣赏、体味的艺术境界,而且"情"和"理"在区域中所占比例的大小正是作家个性、风格乃至艺术情调的具体体现。任何一部正常状态的文字作品都存在于由情到理组成的区域内。只要是作家创造出来的正常状态的作品，都可以在这个区域内找到它应处的位置：或重"情"，或重"理"，或"情""理"并重。

所以，由"情"到"理"组成的文字作品生存的区域，是一个密集了所有正常状态，表现不同层次、不同向度的"情"与"理"，体现了不同情调的区域。"情"与"理"是构成这一区域的两极，任何文学现象都摆动于这两极之间。其物态化了的文本最终定位于两极之间的任何一点上。文学作品的最后定位，取决于作家甚至读者、批评家对文学的感性与文学的理性二者的本质及其关系的理解和把握，取决于作家钟情的美学情调。这在一定意义上有助于我们对文学现象及其本质的认识。文学既是现实的理性反映，文学形象的理性创造，也是情感的真实表现，文学形象的感性雕塑。有的文字作品重"情"，有的文字作品重"理"，有的是"情""理"并重。但其中任何一类都没有违背文学创作感动读者、推进文化的神圣职责。因此，文学理论与文学批评没有理由对此妄加评说，把自己当作一把衡量的标尺。因为作家、作品只不过是在这个"情"与"理"的区域内找到了自己应有的位置而已。这背后隐藏着一个厚实的群体及文化背景，特定的位置正体现着作家、作品所具有的群体文化色彩及其具有的个性特征。

在"情""理"两极的区域内，越是远离中间地带而靠近"情极"的作品越注重"情"的表达，越是靠近"理极"的作品就愈注重"理"的深刻。于是，文字作品就有了批评家所谓的通俗文学与严肃文学之分。通俗文学更多地表现常情，严肃文学更多地反映对于现实世界的理性认识，它们共同兼容于现实世界的整体状态之内，是自然存在。它源于阅读者是一个群体：不同时代的读者有不同的需要；不同层次的读者有不同的需要；个体身心在不同的状态下有不同的需要。文学是人学，文学的发生、嬗变不可能超越"人本身"的感性和"人本身"的理性。随着文化背景的转换，阅读群体的结构必然地发生这样或那样的变更，文字作品所处的情理的相应位置就产生相应的变动，但文学作品的普遍模式即处于情理两极之中依然作为整体而存在。

## 第三节 心理学视野下的"情"与"理"

从心理学的角度看,理性是指人利用概念进行推理、判断的心理机制;感性是指人的感知、想象、情感、灵感、直觉等心理机制与功能。感性认识是对事物现象的认识,理性认识是对事物本质的认识。心理学家弗洛姆认为,人通过"爱"和"理性"从精神上和情感上理解这个世界。尽管"爱"和"理性"仅仅是理解世界的两种不同形式,但它们依然是不同力量的表现,一种是情感的力量,另一种是思维的力量。现代脑科学也告诉我们,人的大脑两半球中,左半球主理性思考,右半球主情感活动。法国哲学家卢梭倡导感性的自然主义教育。他认为,2~12岁的儿童处在"理智睡眠时期",但卢梭没有否认这一时期儿童"理智"的存在。这"理智"正是儿童发展的潜动力。①

### 一、感性认识

感性认识是客观事物直接作用于人的感觉器官在大脑中产生的反映形式。感性认识是认识的初级阶段,主要包括感觉、知觉和表象。其特点是直接性、具体性和生动性。要获得感性认识,必须亲自参加社会实践,还要直接接触客观事物。感性认识是认识的来源,是理性认识的基础。因为感性认识只认识事物的表面现象和外部联系,尚未达到对事物的内部联系和本质认识,所以,感性认识往往有待于发展提高到理性认识阶段。

感性认识包括相互联系而又循序渐进的3种形式:感觉、知觉以及表象。

#### (一) 感觉

感觉是人对事物的最初的反映,是主体的感官对内外环境适宜刺激

---

① 郭毅浩,王爱华.高效课堂:模式与案例.小学语文[M].南京:南京师范大学出版社,2011.

物的反映形式。感觉反映事物的表面的个别属性,譬如,可见光线(波长在380～770毫微米之间的电磁波)可以通过人的眼睛转化为神经过程,从而产生视觉。一定的声波(频率为16～20000赫兹之间的声波)作用于人的耳朵,能引起神经兴奋,从而产生听觉。感觉因感受器官的不同,可分为听觉、视觉、味觉、嗅觉、触觉等种类。

### (二) 知觉

知觉是对客观事物表面现象或外部联系的综合反映,它能够为主体提供客观对象的整体映象。知觉是各种感觉的结合,它已经显示出事物的主要外部特征以及现象的各要素之间的整体联系。知觉虽然来自于感觉,但不同于感觉。两者的区别是:感觉往往反映事物的个别属性,知觉却认识了事物的整体;感觉通常是单一感觉器官活动的结果,知觉是各种感觉协同活动的结果;感觉一般不依赖于个人的知识和经验,知觉却受个人知识经验的影响。

### (三) 表象

表象,是指曾经作用于感官的事物的外部形象在人的意识中的保存、再现或重组。按性质来分类,表象可以分为记忆表象(或再现性表象)和想象表象(或预见性表象);按照概括程度来分类,表象可以分为个别表象和一般表象;按感官来分类,表象可以分为听觉表象、视觉表象、触觉表象等。需要注意的是,表象不是知觉形象的简单重复,它再现的不是客观事物的全部联系和特性,而仅仅是那些最有代表性的、对人的实践活动最重要的特征。

我们可以从以下两个方面来比较感觉、知觉与表象的不同。

一是性质不同。感觉是脑对直接作用于感觉器官的客观事物的个别属性的反映;知觉是客观事物直接作用于感官而在头脑中产生的对事物整体的认识;表象指基于知觉在头脑内形成的感性形象。

二是特点不同。感觉是知觉、记忆、思维等较为复杂的认识活动的基础,也是人的心理现象的基础,是最简单、最基本的心理活动;知觉往往具有整体性、恒常性、意义性、选择性;表象具有直观性,但又不如知觉映象鲜明、完整和稳定。表象具有一定的概括性,是从感知过渡到思维的中间环节。

我们将三者联系起来看,从感觉到知觉再到表象,是人的认识从个别的属性和特征上升到完整的形象,从当下的感知达到印象的保留和概括的再现的过程,其间反映出认识从部分到全体、从个别到一般、从直接到间接的趋向。但是,我们从人的完整认识过程来看,感觉、知觉、表象这些感性认识形式都是对事物的表面特征的描述,还不能够揭示事物的本质。

# 二、理性认识

所谓理性,是指人们面对问题时进行的价值判断与筹措解决方案的一种能力素质。理性认识是建立在感性认识基础上的能够揭示事物本质及其规律性的认识。理性认识是认识过程的重要阶段。它以事物的本质规律为认识对象,是对事物的内在联系的认识,具有抽象性、间接性、普遍性的特征。

理性认识的 3 种形式为概念、判断和推理。

## (一) 概念

概念是对事物本质属性的概括,也是在意识里形成反映对象的本质属性的思维形式。即把所感知的事物的共同本质特点抽象出来,加以概括,就形成了概念。概念都有内涵和外延,并且随着主观、客观世界的发展而变化。通俗地说,概念就是从形式上固定事物的外部特征,如形态、颜色、气味、味道等;从本质上确定事物的生存发展规律,如环境、时间、变化因素、作用等。将事物的外部特征与其内在规律结合在一起,就是对具体事物的概念性认识。

概念能够快速、便捷地将标识(名称)与具体事物(或事件)的内容清晰地、全面地、集中地联系在一起,从而省去部分知识及信息集中和整理的过程,使人们得以快速知晓事物(或事件)的全貌,提高认知的质量和效率。如太阳(概念名称)—天体(属性)—发光发热(作用)—能量来源(意义)。

## (二) 判断

判断是在概念的基础上对事物的各种关系进行区分、识别。判断是对思维对象是否存在、是否具有某种属性,以及事物之间是否具有某种关系的肯定或否定,在形式逻辑上可以用一个命题表达出来。通俗地来说,判断就是在事物的发展过程中识别出和认定某种现象存在与否,如白与黑、明与暗、有或无等,对事物的"某种现象"进行"是与否"的确认就是判断。

### (三) 推理

推理是由一个或几个已知的判断,推导出一个未知的结论的思维过程。推理主要有两种形式:演绎推理和归纳推理。演绎推理是从一般到特殊的推理,即从一般规律出发,运用逻辑证明或数学运算等方法,得出特殊事实应遵循的规律。归纳推理是从特殊到一般的推理,即从许多个别的事物中概括出一般性的概念、结论或原则。通俗地来说,推理就是从已经知道的事实中采用交叉印证的方法预见即将发生的事件。例如:我们观察到天空密云低垂与凉风习习两种交叉出现的自然现象,从而得出判断:即将有雨。

推理可以依照某种事物的生存发展规律用已经发生的事实相互交叉印证来预见下一步必然发生的事件。

# 第四节　文化论视野下的"情"与"理"

"情理"文化概念源于辞源学与社会学。

《说文解字》中解释:"情,从心青声,人之阴气有欲者。""情"与"心"息息相关,与"有欲"——不可选择的血缘关系相伴而生。《礼记》指出:"喜怒哀惧爱恶欲,七者不学而能。""情"就是与外在的人、物接触时,自然萌生的美好而缠绵的牵挂,具有喜、怒、哀、惧、爱、恶、欲等表现形式,是不学就会的。"理"与"情"相对,《说文解字》里解释为"治玉也",即加工玉器。古人常常以玉比德,给玉赋予道德价值,治玉的过程可以比附人格修养升华的过程。人格修养的升华必须节制人欲,因而必须对人的"情"进行规范、教化和提升。①

最早将"情理"作为一个词组来解释的是《周易》。它认为"情理"是对情的理性思考,是"情"的最后一个边界。《周易》最早提出了情感交融的认知观,即"入情入理"是一种认识途径,"合情合理"是辨别是非的标准,"通情达理"则是中华民族的道德行为规范,"动之以情,晓之以理"是化解矛盾的主要手段。《周易》的"情理交融观"与传统儒家思想中的"发乎情,止乎礼义"的文化精神合为一脉,经儒家思想发展提升,渐渐成为传统文化中"情理合一"的思想。

在《现代汉语词典》中,"情理"解释为"人的常情和事情的一般道理"。② 这样的解释显然来自"情"与"理"两个基本内涵的叠加。从社会学的角度来看,"情理"结合在一起,作为一个文化符号出现的时候,超出了两者的基本含义,至少包含三层意义:第一层来自人们内心的天性,如"亲情互爱""乌鸦反哺"等,符合人乃至动物的本性,是最基本的情理特征;第二层来自人们普遍认同和尊重的自然法则,如对事物规律的认识和对社会规范的认知等;第三层是来自社会的道德规范,通常是被大家接受

---

① 郭毅浩,王爱华.高效课堂:模式与案例.小学语文[M].南京:南京师范大学出版社,2011.
② 中国社会科学院语言研究所词典编辑室.现代汉语词典(第7版)[M].北京:商务印书馆,2016.

并遵循的、人与人之间交往的法则,不仅包括人与人之间的自然情感、纲常伦理等亲情关系,而且还延伸为基于该情感所产生的道德、风俗、习惯等。① 由此可见,"情"与"理"其实是我们认识世界的一体两面:于心而言,曰"情";于性而言,曰"理";心性合一,则为"情理"。

陈晓冰老师在《小学语文"情理课堂"的文化寻根》中指出:"儒学思想是中国文化的主流,而情理精神则是儒家文化的精髓。"儒家的"情理精神",通常表现为中庸。在我们的社会生活中,人们普遍遵循这样"情理精神":做事情不要做到极端,要留有余地,这是合乎情理的,反之,就是不合乎情理的。凡事要尽量替对方考虑,给对方留点面子,这是合乎情理的,不然,就是不合乎情理的。为人做事应该中规中矩、不偏不倚,这是合乎情理的,而好出风头、孤傲怪癖是不合乎情理的。中国人深受这种"情理精神"的文化濡染,为人处事的原则往往表现为讲究中庸、追求和谐。文化潜移默化地影响着教育,所以,我们对人的教育往往是"动之以情、晓之以理",所动的情是"天理人情",所晓之理是"人情天理"。②

---

① 　郭毅浩,王爱华.高效课堂:模式与案例.小学语文[M].南京:南京师范大学出版社,2011.
② 　陈晓冰.小学语文"情理课堂"的文化寻根[J].生活教育,2011(8).

# 第五节　教学论视野下的"情"与"理"

现代教学论认为,学生掌握知识的过程是感性认识和理性认识有机结合的过程。只有学生的感性认识丰富,表达清晰,想象生动,形成理性认识及理解书本理论观点才容易、才可靠;反之,就会感到困难、不扎实。另外,教学过程是教师与学生情感与理性共同参与的活动,兼有艺术性和科学性的特点。对教师来说,教师对教学目标的理解、教学方法和教学内容的选择、与学生的互动等都带有个人的情感色彩,同时这些环节也是教师发挥各种理性作用的过程。对学生来说,教学过程不是学生被动学习的过程,而是学生对学习的内容、方法和学习目标进行认识和反思的过程;而且这个过程正是学生个体情意能量发挥的过程。[①]

从学科性质来看,语文教学是感性的,给师生带来美的享受,带来情感的熏陶,从而打动学生,让学生更多地形成一种感性思维。从教学的角度来看,语文又应当是理性的,通过理性的教育让学生对事物产生科学的认知,进而形成理性的思维。当今小学语文教学需要理性思维,才能不偏不倚地看待问题、面对生活。

赵红娟老师在《小学语文教学中理性思维的回归》中,倡导在语文课堂中着力学生的4个意识[②]。

一是问题意识。问题意识是学生在阅读、学习、观察等过程中通过思考,进行探究而产生的疑惑,从而提出问题,促使学生想办法解决问题。爱因斯坦曾说:"提出一个问题往往比解决一个问题更加重要。"提出问题是思考的结晶,是探究的开端,是启智的源泉。可见培养学生拥有问题意识的重要性。但是提出有意义、有价值的问题是我们更高的追求,如何让学生提出有意义、有价值的问题呢? 古人曾说,"学习不唯书,不唯上,只唯实",就需要我们用理性的思维去发现问题。教材便是很好的着手

---

①　郭毅浩,王爱华.高效课堂:模式与案例.小学语文[M].南京:南京师范大学出版社,2011.
②　赵红娟.小学语文教学中理性思维的回归[J].智力,2021(1).

点,在教学中可以鼓励学生联系生活实际发现问题。

二是思辨意识。思辨力,即洞察事实真相和思考分析的能力。在思维过程中加入辩证法,即能够用联系观、发展观、矛盾和辩证否定观看问题。在信息时代,思辨力是决定人生的关键。只有提高思辨能力,才不会轻易被他人的言论影响,不会人云亦云,毫无主见。思辨力也不是与生俱来的,需要后天的习得。小学教学就应该培养学生的思辨意识,让这种意识根植于心中,为学生全面认识事物做铺垫,去适应这个纷繁复杂的世界。思辨意识不是天生的,重在有意识地模仿学习。在教学时,教师就应该担负起这样的责任,从教材中、生活中挖掘素材,让学生洞察世事,启发他们的心智,全面培养学生的思辨意识,让每一位学生成为自己的主人。

三是实证意识。课堂教学中,常常听到一名学生表达了观点,接二连三就会有学生附和,于是就很难再听到新鲜的观点。而且教师往往为了提高课堂效率,对大家赞同的观点也表示肯定。久而久之,学生缺乏思考,缺乏实证意识,归根究底,与教师对发展学生理性思维的重要性认识不足,对基于证据进行论证重视不够等因素有一定的关系。这样不利于学生寻根问底、科学实证意识的形成,因此面对可以鼓励学生去进行实证,探究结论的问题,教师尽量不要过快地给予肯定的答案,打断学生自主探究的过程,而应该鼓励学生去探索、去实证、去获取答案。

四是理性评价意识。意识是赋予现实的心理现象的总体,是人的头脑对于客观物质世界的反映,也是感觉、思维等各种心理过程的总和,是个人直接经验的主观现象,表现为知、情、意三者的统一。因此意识是多方面表现的综合体现。某种程度上来说,意识是潜在的思维。让学生拥有理性评价思维,首先要培养学生理性评价的意识,因为当前社会的大环境与学校的小环境有着较多"不协调",学校环境是淳朴的,属于象牙塔式的,但是社会是纷繁复杂的,并不总是真、善、美的模式,因此学习与实践就形成了差距。这就要求我们的教学不能一味地输送给学生美好的愿景,而应该结合实际,让学生适时了解社会,用理性的评价意识去看待问题。

# 第三章　情理课堂的教学策略

## 第一节　激发情感

语文作为一门学习语言文字的综合性学科,本身蕴含着丰富的人文情感元素。新课程改革更加注重小学语文学科的人文性,其教育目的不仅是传授学生语文知识和技能,更重要的是引导学生体会作者所要表达的思想感情,培养学生正确的人生观、世界观和价值观。《义务教育小学语文课程标准(2022 版)》明确指出:工具性与人文性的统一,是小学语文课程的基本特点。现行小学语文教材中所选入的课文都是语言典范、文质兼美的优秀素材。这些经典美文在字里行间都洋溢着或刚烈悲壮或清丽婉转的美感,是对小学生开展情感教育的最佳途径。因此,在新课程改革不断深入的背景下,如何在小学语文教学中渗透情感教育,从而达到"寓情于文中,感悟于心灵"的良好效果,已经成为广大一线小学语文教师应该重视并思考的问题。

情感性是小学语文教学的基本特征,也是情理课堂的主要特征。"情感如同肥沃的土壤,知识的种子就播种在这个土壤上。"语言是情感的载体。凡是出色的文字作品,语言文字必然是作者情感的最贴切的符号,美的语言给人如闻其声、如历其境之感。当然,这情感也是最基础的语文情感。喜欢不喜欢语文,热爱不热爱语文,痴迷不痴迷语文,始终是衡量学生语文素养的首要标准和核心价值。①

———————————

① 成尚荣.我们是长大的儿童——情境教育中走出的名师[M].北京:教育科学出版社,2012.

另外,语文的学习是一种认识活动。小学语文教学的过程是师生情感流动的过程,"感人心者,莫先乎情",缺乏情感的认识是机械的、表层的、苍白的、短暂的,课堂也就缺少了生气和乐趣,学生也就丢失了对智慧的挑战和对知识的好奇。学生的思想只有被浓厚的情感渗透时,才能得到认知的力量,引起积极的注意、深入的思考和持久的记忆。在教学中,教师应充分利用情感因素,使之成为课堂教学的动力,成为师生生命的有意义的构成部分。①

《心理学大辞典》将情感定义为,情感是人对客观事物是否满足自己的需要而产生的相对稳定的态度与体验。从本质上而言,情感是一种态度体验。其不仅可以体现出个体乃至社会的文明水平,还代表着人类文明的进步与升华。

所谓情感教育,通常是指教师针对具体的情感目标而开展的一系列相应的情感教育活动,以期可以使学生的情感发生针对性的变化,进而促进其经历新的情感体验,以产生新的情感。

可以说,情感教育本质上是一种"人"的教学,其主要目标在于培养更多情智双全的"人"。新课改下的小学语文教学活动如果想促使小学生形成健全的人格,就必须进行情感教育。这就迫切要求小学语文教师通过多种教学手段激发他们的情感变化,加强情感交流,有效地促进学生情感发展,从而达到教学目标。

教育家李吉林曾说,教学若要成功,需以情感为纽带。因此,小学语文教学离不开"情"字,教师要充分挖掘情感因素来教育学生,达到以"情"动人、以"情"感人的目的。

# 一、情感对教育的意义

## (一) 情感是行为的原动力

在众多关于教育目的的表述中,不论是"为中华之崛起而读书""只为穷人要翻身",还是"书中自有黄金屋",都体现了情感在教育中的原动力意义。研究表明,情感是心感于物所引发的一种激动,是人类心理活动中最原

---

① 成尚荣.我们是长大的儿童——情境教育中走出的名师[M].北京:教育科学出版社,2012.

始的一种要素。人在理智产生之前就已经有了情感,在理智发展起来以后情感仍然左右着人的理智,无论从事的是多么机械的事情,就连在睡梦中,情感的活动始终不会停止,所以我们常用的成语"情不自禁""情急生智"就表明了情感的初始性特点,成语"动之以情,晓之以理""情有可原"又表现人们在日常生活中对情感初始性特点的运用中。新生儿还没有产生理性认识之前,他们的一切行为都是发自情感的——对父母的依赖、对食物的需求、对环境的不满……随着年龄的增长,理智成分在逐渐增加,直至成人以理性为主导。人们总以为进入理性阶段的人就淡化了情感的影响,实际上,情感对人行为的动力作用是一直存在的。

就拿各类广告来说,不论其表现方式如何,最终都是通过情感而作用于受众的,有的指向对老人的情感,有的指向父母长辈对子女后代的情感,有的指向恋人和夫妻的情感,有的指向亲朋的情感,有的指向师生的情感。这一切都说明一个事实:情感是人购买行为的原动力。有人说"法律无情",其实是被法律强调的公正性掩盖了法律中的情感因素,别的且不说,单是维护公正这一点,就是让所有人接受法律、尊重法律的前提。教育本身就是对人与社会、人与自然、人与他人、人与自己关系的教化,如果不从教育者和受教育者的感情入手,就很难找到教育行为的真正的动力源头。

在人的情感中有许多是人所共有的成分。"人之常情""不近人情"说的就是情感的共性特征,比如对父母的敬爱、对孩子的疼爱;也有个人所特有的成分,比如有人始终孝敬父母,而有的人长大后就不再像小时候那么尊敬父母。成语"情有独钟""人情冷暖"反映的则是情感的个性化特征。一般说来,共性的情感来自遗传,是永恒的,不易变化的,所以我们说"情真意切""情深似海";个性的情感形成于环境,是随环境的变化而变化的,"情随事迁""触景生情""对景伤情"说的就是这种情况。情感的共性特征和个性特征正是教育行为不同动力形式、动力强度产生的根源。

## (二) 情感是教育的着力点

人除了有共性特征,还有个性特征,因此情感具有很大的可变性。情感的可变性一是表现为情感的两极性。如爱与恨、快乐与悲伤等两种相反的情感。它们互相依存、互相矛盾,还可以直接转化为行为的动力。二是表现为情感的丰富性和社会性。随着一个人的知识经验的丰富,其感情世界也日趋丰富。他对自己所赖以生存的社会产生一定的心理反应,反应的基本形式是满意或不满意,如对社会上的不良风气的不满、对社会就业状况的忧虑、对老师学术水平和敬业精神的敬仰、对父母含辛茹苦的感恩等。三是情感的隐蔽性。虽然情感带有爆发性的特点,易于外露,但许多深刻的情感却比较含蓄、平静、深沉,如一个成熟的人的情感一般不轻易外显,性格内向的人情感表达比较含蓄,不同的人情感表达方式的多样性,等等。情感的隐蔽性,往往给我们恰当把握情感、有效地运用情感开展教育带来一些障碍。能否针对此有效开展情感教育是教育者教育水平高低的标志。

教育心理学认为,在学习活动中,良好的情感关系是学生取得学业成功、教师达成教育目标的关键。《学记》指出:"故安其学而亲其师,乐其友而信其道。"我想,大家都明白"亲其师,信其道"的道理。一个人只有在亲近、尊敬自己的师长时,才会相信、学习师长所传授的知识和道理。小学生和老师之间的感情更是如此,所以,我们经常发现这样的现象:孩子因为喜欢老师而喜欢这门学科,学好这门学科;孩子因为不喜欢老师而讨厌这门学科,成绩一落千丈。小学生的学业成绩与情感、兴趣、意志、性格等非智力因素有着重要的关联。

### (三) 情感是关系的调节器

情感的调节作用是指通过对情感的调整而调节人的行为。因此情感教育就要引导学生学会控制和稳定自己的情绪,学会悦纳自己、认识自己、评价自己,培养良好的情感取向。

青少年的感情丰富,但缺乏自控能力。因此,首先要引导学生学会悦纳自己,即对自己本来面目的认可、肯定的态度。只有悦纳自己,才可能以积极的态度认可自己,形成自尊。良好的情感倾向是和谐人际关系的基础,也是正确行为的保障。人在良好的情感状态下,思路开阔,思维敏捷,解决问题迅速,容易吸收新成果,因此是否具有良好的情感状态往往决定着人的工作、学习水平和成效。一个人如果能够较全面、正确地认识自我,客观、准确地评价自我,就能量力而行,确立合适的理想自我,并会为实现理想自我而努力。此外,良好的情感倾向还是实现完整统一人格的基础,情感激励意志,意志调控情感。一般说来,教师对学生倾注多少情感决定着师生的交往关系,而且这种关系又对学生个性发展产生不同的影响。因此,教师应建立民主型的师生交往关系,借助得到学生承认的个人权威来实施教育,同时也要充分尊重学生的特殊性、鼓励多样性、培养创造性,用自己良好的情感取向给学生以示范。

孩子有自己的情感世界,他们的情感来自于他们相关的人。教师或者家长对孩子进行教育,可以通过正面触及孩子的情感,也可以通过调整孩子的关系群来调节孩子的情感,从而达到教育的目的。专家研究表明,有些孩子可能不那么在乎师长对自己的评价,但绝对不会忽视同伴对自己的态度。从某种意义上说,孩子的学习动力、行为方式常常是来自伙伴的,因此,通过调节孩子与周围环境的状态是很有效的教育方式。另外,作为教育者,也要有意识地通过改变自己和受教育者的关系来触动他们的情感,从而达到教育的目的。

孩子的情感是复杂的,需要我们用心去管理、疏导,因为这个复杂的世界给我们实施教育提供了丰富的渠道和内涵。

## 二、情感教育的作用

### (一) 有利于促进小学生的身心健康发展

赞科夫曾说,教学一旦触及学生的情感和意志领域,触及学生的精神需要,便能发挥其高度有效的作用。由此可见,情感教育在教育教学中发挥着重要作用。由于小学生年龄较小,身心发展均不太成熟,尚未形成健全的人格,就需要得到来自情感教育的有效支持。然而,在传统小学语文教育中,只重视传授语言文化知识,忽视培养小学生的情感能力,难以促进小学生的身心健康发展。在新课程理念指导下的小学语文学科呈现出更浓厚的人文性,通过开展情感教育陶冶学生的情感和情操,充分关注学生的个性发展,进而有效培养学生的独立人格和自我精神,有利于促进小学生的身心健康发展。[①]

---

① 叶小意.小学语文教学中的情感教育及其实施策略[J].西部素质教育,2017(19).

### （二） 有利于显著提升语文课堂教学质量

通过对现有小学语文教材进行分析，我们可以看出入选的课文都是语言典范、文质兼美的优秀素材。教师在进行小学语文教学时，不仅可以传授语文知识，而且还可以对小学生开展情感教育。通过情感的传递，使学生在愉悦的氛围中进行学习，能有效激发他们的学习积极性和主动性，进而有利于显著提升小学语文课堂教学质量。

### （三） 有利于减轻小学生的语文学习压力

由于语文知识点较多且相对分散，小学生在学习语文上存在着一定的难度，再加上有的教师为了加快教学进度，难以给学生充足的时间对课堂教学知识进行消化吸收，久而久之，必然使小学生对语文学习产生一定压力。应用情感教育的方式可以加强师生之间的情感交流，建立起良好的师生关系，使其在一种更具亲和力的舒适教学环境下进行学习，有利于减轻小学生的语文学习压力，树立起学习信心。

## 三、情感教育的特征

李俊儒、徐志远老师在《论情感教育的特征和功能》一文中提出了情感教育的四个特征:感染性、渗透性、主体性、亲和性。

### （一） 感染性

情感教育的感染性,指的是教师的情感通过语言、动作和表情等来传递情感内涵,并对学生产生一定的影响。教师在实施情感教育的时候,其充沛的情感表现,能够形成一种积极的情感氛围。良好的情感氛围,可以让学生如沐春风,自然产生积极的情感回应,从而乐于接受教师的教育引导或布置的学习任务。

### （二） 渗透性

情感教育的渗透性,指的是教师在情感教育中,做到寓理于情,以情动人,表现出隐蔽性、无意识性的特点,使学生在不知不觉中接受熏陶和潜移默化的教育。心理学研究表明,人们总有一种不太愿意被人教育的天性,其原因主要是"教育目的在受教育者面前以赤裸裸的形式进行"。情感教育具有渗透性,有着"随风潜入夜,润物细无声"的特性,可以有效弥补这样"赤裸裸"的不足。

### （三） 主体性

情感教育的主体性,指的是教师要坚持以人为本的育人理念,尊重每一个学生的主体地位和独立人格,帮助他们充分挖掘自身潜能,发展个性和实现自身的价值。情感教育强调通过教师的情感引导,科学认识和正确把握学生的主体地位,充分调动和积极培养学生的主体性和积极性,使之成为增强教育实效的促进因素。

### （四） 亲和性

心理学家认为,人在交往过程中都有一种需要——希望能得到别人的关爱、尊敬和认可。情感教育的亲和性,强调教师和学生之间平等、和谐、友好的关系,教师要有和善的态度,让学生在学习中体会到轻松和乐趣。良好的师生关系是情感教育的基础,也是情感教育的内容。它有利于缩小师生间的角色差距与思想隔阂,增进相互理解和信任,优化教学的流程和实施的效果。

## 四、小学语文教学中激发情感的策略

### （一） 优化语言,激发情感

苏霍姆林斯基曾说,教学语言如果没有情感的血液在流动,就会苍白无力、索然无味,学生对知识的感触就是迟钝。小学生活泼好动,教学中除了要使用学生听得懂、愿意听的语言外,还要运用情感的作用。充满感情色彩的语言直接影响师生之间的情感交流。富有情感的语言具有吸引力,能凝聚学生的注意力,激发学生的情感共鸣。因此,语文教学中教师要用自己的语言感染学生,充分发挥情感的感染作用,启迪学生情感,加深对文章的理解。教师要抓住文章的关键词语,讲清文章的内涵,引导学生体味文章的意蕴。

张涵芝老师在《情感性教学语言举例》一文中,提到了 3 种情感性教学语言及其激发学生情感的作用①。

（1） 慷慨激昂、铿锵有力的教学语言能够激起学生向上的力量。教

---

① 张涵芝.情感性教学语言举例[J].江苏教育,1993(22).

师要向演说家学习,通过有感情的语言来影响学生,语文教师更应如此。例如,《白杨》一文,作者借助大戈壁上的白杨树,歌颂了在边疆扎根落户的创业者。在教学的时候,教师不仅要让学生理解白杨树的高尚品格,还要让学生学习创业者的创业精神。教师可以在引导学生读懂白杨树坚挺、顽强、不动摇的特点之后,来一段精心设计的激情演讲:"同学们,白杨树不惧风雨、不讲条件,哪里有需要,它就在哪里生根、发芽、成长。它们在城市里舒展枝叶,洒下绿荫;它们在田埂上挽起臂膀,筑起屏障。如今,戈壁有需要,它们就不怕艰苦,扎根戈壁滩。风沙来临时,它们像城墙一样巍然屹立;严寒到来时,它们像青松一样挺拔高洁。这就是白杨的品格,这就是白杨的精神,这就是无数创业者的生动写照!"这样的语言,不仅让学生感受到文字的魅力,更能激起积极向上的力量。学生们心潮澎湃,热血沸腾。

(2)深沉、凝重,舒缓、真挚的教学语言能够唤起学生深长的思索。例如,《小珊迪》一文,描写了小珊迪以卖火柴为生,最终双腿轧断、悲惨死去的故事,表现了小珊迪诚实善良的品质,揭露了资本主义制度的罪恶。在教学时,教师应先点拨小珊迪为何非让"我"买他的火柴不可。小珊迪单衣又薄又破,瘦脸冻得发青,赤脚冻得通红,他"请求"以至"乞求""我"买他的火柴,这是为什么?因为他父母双亡,只能以卖火柴为生。文章第三段(12~14自然段)写小珊迪的默默死去和"我"的庄严许诺,是全篇最动人的文字,对揭示小珊迪的遭遇之不幸和品质之美好起着画龙点睛的作用。教学这一段时,教师可以有感情地朗读这段文字,让学生动情入境,而后加入一段深沉凝重、舒缓真挚的"旁白":"饥寒交迫的小珊迪,拿到一便士转身就去换零钱。岂料双腿被轧断!奄奄一息的小珊迪,临死前不是痛苦呻吟,而是对弟弟的深情牵挂,萦绕心头的不是对自己死亡的恐惧,而是对弟弟命运的担忧,这是何等善良的品质!从肇事马车若无其事径自走了,我们可以看到那个社会某些有产阶级是多么冷酷无情!从'我'对濒死小珊迪的许诺中,可以感到善良人们的怜悯同情吗?"这样饱含深情的"旁白",可进一步感染学生,打动学生的心灵,进而深入理解文章的思想内容。

(3)抑扬顿挫、充满激情的教学语言能够引起学生的审美愉悦。经典美文《桂林山水》，描绘了桂林山水的秀丽多姿，表达了作者对祖国锦绣河山的热爱。在教学的时候，教师可以扮演"导游"，带领学生去美丽的桂林"旅游"，让学生领略山、水、景、物的特点。当学生陶醉于桂林山水，渐入佳境时，教师可以用语言来推波助澜："桂林山水美不胜收，让我们留连忘返。同学们，我们的祖国还有许多地方也值得我们去游览、去讴歌、去赞美：绵亘万里的长城，云雾缭绕的庐山，一望无际的草原，波平如镜的西湖，庄严雄伟的北京故宫，古朴典雅的苏州园林……啊！美景之多数不尽，赞美之语说不完。同学们，是谁创作了这绝美的画卷？是谁把这一幅幅画卷描绘得这般绚丽？"以情激情，教师饱含激情的教学语言，可以激发学生对祖国大好河山的热爱之情。

## （二）结合文本，体会情感

"夫缀文者情动而辞发，观文者披文以入情，沿波讨源，虽幽必显。"（刘勰《文心雕龙·知音》）因此，小学语文教师应通过对文章重点字、词、句段进行剖析，找出其中蕴含的情感因素，深入体味作者所要表达的思想情感，通过品味分析情感掌握文章内容的主旨。在小学《语文》教材中，由于大部分课文都比较短，小学生难以在短时间内感受作者所要表达的思想情感。为此，教师在教学中应抓住课文的关键词、重点句，让学生进行独立思考与分析，透过品味分析词句来深入理解，真正地走进文本，最终和作者产生情感共鸣。

能够入选统编教材的文章都是语言典范、文质兼美的优秀作品。这些优秀作品自始至终蕴含着作者的强烈情感。语文教材中，这种强烈的情感都是我们进行情感教育的重要素材。不过，这些情感大多数隐藏在课文深处，需要我们从语文教材中深入挖掘，通过设计富有情感的课堂语言激发学生学习兴趣，同时通过优美的语言文字将语文作品中作者的各种隐性情感以生动的画面形式呈现给学生，以感性和平移等方式将学生带入具体的情境当中，引导他们深刻体会作品中的情感因素，进而在学习中感悟亲情、爱情、家乡情、友情等人间真情和爱国情怀，培养他们良好的情感观。

小学《语文》教材中的文章都具有动情点。在阅读教学的过程中，教师应该明确这一特点,在教学中为学生把准动情点,使学生能够在阅读内容后与作者产生情感共鸣,促进学生情感训练的高效开展。例如,教学《桂林山水》时,教师可以引导学生通过对排比句式的学习与运用,体会优美语句表情达意的作用,在诵读中深入感悟桂林的山水之美,进而在情感共鸣中增加对祖国大好河山的热爱之情。再如,教学《雷锋叔叔,你在哪里》时,教师可以将更多的雷锋事迹引入课堂教学中,深入挖掘作者的隐性情感,让小学生在丰富且真实的教育资源中去感受、体验与分析雷锋的高尚品德,利用情感教育来陶冶学生情操,促进学生人格健全发展。

### (三) 感情朗读,激发情感

叶圣陶先生指出,在阅读教学中要让学生充分地读,在读中整体感知,在读中有所感悟,在读中培养语感,在读中受到情感的熏陶。朗读是体会课文情感的一种有效方法。读得好可以传达出文章的情感,陶冶学生的情感,激发学生的心灵共鸣。教师要指导学生朗读,在学生读懂的基础上,引导学生慢慢品味作者的语言,把课文语言变成自己的语言,把枯燥的文字变成动听的乐章。

张春侠老师在《小学生感情朗读"三部曲"》一文中,提到指导学生有感情地朗读的方法①。

一是创设情境——激发"感情朗读"。教师要在课堂教学过程中,为学生创设必要的阅读情境,以充分激发他们对于文本阅读的兴趣,调动他们主动参与阅读的积极性,形成良好的阅读氛围,以此激发学生"感情朗读"的兴趣。

例如,在教学《大江保卫战》这篇课文时,教师借助多媒体向学生展示了一段视频——人民子弟兵劈波斩浪,勇救群众。同时,配上一段充满感情的独白,由此对学生产生了多感官刺激。这段视频中,不仅有人民子弟兵保卫大堤的感人场景,还饱含着他们为保护人民财产不怕牺牲、英勇无畏的精神。在这样的氛围中,学生的心灵受到了极大触动。接下来,教师引导学生针对第五自然段,进行有感情的朗读。通过视频资料的渲染,

---

① 张春侠.小学生感情朗读"三部曲"[J].陕西教育(教学版),2017(Z2).

为学生积累了丰富的情感。他们基于个人对文本的理解,充满激情高声朗读:"汹涌的激流中,战士们的冲锋舟劈波斩浪,飞向漂动的树梢,飞向灭顶的房屋,飞向摇摇晃晃的电杆。"在这样的教学情境之下,学生们的感情被充分激发,取得了非常良好的阅读效果。

二是引发想象——促进"感情朗读"。一篇优秀的文章蕴含着作者深厚的情感。因此,在开展阅读过程中,教师应当引导学生从文本情感入手,通过朗读与文本之间产生情感的共鸣,体会潜藏在文字背后的丰富情感,也是保证感情朗读的重要基础。教师应当充分激发学生的想象力,以文本内容为切入点,让学生触摸潜藏在文字背后的真情实感,使学生真正理解文本内涵。只有这样,才能够确保学生真正充满感情的朗读,由此可以有效促进学生阅读理解能力的提升。

例如,教学《桂花雨》时,教师首先引导学生在文中标记出自己比较喜欢的句子,同时说明喜欢的原因。很多学生都选择了这样一句话——"摇花对我是件大事,所以总是问母亲:'妈,怎么还不摇桂花呢?'"教师引导学生展开有感情地朗读并进行引导式提问:"同学们,应当怎样读这句话,才能够读出其中的感情呢?"有学生认为:"妈"字应该读快一点,这样才能够充分地体现出作者急切的心情。但有的学生则认为:"妈"字应当读慢一些,能充分表达作者对摇桂花的期盼之情。于是,在学生之间产生了争辩。此时,教师引导学生对这一情境展开丰富的想象,在想象的过程中体味应该以怎样的感情去朗读。在这个过程中,学生更深入地理解并有效地掌握了感情朗读的方法,有效提升了他们的阅读水平以及对文本的理解能力。

三是深度交流——升华"感情朗读"。为了能够实现感情朗读,教师应当充分发挥引领者的作用,引导学生深入了解文本内容,与文本作者之间产生情感的交流,体会潜藏在文字背后的深厚情感,由此对文本形成个性化的解读以及丰富的情感体验。这是对文本内容理解的深化,更是对文本情感的有效升华。

例如,在教学《掌声》这篇课文时,教师先引导学生阅读文本中的第二自然段,将描写小英神情的句子标出来,再次进行朗读。接下来,教师为学生创设了如下问题情境:"你们能够了解小英'犹豫了一会,慢吞吞地,眼圈红红的'是什么原因导致的吗?"在问题的引导下,学生们对文本内容展开重新品读,从中体会到小英自卑及自闭的内心情感。在品读第二、第三自然段的时候,教师针对其中出现的两次掌声以及小英的不同反应展开个性化品读,引导学生体会其中的不同情感。在教师启发式提问下,学生们在阅读的过程中有了明确的目标,同时能够更深刻感受到作者所表达的内涵,那就是"人人都需要掌声,特别是当一个人身处困境的时候",同时也教会了学生应当珍惜他人的掌声,更不能忘记把自己的掌声献给那些需要帮助的人。

### (四) 创设情境,激发情感

小学生的情感很容易受周围环境的影响,也容易被文本中具体的人物、故事情节等所感染,因此创设与教学内容相应的情境,营造情感氛围,不仅能调动学生的情感体验,还能激发学生的学习热情,全身心地投入到学习中。在合适的情境下,小学生对于文字表述中的情感可以更加直接地进行感悟和体验,与作者产生共鸣,有助于对课文总体的客观认识。在进行这一方法的教学中,教师应该明确引领学生进入情境的重要意义,从而能够结合文章实际带领学生走入文章情境,促使学生在阅读的过程中处在文章的情境之中进行情感的分析理解,促进学生能力的提高。①

例如,教学《荷花》时,教师可以指导学生反复朗读,紧扣荷花的美和荷叶的形态,配上美妙的音乐,出示一组荷花的图片,把学生带入文中的情境,深入品味,引导学生体会荷花的特点。这样引导学生进入特定的情境,用耳朵去聆听,用心去体会,从而激活情感。多媒体具有形象、生动的特点,教师在教学中可以用多媒体创设生动的教学情境,引导学生体味文章的思想情感。

再如,在《三袋麦子》这则寓言里,老人分别给小牛、小猴、小猪各一袋麦子。三只动物对麦子做出了不同的处理。如果教师采用循规蹈矩读课文的模式,小学生个体的学习兴趣就难以被调动起来,不会产生学习体验感和参与感。因此,教师可以让学生进行角色扮演,理解三只小动物的

---

① 何艳.小学语文教学中情感教育的实施策略[J].小学生作文辅导(语文园地),2021(8).

美好品格,从而引导学生各抒己见,学习正确的思维方式,获取正确的价值导向。情景剧能在很大程度上调动学生的积极性。它采用游戏的方式,在参与课堂的话题中发挥学生的想象力,在轻松、愉悦的环境中,学生的理解能力也能获得提升。和谐的师生关系和学习环境,也能促使学生积极主动地思考。情感教育在教学方面的应用会影响学生的认知,也会让教师了解情感教育对学生的重要性,进而保证教师在实施教学过程中重视学生情感体验的过程。另外,情感教育也有助于增进师生的情感交流,引发学生的情感需求,建立信任和谐的师生情谊,从而确保后续教学的连续性。

又如,对于古诗《咏鹅》的学习,教师可以播放关于鹅的视频,将鹅的形态美、周围的环境美以及骆宾王当时的心境展现出来。再进行配乐朗读,教师可以帮助学生理解并背诵古诗句式,感受诗中的情节和美景,逐步培养学生对古诗的兴趣。教师可以再以讲故事的形式介绍写作背景、诗人背景,让学生更好地理解诗人写作时的情感,化有形知识为无形渗透。最后,教师引入背诵,帮助学生理解诗意,引导学生闭眼想象画面,代入情境。趣味性的课堂可以有效调动学生的兴趣,使其能够跟随教师的节奏,融入语文知识的教学情境。

### (五) 链接生活,激发情感

小学生年龄小,生活经历不多,要体会生活实际不是一件容易的事情。因此,在语文教学中,教师应联系学生的生活实际,让抽象的文字具体化,从而升华学生情感。注重结合实际生活,教师可以将课文中的内容和学生生活进行融合,进行拓展延伸练习,回归整体谈谈自己的收获和感悟,从中渗透思想情感教育,培养学生的自我体验、自主学习的能力和创新意识,让学生的心态得到开放,个性得到张扬,创造力得到提高。联系生活,将课外延伸与实际生活的结合,能够有效加深学生对人物的理解,使其体会到作者的思想感情。

例如,学习《爱迪生孵小鸡》一课后,学生了解了爱迪生从小爱动脑筋、敢于实践,认识到发明家的成功是汗水的结晶。这时,教师可以推荐学生开展课外实践活动,让学生在课外尝试学习孵化小鸡。小学生亲自动手实践，并分享自己的心得体会，能拉近与作者的距离，对主人公的认识会更加立体、形象。这样学生会真正成为学习的主人，充分融入课堂教学，加入自己的理解和感受，建立与作者的情感共鸣，获得学习体验感与成就感。

再如，教学《陈毅探母》时，可以先让学生自由地朗读全文，想想哪些语句最使人感动。然后教师让学生品读课文的语言文字，说说感动的原因。学生结合课文内容会认识到陈毅元帅平时比较忙，没空照看母亲，但他心里时刻惦记着母亲，这些话道出了他对母亲的关心与孝敬。由此教师可以引导学生联系实际，说说在日常生活中你的妈妈关心着你、疼爱着你的事情，并谈谈当时的心理感受。学生打开记忆的闸门，纷纷深情叙述妈妈对自己关心的事例。有的学生说着说着眼里溢满了泪水。教师可以趁机引导学生："从你们呱呱落地起，妈妈就时刻关心着你们，你们慢慢长大，妈妈慢慢衰老，你们该如何回报妈妈呢？"有的学生表示以后不再惹妈妈不高兴，有的学生说以后好好学习来回报妈妈。学生由文中母子之情联想到生活中的真爱，情感得到升华。①

张兴文老师在《浅谈小学语文高年级阅读教学中的情感训练》一文中，也谈了几种激发情感，引领感知体悟的方法。②

（1）以理激情。在小学语文阅读教学中，对学生进行情感训练应该重视以理激情，使学生能够在进行阅读学习时结合相关资料内容进行理解性阅读，从而能够将真实事件中的情感与文章中情感进行结合，最终促使学生的阅读情感得到激发，满足学生情感训练的高度需求。

例如，在进行《狼牙山五壮士》一课的阅读教学中，教师可以进行阅读材料的拓展，以实际历史事件为基础对学生展开教学，使学生在学习的过程中不仅能够对文章产生浓厚情感，同时对于抗日战争中的英雄产生浓厚情感，从而充分落实以"理"激情的阅读训练需求，促进学生培养阅读能力与提高情感能力。在教学过程中紧密结合实际进行情感教学，能够满足学生的阅读与求知兴趣，同时能够以真实事件为阅读教学的基础，

① 苏伟.让情感之花盛开在课堂[J].语文学刊,2013(15).

② 张兴文.浅谈小学语文高年级阅读教学中的情感训练[J].天天爱科学（教学研究）,2021(8).

促进学生能力的全面培养与提高。

（2）想象人情。教师在对学生进行情感训练时，应该明确在写景抒情的文章中对学生情感想象的高度要求，从而能够在教学的过程中对学生进行情感想象教学，促进学生理解能力的提高。通过对学生进行作者的情感想象教学，能够使学生在阅读的过程中结合上下文内容对作者的情感进行猜测，有助于学生理解能力的培养，同时能够使学生在对写景抒情文章阅读的过程中不断发挥自身想象，培养学生的思维能力。

例如，在《草原》一课的课堂教学过程中，教师应该重视对学生进行情感想象教学，使学生能够在课堂学习的过程中对课文进行阅读后，对作者的情感进行分析，从而促进对学生阅读理解能力的培养。"在这一文章阅读的过程中，通过草原的辽阔宽广表达了作者怎样的思想感情？"这一问题要求学生进行分析想象，从而促进学生思维能力的提高，满足学生情感训练的高度要求。

（3）读中悟情。教师对学生开展教学应该重视对学生读中悟情能力的提高，从而使学生能够在阅读的过程中结合文章中的内容进行情感分析，促进学生情感分析能力的提高。在小学《语文》教材中，有诸多人物描写内容，在阅读这部分内容的过程中，教师应该引导学生针对文章中角色的动作、神态、语言等内容进行情感分析，从而促进学生的情感感悟能力。

例如，在《少年闰土》一课的阅读教学过程中，教师对学生开展教学时，应该引导学生对闰土这一角色的神态以及动作进行分析，使学生能够对这一角色的情感进行分析。再到后文的阅读教学中，作者再见到闰土时其表情神态中所流露出的情感进行分析，使学生能够感悟到作者情感的转变，从而促进学生情感分析理解能力的提高。通过这一教学方式，能够使学生在进行描写人物的文章阅读过程中，不断对文章中人物的情感进行分析，促进学生情感感悟能力的提高。

（4）设境生情。教师可以用设境生情的方式对学生进行阅读教学，使学生能够处在良好的情境中，对文章中作者情感进行捕捉理解。在教学中，教师应该明确引领学生进入情境的重要意义，从而能够结合文章实际带领学生走进文章情境，促使学生在阅读中能处在文章的情境之中进行情感分析与理解,促进学生能力的提高。可以借助语言创设情境,也可以借助多媒体展示图片、视频来创设情境,还可以用一个小故事引入,创设故事情境。

例如,在《腊八粥》一课的阅读教学过程中,教师对学生进行阅读引导,使学生在阅读的过程中仿佛就在腊八粥的香气之中。这一过程,作者就是在锅边期待着腊八粥的出锅。通过对学生进行课文的情境引导,使学生能够在阅读的过程中流露出与作者相同的思想感情,从而能够满足学生情感训练的高度要求。①

---

① 张兴文.浅谈小学语文高年级阅读教学中的情感训练[J].天天爱科学(教学研究),2021(8).

# 第二节　创设情境

情境,单从字面上理解,《现代汉语词典》①给出的定义是:境地。

心理学上将情境看作一种特定的环境,对人有直接的刺激作用,这一特定环境中既包含着生物意义,又包括着社会层面的意义。

从教育学上看,《教育大辞典》定义为:"情境是象征互动论分析人际互动过程中使用的概念。"情境广义是指作用于学习主体,产生一定的情感反应的客观环境,狭义则是指在课堂教学环境中,作用于学生而引起积极学习情感反应的教学影响。

情境教学法是指在教学过程中,教师有目的地引入或创设生动具体的场景,以引起学生的身心体验,从而帮助学生理解教材,并使学生的综合素养得到发展的一种教学方法。张华教授在《课程与教学论》中提到:"情境教学是指创设含有真实事件或真实问题的情境,学生在探究事件或解决问题的过程中自主地理解知识、建构意义。"值得一提的是,教学情境通常是在对社会和生活进一步提炼和加工以后运用于教学的。而教学情境的设计,往往是带有明确的教育教学目标的。例如:生动形象的语言描绘是为了让学生把抽象的文字变成具体的画面;角色扮演是为了让学生体会文中人物的形象;旅游观光是为了开阔学生的视野,丰富学生的表达素材。

20世纪80年代,李吉林老师以古代"意境说"为基础,提出了语文情境教学理论,即教师根据教学目的、教学内容、学生已有知识水平和能力,为学生创造与教学相关的情境,以便吸引学生的注意力,帮助学生有更好的上课体验,从而引导学生进行相关语文训练如说话、作文等。

2019年6月23日,中共中央、国务院颁发了《关于深化教育教学改革全面提高义务教育质量的意见》,在"强化课堂主阵地作用,切实提高课堂教学质量"中指出,要融合运用传统与现代技术手段,重视情境教学;

---

① 中国社会科学院语言研究所词典编辑室.现代汉语词典(第7版)[M].北京:商务印书馆,2016.

探索基于学科的课程综合化教学,开展研究型、项目化、合作式学习。

# 一、情境教学的理论依据

## (一) 情感和认知相互作用

情绪心理学研究表明,个体的情感对认知活动至少有动力、强化、调节三方面的功能。动力功能是指情感对认知活动的增力或减力的效能,即健康的、积极的情感对认知活动起积极的发动和促进作用,消极的不健康的情绪对认知活动起阻碍和抑制作用。情境教学就是要在教学过程中引起学生积极的、健康的情感体验,直接提高学生对学习的积极性,使学习活动成为学生主动进行的、快乐的事情。情感对认知活动的增力效能,给我们解决当前小学生中普遍存在的学习动力不足的问题以新的启示。情感的调节功能是指情感对认知活动的组织或瓦解作用,即中等强度的、愉快的情绪有利于智力操作的组织和进行,而情绪过强和过弱以及情绪不佳则可能导致思维的混乱和记忆的困难。[①] 情境教学要求创设的情境就是要使学生感到轻松愉快、心平气和、耳目一新,促进学生心理活动的展开和深入进行。课堂教学的实践中,也使人深深感到:欢快活泼的课堂气氛是取得优良教学效果的重要条件,学生情感高涨和欢欣鼓舞之时往往是知识内化和深化之时。

脑科学研究表明,人的大脑左右两半球既有分工又有合作,大脑左半球是掌管逻辑、理性和分析的思维,包括言语的活动;大脑右半球负责直觉、创造力和想象力,包括情感的活动。传统教学中,无论是教师的分析讲解,还是学生的单项练习,以至机械的背诵,所调动的主要是逻辑的、无感情的大脑左半球的活动。情境教学,往往是让学生先感受而后用语言表达,或边感受边促使内部语言的积极活动。感受时,掌管形象思维的大脑右半球兴奋;表达时,掌管抽象思维的大脑左半球兴奋。[②] 这样大脑两半球交替兴奋、抑制或同时兴奋,协同工作,大大挖掘了大脑的潜在能量,

---

① 王颖.有效教学的理论与实践[M].北京:光明日报出版社,2016.
② 郭毅浩,倪胜勇.高效课堂:模式与案例·中小学体育[M].南京:南京师范大学出版社,2011.

学生可以在轻松愉快的气氛中学习。因此,情境教学可以获得比传统教学既明显而又良好的教学效果。

### (二) 认识的直观原理

从方法论看,情境教学是利用反映论的原理,根据客观存在对儿童主观意识的作用进行的。世界正是通过形象进入儿童的意识的,意识是客观存在的反映。情境教学所创设的情境因是人为有意识创设的,优化了的有利于儿童发展的外界环境。① 这种经过优化的客观情境,在教师语言的引导下,使儿童置身于特定的情境中,不仅影响儿童的认知心理,而且促使儿童的情感活动参与学习,从而引起儿童本身的自我运动。

教育家夸美纽斯在《大教学论》中写道:"一切知识都是从感官开始的。在可能的范围内,一切事物应尽量地放在感官的跟前,一切看得见的东西应尽量地放在视官的跟前,一切听得见的东西应尽量地放到听官的跟前……假如有一个东西能够同时在几个感官上面留下印象,它便应当用几个感官去接触。"这种论述反映了教学过程中学生认识规律的一个重要方面:直观可以使抽象的知识具体化、形象化,有助于学生感性知识的形成。② 情境教学法使学生身临其境或如临其境,就是通过给学生展示鲜明具体的形象(包括直接和间接形象),使学生从形象的感知达到抽象的理性的顿悟,激发学生的学习情绪和学习兴趣,使学习活动成为学生主动的、自觉的活动。

情境教学法不同于演示教学法,情境教学的一个本质特征是激发学生的情感,以此推动学生认知活动的进行。演示教学法则只限于把实物、教具呈示给学生,或者教师简单地做示范实验,虽然也有直观的作用,但仅有实物直观的效果,只能导致学生冷冰冰的智力操作,而不能引起学生的热爱之情,不能发挥情感的作用。③

### (三) 思维的相似原理

相似原理反映了事物之间的同一性,是普遍性原理,也是情境教学的

---

① 李杏保.语文学科教育参考资料类编[M].北京:高等教育出版社,1996.
② 马笑霞.语文教学心理研究[M].杭州:浙江大学出版社,2001.
③ 刘杰雄,高峰.教师法与教师工作手册[M].北京:中国人事出版社,1997.

理论基础。形象是情境的主体。情境教学中的模拟要以范文中的形象和教学需要的形象为对象,情境中的形象也应和学生的知识经验相一致。① 情境教学要在教学过程中创设许多生动的场景,也就是为学生提供了更多的感知对象,链接日常的生活,使学生大脑中的相似块增加,有助于学生灵感的产生,也培养了学生相似性思维的能力。

### (四) 有意识与无意识心理

意识心理活动是主体对客体所意识到的心理活动的总和,包括有意知觉、有意记忆、有意注意、有意再认、有意重现(回忆)、有意想象、有意表象(再造的和创造的)、逻辑和言语思维、有意体验等。但遗憾的是,包含如此丰富内容的意识心理活动仍然不能单独完成认识、适应和改造自然的任务。② 情境教学可以弥补这样的遗憾,它可以诱发和利用无意识心理提供的认识潜能。

自弗洛伊德以来,无意识心理现象为越来越多的学者所重视。所谓无意识心理,就是人们所未意识到的心理活动的总和,是主体对客体的不自觉的认识与内部体验的统一,是人脑不可缺少的反映形式。它包括无意感知、无意识记、无意再认、无意表象、无意想象、非言语思维、无意注意、无意体验等。该定义强调无意识心理活动具有两个方面的功能:①对客体的一种不知不觉的认知作用。③ 如我们在边走路边谈话时,对路边的景物以及路上的其他东西并未产生有意识的印象,但我们却不会被路上的一堆石头绊倒。原因就是"石头"事实上引起了我们的反应,并产生了"避让"这种不自觉的、未注意的、不由自主的和模糊不清的躯体反应;②对客体的一种不知不觉的内部体验作用。④常言的"情绪传染"就是无意识心理这一功能的表现。例如,我们会感到无缘无故的快活、不知不觉的忧郁,往往是心境作用的结果。心境本身就是一种情绪状态,能使人的其他一切体验和活动都染上较长时间的情绪色彩。

研究表明,无意识心理的上述两个功能直接作用于人的认知过程:首先,它是人们认识客观现实的必要形式;其次,它是促使人们有效地进行

---

① 刘杰雄,高峰.教师法与教师工作手册[M].北京:中国人事出版社,1997.
②③④ 孔云.经典教学理论与课堂教学应用[M].北京:海洋出版社,2017.

学习或创造性工作的一种能力。可见,无意识心理活动的潜能是人的认知过程中不可缺少的能量源泉。[①]　情境教学的目的是,尽可能地调用无意识的这些功能,也就是强调在不知不觉中获得智力因素与非智力因素的统一。

### （五）智力与非智力因素统一

教学作为一种认知过程,需要智力因素与非智力因素的融合。否则,人们常言的"晓之以理,动之以情"就失去了理论依据。在教学这种特定情境中的人际交往,由教师与学生的双边活动构成,其中师生间存在着两条交织在一起的信息交流回路——知识信息交流回路和情感信息交流回路。二者相互影响,彼此依存,从不同的侧面共同作用于教学过程。知识回路中的信息是教学内容,信息载体是教学形式;情感回路中的信息是师生情绪情感的变化,其载体是师生的表情,包括言语表情、面部表情、动作表情等。无论哪一条回路发生故障,都会影响教学活动的质量。只有当两条回路都畅通无阻时,教学才能取得理想的效果。[②]

## 二、情境教学的意义

运用情境教学,可以提高教学效益。情境教学的意义大致体现在以下4个方面。

### （一）创设教学情境有利于学生沿着知识产生的脉络去准确把握学习内容

知识是人类从实践活动中得来的,是对实际事物及其运动和变化发展规律的反映。知识本身是具有丰富生动的实际内容,但表征它的语言文字(包括符号图表)是抽象和简约的,学生所学的正是语言文字所汇集成的书本知识。这就要求学生不论学习什么知识,都要透过语言文字、符号图表把它们所代表的实际事物想清楚,以至想"活"起来,从而真正把两者统一起来。从教育心理学的角度讲,这样的学习就是有意义的学习。相反,如果学生只记住一大堆干巴巴的文字符号,而没有理解其中的实际

---

① 姜丽.现代英语教学的综合视野[M].北京:中国水利水电出版社,2018.
② 李祎.数学教学方法论[M].福州:福建教育出版社,2010.

内容,这样的学习便是机械的学习。①

在去情境化的教学中,学生直接接触现成的结论,知识便突然呈现在学生面前。由于不知道知识是为了解决什么问题,以及是如何得来的,这不利于学生对知识的理解以及思维的发展。思维起始于问题而不是确定的结论。杜威在他的"五步思维法"中指出,思维活动可分为5个阶段,即"问题—观察—假定—推理—检验"。情境教学的核心是与知识相对应的问题,因此,创设教学情境能够模拟地回溯知识产生的过程,从而帮助学生深刻理解教学内容,发展思维能力。②

## (二) 创设教学情境能够帮助学生实现知识的迁移和应用

教学情境以直观方式再现书本知识所表征的实际事物或者实际事物的相关背景。显然,教学情境解决的是学生认识过程中的形象与抽象、实际与理论、感性与理性,以及旧知与新知的关系和矛盾。③ 直观可以使抽象的知识具体化、形象化,有助于学生感性认识的形成,并促进理性认识的发展。特别是在小学阶段,学生形象思维占优势,教师更应该注重创设情境。

在具体情境中的学习,学生可以清晰地感知所学知识能够解决什么类型的问题,又能从整体上把握问题依存的情境。这样学生就能够牢固地掌握知识应用的条件及其变式,从而灵活地迁移和应用学到的知识。学习离不开实践活动,加强实践操作是培养学生创新学习能力和实践能力的重要措施。在认知构建中,教师应根据学生的认知特点和学习心理,有意识地设置动手操作、思考辨识现实世界中的问题情境,把课本中的理论知识转变为动态的学习情境,让学生通过自己的操作、观察、比较、交流、评价等实践活动,亲身经历学习的过程,自然形成知识的构建。在学习的巩固环节,教师可以精心设计一些练习情境,让学生在具体的语言环境或生活情境中运用所学的知识。在课堂学习后,教师可以为学生课后的自主探究、创新学习、拓展应用提供一点素材,设计一些情境作业。

---

① 余文森.核心素养导向的课堂教学[M].上海:上海教育出版社,2017.
② 张春蕊.中职教师如何做好教学设计[M].长春:吉林教育出版社,2010.
③ 余文森.有效教学的实践与反思[M].陕西师范大学出版社,2011.

### （三）创设教学情境有利于激发学生的学习兴趣

没有合适的教学情境，会导致学生缺乏对知识应有的兴趣，因为知识在这样的教学中是以确定结论的面目出现的，不需要学生积极的智力活动。即使存在一些智力活动，也是按照规定的路径进行的推理。没有问题的教学不能引起学生强烈的探索和求知欲望，反而会消减他们的学习热情。许多教师不得不求助外在于教学内容的措施，但效果往往不理想。可以说，创设教学情境是激发学生内在学习兴趣不可缺少的条件。[①] 教学艺术不只是为了追求传授知识的多少，更是为了激励、唤醒、鼓舞。在教学中，教师应根据学生的年龄特征、知识经验、能力水平、认知规律等因素，抓住学生思维的热点、焦点，从学生喜闻乐见的实景、实物、实事、实情入手，创设生动、有趣、新颖、别致的情境，让学生身临其境，感受学习的魅力，激发探索的欲望，逐步形成终身学习的愿望。

### （四）创设教学情境能够增强学生的情感体验

教学情境把抽象的知识转变成有血有肉的生活事件，生活事件中均包含或强烈或含蓄的情感因素，因此，创设、呈现教学情境有利于克服纯粹认知活动的缺陷，使学习成为一种包括情感体验在内的综合性活动。这对于提高学习效果具有重要的积极意义。另外，好的教学情境通常为学生提供了合作、交流、协商的环境。在这种环境中，学生可以学习人际交往，体会在团队中所有的人聚在一起，如何靠团结的力量，为了一个共同目标而工作。学生学会把自我融于群体之中，小组内的每个成员一起学习、一起活动，久而久之，感到自己难以离开这个可爱的群体，从而逐渐培养自身的团队精神与合作能力。

情境作用于人的感官，可以产生一系列心智活动。在语文课堂教学中合理地创设生动情境，可以让学生在轻松的气氛中激活思维、接受知识，在探究的乐趣中诱发动机、增长力量，在审美的体验中丰富感受、陶冶情感，在多样的活动中开阔视野、展现个性，从而有效地提高了课堂教学效益。

---

① 刘宗宝、陆广地.技术整合与数学情境［M］.镇江：江苏大学出版社,2017.

## 三、情境教学的特点

儿童教育家李吉林指出,情境教学有四大特点。[①]

一是形真。更要求形象富有真切感,即神韵相似,能达到可意会、可想见就行。正如《京剧趣谈》写到的:"京剧继承、发展了中国传统戏曲的表现手法,终于战胜了这种尴尬——用一根小小的马鞭就彻底解决了,而且解决得无比漂亮。"演员摇一根竹鞭,就意味着策马奔腾。虽然是如此简易,但观众在台下看来却好像真的一般。中国画里的白描写意也是这样,只需简要的几笔,就勾勒出形象,并不要求重彩,呈现的同样是真切的、栩栩如生的形象。李吉林老师认为,情境教学也是同样的道理,以"神似"显示"形真"。"形真"并不是实体的机械复制,或照相式的再造,而是以简化的形体、暗示的手法获得与实体的结构上对应的形象,让学生感觉"就像真的一样"。

二是情切。李老师指出:情感不仅作为一种手段,而且应该成为语文教学本身的任务,成为教学目的。小学语文教材往往是借助形象,如风霜雨雪、花草树木、鸟兽虫鱼,还有各种典型化的人物,向儿童逐步揭示世界的奥秘,培养儿童的理想情操和审美情趣。情境教学正是通过再现教材的有关形象,引导学生对优美的、丑恶的、崇高的、低俗的、愉悦的、悲惨的种种事物给予肯定的或否定的评价,体会自己所表现的爱或憎、崇敬或鄙视等真实情感。情境教学是以教师的情感去感染、激发学生的情感,教师的言语、眼神对学生都应饱含着希望和期待。

三是意远。李吉林老师强调,情境教学要讲究"情绪"和"意象"。因为情境总是作为一个整体,展现在儿童的眼前,造成"直接的印象",激起儿童的情绪,又成为一种需要的推动,成为学生想象的契机。教师可凭借学生的想象活动,把教材内容与所展示的、所想象的生活情境联系起来,为学生拓宽意境,进而把学生带到课文描写的那种情境之中。情境教学所展现的广远意境激起儿童的想象,而儿童的想象又丰富了课文情境。如此相互作用,使意境更加深远。

---

① 李吉林.儿童情景学习课程体系及操作[M].北京:教育科学出版社,2018.

四是理寓其中。李吉林老师认为,情境教学所创设的鲜明形象,所伴随抒发的真挚情感,所开拓的广远意境,这三者是融为一体的。这个整体的命脉是内涵的理念,该理念便是课文的中心。情境教学的"理寓其中",强调的是从教材中心出发,由教材内容决定情境教学的形式。所以,在教学过程中,创设的一个或一组情境都应该围绕着教材中心来展现。这样富有内涵的具有内在联系的情境,才是有意义的。

## 四、创设情境的方法

创设教学情境是语文情理课堂的重要手段。常用的创设教学情境的方法有下面几种。

### （一）链接生活法

《义务教育语文课程标准》指出:"语文教学要紧密联系学生的生活环境,从学生的经验和已有知识出发,创设有助于学生自主学习、合作交流的情境。"真实的情境需要教师根据学生现有的生活经验来进行缔造,因此,教师应考虑教学对象现有的生活经验,根据学生现有生活经验,遵循学生认知发展规律,结合具体的教学内容创设真实的教学情境。

语文源于生活。生活是一切行为的来源,也是艺术创作、教育教学等活动的灵感源泉,因此,教师应当意识到语文学科教学与生活实际之间的密切关系,从而以其为依据,为语文教学内容增添生活色彩。在小学语文教学过程中,学生对生活经验的运用大多是随机的,也是被动的,教师应立足于生活实际,为学生创设与学习内容相关的生活情境,使学生学习兴趣被引起,同时也能对自身的生活经验运用自如,从而消除对语文学习枯燥、无味的刻板印象。教师在语文教学过程中,结合教学内容和学生的生活体验创设情境,可以使学生更有效地掌握知识,加深对课文内容的理解感受,从而达成教学目标。

例如,小学一年级以"树"为主题的开放单元的教学设计中,教师可以让学生们在课前搜集关于各种树的图片、模型,引导学生在校园、道路等地方了解树的名称和特点等,把语文与生活融为一体。学生学习的动力主要是兴趣,特别能吸引一年级的小学生。教师创设的真实生活情境,引导学生在日常生活中认识各种树木,并随机进行识字教学,有利于激发学生对识字写字的学习兴趣,促进学生认知发展。

再如,在教学四年级下册的《猫》时,教师可以创设生活化的交流情境:"同学们,你们谁家里养过猫?请给大家说说你印象中的猫是什么样子呢?"学生们说:"猫很可爱,很聪明。""很馋,所以叫馋猫。""猫会抓老鼠,会爬树。""猫会冲人喵呜喵呜地叫,让你给它东西吃。"教师在学生发言之后说:"猫有时候淘气,有时候也给我们带来很多快乐,著名作家老舍特别喜欢猫,他还为猫写了一篇文章呢!相信你读了课文一定也会喜欢上猫的。"这样的情境创设紧密联系学生的生活,通过激发兴趣推动教学,提高了教学效率①。

又如,教学《纸的发明》一课,教师在导入时,首先引出与生活相关的话题:"同学们,在生活中,我们经常会用到各种各样的纸,请大家说一说,你都见过哪些纸?"学生争先恐后地列举其在生活中遇到的纸类。教师继续提出问题:"那你们知道纸是怎么来的吗?"学生交流讨论后,无法得出较统一的和全面的答案,教师便借此引入课题,并引导学生对问题质疑。教师根据质疑进行阅读目标总结,促进学生阅读效率的提升。在学习完课文后,教师要求学生查阅资料,为某种现代新型纸张写一段介绍,并在同学间进行交流。教师还可组织学生展开"节约用纸"的相关活动,教师首先创设生活情境:"老师有个亲戚是开废品收购站的,每天都会收购、整理不计其数的纸张。有些纸张不仅没有破损,甚至还是崭新的。对于这样的现象,我们应该怎么做呢?"学生讨论后,认为应当先从自身做起,节约用纸。教师予以肯定,并通过标语宣传、废纸再利用设计等环节,帮助学生展示其对节约用纸的呼吁。

## (二) 实物演示法

常言道,百闻不如一见。语文教学通常以语文课本内容为主,学生通过教师的讲述或课本的文字来想象具体内容,构建文本画面,体会文本所表达的情感。当然,也有一些对应的插图,可以帮助学生认知。如果可以进行实物演示,创设真实的情境,可能更加直观,有助于学生体会文本所

---

① 赵淑琴.基于统编教材的小学语文情境教学研究[J].语文教学通讯,2021(11).

传达的意思。真实的教学情境有利于唤醒学生的已有经验,学生根据自己的已有经验结合教学内容进行深入探索,激发学习意识,挖掘自身的潜能。

例如,学习《苹果里的五角星》这篇文章,教师可以展示一颗五角星和一只被横切开了的苹果,让学生观察苹果有什么样的特征。学生们异口同声说道:"苹果里有个五角星。"教师接着追问:"苹果里的五角星和老师手中拿的五角星有什么联系?"同学们不语。教师说:"那请同学们打开课本,读读《苹果里的五角星》,我们共同寻找谜底。"通过教师创设的真实情境,让学生观察并思考教学内容,有利于激发学生学习兴趣,更好地理解课文内容,体会作者所要表达的情感。

再如,在教学《红灯　绿灯》时,教师用白纸条做斑马线,在教室里布置了一个"十字路口",让学生先从思想上认识十字路口,然后结合学习的儿歌,懂得过十字路口要"红灯停,绿灯行,黄灯亮了等一等"。最后请两位同学拿着红绿灯的图片站在"十字路口"的另一端,让学生观察"信号灯"过马路。这样学生不仅掌握了过马路的方法,还高效地学习了课文内容。

又如,学习《鲸》第 6 自然段:"鲸每天都要睡觉。睡觉的时候,总是几头聚在一起,它们通常会找一个比较安全的地方,头朝里,尾巴向外,围成一圈,静静地浮在海面上。如果听到什么声响,它们立即四散游开。"教师画了几头鲸,鲸在大海中是怎样睡觉的呢？让学生根据课文里的描写来动手摆一摆。几个学生边摆边思考讨论:"头朝里,尾巴向外,遇到危险便于疏散。""应靠近岩石一点,这避风浪。""渔船在这儿避风浪,可能并不安全,离岩石远一点是不是安全些。"……学生们针对"它们通常会找一个比较安全的地方"这句话展开观察、思考与讨论。教师运用这些物体给学生创设情境,引导学生读一读、看一看、想一想、摆一摆,学生从而轻松地理解鲸睡觉的特点,感受鲸的智慧。

## (三) 语言描述法

教师的语言应该具有神奇的魔力。语言具有强大的力量,作为成人的我们也会因为别人的鼓励而感到高兴,会因为别人的苛责而感到难过,可见语言的魅力多么强大。在小学语文教学中,语言陈说是最基本的教学方法,因为在小学语文教学过程中教学对象是小学生,小学生对文本掌握能力不足,所以多由教师讲述。教师通过语言描绘也可以创设情境,将难以理解的知识变得通俗易懂,便于学生理解和学习,还能培养学生的想象力和创造力。

例如,在《落花生》的教学中,教师在导入部分先进行猜谜语:"麻屋子,红帐子,里面睡着个白胖子。"让同学们猜猜看是什么。同学们众说纷纭,都在猜谜底,集中注意力在课堂中。通过教师的语言描绘,不仅表现出花生的外部特征,而且吸引了学生的注意力,通过"红""白"等色彩字眼,提升了学生审美情趣。

再如,在五年级上册习作《我的心爱之物》的教学中,教师这样设置提问情境:"我们每个人都有自己特别心爱的东西,你的心爱之物是什么呢? 是生日时妈妈给你买的一件衣服? 是同学给你的生日贺卡? 还是爸爸送给你的一本书? ……今天,我们的习作就是围绕心爱之物来写,现在就让我们把自己的心爱之物写出来吧。"在组织材料的环节,教师进一步引导学生想象:"想想什么是自己的心爱之物,是什么原因让你对它产生了这样的感情? 它是什么样子的? 你和它之间发生过怎样动人的故事?"在教师创设的语言情境中,学生围绕"心爱之物"展开想象,有的写了同学送给自己的生日礼物——漂亮的挂件,有的写了妈妈送给自己的水杯。在写作的过程中,学生的想象力得到了充分的发挥。[①]

又如《桥》的教学,教师为了帮助学生体会主人公临危不乱、忠于职守、舍己为人的高贵品质,以提问的方式促进学生对人物品性的把握。首先,教师引导学生感受山洪来时,村民撤离的慌乱场面。教师创设了问题情境:"想象一下,你拥我挤、跌跌撞撞的人们像疯了似地折回来,如果你当时置身于这样的场景中,你会表现出怎样的情绪和心理?"学生认为此时置身于咆哮洪水中的人,一定充满了恐惧和绝望,还掺杂着种种慌乱。教师应给予肯定,继续提问:"人们找到了桥,却仍然处于一片混乱中,这样毫无秩序地过桥,会发生什么?"学生对此做出了预想——人们以这样的状态

---

① 赵淑琴.基于统编教材的小学语文情境教学研究[J].语文教学通讯,2021(11).

过桥,很少人能逃生。教师再次肯定学生的说法,继续引导:"那么年迈的村支书是怎么做的,怎么说的? 你们能感受到他怎样的精神品质?"学生通过分析村支书的语言与行为,总结出其在指挥中所展现的品质。

### （四）媒体带入法

小学生的思维方式仍以直观形象思维为主,对此,教师应当在教学策略上做出相应的转变,做好学生思维发展的过渡工作,助其逐步完善思维方式的发展。教师可利用现代化多媒体设备,通过播放相关画面和音乐,渲染学习氛围,奠定学习基调,从而为学生有效创设阅读情境。在此过程中,学生接收到"视听"双重感觉的影响,更能酝酿出阅读情绪,从而能投入更为丰富、真实的阅读感情,以此深入了解课文所写与作者所感。

多媒体具有集图文声像于一体的功能,利用多媒体创设情境可以将知识形象、立体、生动地展示给学生,吸引学生积极参与课堂教学,提升教学的有效性。常用的多媒体教学资源有音乐、图片、录像。

例如,在《音乐之都维也纳》的教学中,教师可以通过课件展示不同国家、不同地区的著名人物,让学生看有没有自己认识的。接着播放描绘维也纳风光的视频,让学生直观感受维也纳的魅力。在整个播放过程中,学生认真思考,积极参与课堂问答。通过教师创设的情境,学生认真探索,有利于培养学生的探究意识。

再如,在《月光曲》的教学中,教师可以在正式授课前先播放奏鸣曲《月光曲》。播放完后,让学生谈谈听完这首曲子,有什么样的感觉。学生回答不一。教师引导:"接下来我们来探索一下,这首曲子是怎样创作出来的。"通过教师创设的音乐情境渲染,学生已大体感受到了《月光曲》的神韵,为接下来的学习做好准备。

又如,在《观潮》的教学中,教师需要帮助学生建立起对自然奇观的认知,并从字里行间感受奇观之"奇"。但由于学生这一方面的生活经验不足,教师便需要借助视频、音频的播放,使学生通过视听感官,感受接近真实的画面与声音。教师先要求学生以小组合作的模式,对潮来前、潮来时、潮来后的各种景象、声响做出分析,而后再进行集中讨论。在强调"奇"时,教师播放潮来时的声响、画面等,对学生的视觉、听觉造成一定的震撼冲击,使其能有效感知潮来时壮观雄浑的场面,以此感叹自然的神奇与伟大[①]。

## (五) 活动体验法

语文实践活动对小学生而言,是一种能获得学习乐趣和自由的途径。学生们在实践过程中,能对语文知识的学习产生崭新的认识,从而尝试全身心地投入。因此,教师在开展教学实践活动时,应当充分关注学生的学习需求,通过适宜的方式帮助学生创设体验实践的相关情境,以此触发学生内心对实践学习的"偏爱",促进学生对实践活动的充分融入。在这样的条件下,教师的教学活动便更具全面性,使学生不受其自身能力水平的限制,以此获得更高的存在感和参与度,实现教师对"情境教学法"的优化。[②]

小学生天性好玩,其实并不与学习冲突。如果能够将学习与玩耍相结合,便可以提升学生学习的效率。在小学语文的教学过程中,教师可以通过组织一些游戏活动,比如词语接龙、开火车读字音、角色扮演等,让学生在具体的、直观的语文场景中,深切感受所学,能够牢记琐碎的知识点,并留下深刻的印象。

例如,在《中彩那天》第一课时的学习中,教师可以创设"幸运大抽奖"游戏情境。在这个活动中,学生亲自体验抽奖环节,并讲出自己的感受,同时思考中彩者的心情。通过巧妙的游戏活动,让学生在实践中进行探究性学习,从而激发学生学习兴趣,促进学生探究意识的培养。

再如,在《穷人》的教学中,对渔夫和桑娜各怀心事的情节,教师可让学生找出渔夫和桑娜之间的对话,反复阅读、揣摩,再分角色扮演。学生在表演的过程中充分展示了对人物形象的想象,对教材中的人物形象有了更深刻的感受。

又如学习《陶罐和铁罐》,教师展示一只陶罐和一只铁罐,引出问题,并预告学生将要学习它们之间的故事。由此,学生的学习兴趣被充分调动。教师在帮助学生领会两个罐子的性格特点时,可以创设体验情境:

---

①② 杨波.以情境教学,促成小学语文教学新态势[J].小学生作文辅导(读写双赢),2021(9).

"魔法降临,我们都进入故事中了,请大家以两个罐子的语气进行对话吧!"学生两人为一组,练习两个罐子的对话。教师引导学生注重语气和重点语句,以促进其对罐子个性的感知。基于此,教师在课后安排了学生对课文进行剧本改写,并对其进行指导,为其"演出"给出中肯意见,实现了学生更真切的体验式学习。学生以进入角色的方式,对课文中的人物形象、情节安排等进行揣摩,使其更易产生共情心理,因而能更加深刻地感知角色特点和文章情感。

# 第三节　凸显情趣

何为"情趣"？情是指热情、激情、情感、情怀,趣是指趣味、兴趣、乐趣、志趣。"情趣"是参与教学活动的催化剂,是引爆思维潜能的内驱力,是愉悦师生关系的黏合剂,是涵养人文情怀的快乐源。课堂中,在师生的一颦一笑、课堂的一张一弛之间,教育者的匠心随着一种内在的韵味迅速地传导给每一位学生,以一种可意会不可言传的美妙将教学推向至真至纯之境,给学生以润物细无声的感染,就是"情趣"。①。

"情趣"以人为本、和谐育人、科学发展,强调兴趣在认知活动中的规律遵循,发挥情感在素养提升中的心理效应。具体而言,"情趣"是指挖掘文本本身的情趣,发挥教师教学言行的情趣,妙用教育资源的情趣,创新教学设计的情趣,激活学生参与学习活动的情趣等。②

"情趣"是契合小学生的学习心理的,是指向小学生的课堂发展的。因为它是学生热爱学习的基础,是学生学习的内在动力。教学时,教师应该运用多种教学手段,充分调动与激发学生的求知欲望,努力让课堂充满情趣,使学生在趣味中获知、在求知中得趣、在情趣中悟理。③

"情趣"不追求简单的形式上的快乐效果,而是着眼于对学生学习兴趣的诱导、教学内容情趣因素的发掘、教师教学语言情感趣味的发挥和对认知过程内在逻辑趣味的呈现,使学生对学习材料本身产生直接兴趣,在教学过程中获得认知趣味和成功体验。

## 一、"情趣"都去哪儿了

笔者曾听一位教师上《祖父教我读书》一课,几分钟下来,便昏昏欲睡,于是强打精神,总算等到了下课的铃声。

---

① ②　俞丽美.情趣语文:学生核心素养培塑的教学乐园——小学"情趣语文"教学的实践与研究[J].江苏教育研究,2017(35).

③　成尚荣.我们是长大的儿童——情境教育中走出的名师[M].北京:教育科学出版社,2012.

真是佩服这些四年级的孩子！他们中的绝大多数虽然不是我这样的倦态，但也表现出鲜明的疲惫。我们几名听课的教师给了他们认真听课的力量。这是一堂低效的课，细细想想，关键是缺少了应有的课堂"情趣"。

"情趣"淹没在琐碎的讲解中。整堂课教师是绝对的主角，讲个没完没了，学生很少有发言和思考的机会，只能呆呆地坐着听讲。这样听之无趣、学之无味的课堂，教师出的力气虽然不小，却收效甚微。学生没有成为课堂的主体，没有成为学习的主人，没有积极地参与，没有精彩的发言，课堂教学自然"波澜无惊"，好似"一潭死水"。

"情趣"消失在不变的教法里。课文分析法是教师最为熟悉的，显然用得最多。其次就是朗读法了，但朗读缺少变式，仅仅是齐读，要么就是"我们一起读一下这段文字"，要么就是"现在请大家齐读课文的第三到第六自然段"。在朗读教学中缺少有效的指导和必要的激励，于是，更多的学生成了有口无心的"念经的小和尚"。

"情趣"夭折在成人的认知上。成人的世界与儿童的世界是有区别的，成人的认知与儿童的认知是存在着差异的。成人对世界的认识更加理性与现实，儿童的认知则是感性的、天真的、充满着遐想的。儿童的创新想法或对未知的探求如果被教师的"这怎么可能呢？"等反问无情否定，那么，这刚被点燃的情趣火苗又在顷刻间被掐灭了。

## 二、"情趣"的来源

"情趣"源自教材中提供的故事情节、知识道理与表达特色。它们是课堂情趣产生的客观基础。所以，教师要把教材中最能够激活情感、最能调动兴趣的部分进行开发、强化并加以突出处理，使教学内容具备更强的情绪感染力，从而培养学生对教学内容的情趣感，加深学生对教材的理解与感悟。

"情趣"源自教师的教学语言、教学的组织节奏、师生的互动水平。它们是课堂情趣产生的基本条件。教师有感染力的教学语言，是吸引学生主动学习的"魔法石"。有变化的、出乎学生意料之外的教学节奏，能够激发学生的学习兴趣。在小学课堂教学中，教师与学生必须有积极的互动，民主、宽松、平等、和谐的互动，既促进了学生的参与，又激活学生的创造力。

　　"情趣"源自特定教学情境中的问题因素、情感因素和认知建构水平。它们是课堂情趣产生的内在决定因素。教师应致力于探究学科教学的内在结构,使文本意义的呈现与学生的主体经验的构建成为互动的过程,智慧地抓住每一个课堂生成,并有效地生发出更多的认知趣味,激发学生的学习兴趣与求知欲望。

## 三、"情趣"语文的特征

　　江苏海门的俞丽美老师倡导"情趣语文",课堂教学具有以下特征①。

　　(1) 童真性。童真是儿童的最大天性。充分尊重儿童的天性,将儿童的兴趣与需求作为教学的起点,才是真正遵循儿童生命成长规律。小学阶段是一个人学习的起步阶段,是成长、成人、成才的奠基阶段。小学生生性活泼好动,对周边事物的好奇心强,但他们的有意注意持续时间相对较短,一般在课堂上注意力集中的时间只有 20 分钟左右。语文学习本身是对语言符号的识记、理解,对于形象思维占主导的低年级学生来说就显得单调、枯燥。情趣语文教学是基于儿童天性和语文学习特点提出来的。重点关注学生兴趣与情感,从语文课程特点出发,在语文教学活动中追求妙趣横生、情感充沛,顺应了儿童身心发展的规律,对于提高语文教学效率和质量也能起到积极的促进作用。所以,童真性是"情趣语文"教学的一大特征。

　　(2) 趣味性。俗话说,"兴趣是最好的老师"。学习者具有内在动力时的自主学习是效率最高、记忆效果最佳的一种学习类型。可以说,孩子内在学习兴趣的激发与保持,将影响到未来的持续学习,决定着他能否活泼快乐地学习,真正成为喜爱学习的人。小学"情趣语文"教学努力从孩子的兴趣出发,将教材、生活、孩子本身的趣味点相融,用心呵护孩子兴趣的幼芽,细心培养,直至长成参天大树。试想:孩子一旦发现了学习本身的乐趣,就会全神贯注地投入学习中,主动发现问题、分析问题、解决问题,在增长知识的同时主动分享,这样的学习不再是任务,而是在探究中

---

　　① 俞丽美.情趣语文:学生核心素养培塑的教学乐园——小学"情趣语文"教学的实践与研究[J].江苏教育研究,2017(35).

享受着精神的愉悦,学习怎能不是快乐的事情?

（3）情动性。学生是充满生命活力的个体。教育的价值和意义就是充分彰显和成全人的生命属性和生命意义。小学"情趣语文"教学的情动性表现在两个方面:一方面是为情感而为的语文教学。这就是从人本性的角度出发,着眼于对教材内容的加工提炼,使教材内容充分发挥情感方面的积极作用,关注每个孩子自我实现的需要,通过想象、表达等积极的情感体验,调动孩子的积极情绪和参与热情,产生"自我接纳"的快乐心理。另一方面,"情趣语文"是用情感而为的语文教学,要求教师以人为本、目中有人、心中有爱、教中有情。作为教师,要努力读懂孩子,真诚地走进他们的心灵,把自己的生命和孩子的生命融在一起,使它迸发出情感与智慧的火花。教师要生成一双慧眼,心细如发,用心感悟孩子的每一丝变化,用情感受孩子们的喜怒哀乐。在这样的语文教学中,师生以妙趣激发兴趣,互相启发;以激情点燃热情,相互欣赏,孩子们定能在温馨、和谐的学习氛围中扬起自信的风帆,在自主、合作、探究的学习中打好幸福人生的底色。

（4）体验性。情趣教学不是为了情趣而情趣,为了求知而求知,而是追求学生在体验中获得情智和谐、人格发展。《义务教育小学语文课程标准》也明确提出,在语文教学活动中要"注重情感体验,发展感受和理解能力"。情趣语文教学,就是突出儿童的亲身体验,在体验活动中将师生的现实生活乃至生命世界打通,把知识的精神背景与学习的生命体验融合,让理性的领悟与情感的感悟产生强烈的共鸣,从而不断提升儿童的语文核心素养。在情趣语文教学的体验过程中,要注重音乐、美术等多学科融合,将吟诵、演讲、表演、制作、游戏、社会实践等切合学生学习需要的艺术形式穿插应用,以陶冶孩子的情感性灵,让孩子在审美欣赏中来感悟语言,打开新的思路,维持长久的兴趣,发展稳定的情感。

## 四、情趣教学的方法

### （一）以言激趣

有人说:"教师是靠嘴来吃饭的。"其意思是,教师的基本职责是言传身教,"言传"强调的是教师要通过语言将知识传授给学生,因此,教师的语言素养是职业素养的重要组成部分,良好的语言才能带来较好的教学效果。小学语文教师的语言要求相对较高,除了普通话水平要达到"二甲"之外,还有生动、优美、幽默的要求。我曾经做过一个实验:把同样的详案交给语言风格迥然不同的两位教师来上课。结果是,语言平淡的教师照本宣科,学生昏昏欲睡;而语言感染力强的教师,一上课就"抓住"了学生,整堂课,学生们学得轻松愉悦,兴致盎然。以言激趣,教师的语言是激发学生学习兴趣的重要因素。

例如,在教学《春》时,教师可以这样导入:"一提到春,我们就自然会想到绿油油的小草,轻轻的垂柳,弯弯的小河,百花争艳的明媚;想到新的生命诞生,内心洋溢的喜悦,焕发萌动的,充满无穷的力量,看到老人、青年、小孩、男人、女人们都出来了,有的散步、放风筝、耕种、插秧……好一派春天的新气象!"听到这些,学生心中会产生春天的联想,再结合学生的生活,问问他们眼中的春天是怎样的。这样的语言交流,这样的师生活动,一定可以激发学生的学习兴趣。

再如教学《草原》,教师可以这样引起学生的兴趣:"公园、校园、小区都有一片片生机盎然的绿地,如果 10 千米都是绿地会是什么样? 100 千米呢? 那一定非常壮观、非常美丽,让你的心情无比舒畅。今天我们就去看看老舍笔下的草原吧。"这种结合实际的方法,学生很快就产生了兴趣,读课文的热情就会很高。

### (二) 以境激趣

情境作用于人的感官,可以产生一系列心智活动。所以,在语文课堂教学中通过表演、游戏、实验等方式合理地创设生动情境,可以诱发学生的学习兴趣。在小学语文学习中,学生容易因不理解文章涉及的内容、对所学内容不感兴趣等而无法进入文章所营造出的情境,进而导致学习效果受到影响。对此,小学语文教师可通过创设情感情境这一途径,构建语文情趣教学模式,帮助学生顺利进入学习情境。

例如教学《老人与海鸥》,为了帮助学生进入教学情境,教师可在导入环节播放游客喂食海鸥的视频。通过视频展示初次喂食海鸥到多次喂食的过程中,海鸥与游人关系的转变。在海鸥喂食视频所营造的情境中,学生可逐渐理解海鸥与游人之间的亲密情感。在这样的情境引导下,学生能够较深刻地理解老人与海鸥之间的深厚情感:老人生前喂海鸥时,老人冬季每日喂海鸥的行为、老人与海鸥间的互动,体现了老人对海鸥的爱。而当"我"把老人的遗像带到翠湖边时,海鸥们集体鸣叫、翻飞、盘旋的悲壮场景则展现了海鸥对老人的怀念和爱。学生充分意识到:动物是人类重要的朋友。

再如教学《牛和鹅》,为了促进学生对文章内容及情感内涵的理解,教师可采用角色扮演的方法开展互动,邀请自愿参与角色扮演的学生,分别扮演文章中的"我"、金奎叔、远处的孩子、追赶"我"的鹅等角色。各位扮演者按照文章情节的发展,以表演的形式重现情节。扮演者模仿原文中角色行为的过程,增强了语文课堂教学的趣味性。在轻松愉悦的氛围下,负责扮演的学生、观看的学生均可通过这种与众不同的文章内容重现方式,加深对"不应欺负弱小,也不要被外表强大的东西蒙蔽"这一道理的理解①。

### （三）以动激趣

苏霍姆林斯基曾经说过:"儿童的智慧在他的手指尖上。"一句话道出了实践操作的强大力量。由此可见,在课堂教学中,教师很有必要培养学生的动手操作能力和意识。为了给学生创造浓厚的读书氛围,教师让学生动手画一画、写一写,喜欢的内容标注一下,不懂的词、不理解的句子圈下来,抄写喜欢的词语句子,用自己喜欢的颜色笔记录本课的生字。学生们还可通过想象、查阅资料、合作、动手操作等方式,在很短的时间内完成教师布置的教学任务。在这个过程中,学生不仅锻炼了动手能力,还锻炼了思维能力。

"纸上得来终觉浅,绝知此事要躬行。"其义是强调学用结合的重要性和必要性,与实践出真知有着异曲同工之妙。由于心智发育的规律性,儿童对于"情趣活动"有着强烈的依赖性,具有"求趣、求新、求异、求动"的活泼心态。在小学语文教学过程中,教师认真把握并迎合儿童的心理

---

① 常小琴.创建情趣教学模式　优化小学语文教学[J].教师,2020(27).

特征,积极开展丰富多元的自主体验课程活动,不仅有利于充分调动他们的主观能动性,更好地构建和谐的教学关系,而且有利于培养他们手、口、脑互动协调的意识和能力,从中获得不容忽视且无可替代的"情绪智力"效益①。

例如,在低年级拼音教学过程中,教师可引导学生开展"开火车""找朋友""讲故事""猜谜语""打电话""编歌诀"等趣味性游戏活动。在识字教学环节,教师可引导学生借助"竞猜谜语""头饰表演""欢乐对对碰"等形式,还可通过"摆擂台""摘果子""穿衣戴帽""走迷宫"等活动,有效巩固识字成果。把游戏形式和竞争元素渗透并融入其中,非常契合儿童的学习需要和文化需求,有利于激发他们的求知欲望和学习热情。

再如,在中高年级语文活动中,《游园不值》《所见》《牧童和狼》等"空白现象"较显著,教师可引导学生在个体读悟基础上,通过"小组研学""集体讨论"形式,开展自主体验式的"读写互动"学习活动。对于《负荆请罪》《爱如茉莉》《月光启蒙》等故事性、情节性和可操作性较强的课文,教师可引导小学生通过"课本剧改编与表演"的形式,开展角色体验和内容体悟等学习活动,有利于在情感实践中切实体现工具性与人文性相统一的学科特点。

又如教学《中彩那天》时,教师可按照如下模式,设计契合情趣教学模式要求的小游戏:将学生分成7人左右的小组,为各小组提供"诚信"与"谎言"两种卡片,由小组成员随机抽取一种作为本组的结局改写主题。抽到"诚信"卡片的小组,改变《中彩那天》原文中主人公父亲的选择,即把真正中奖的彩票还给老板,并在此基础上,对结局加以改动,为文章赋予新的结局。抽到"谎言"卡片的小组,则需改变文章中主人公父亲的选择,即留下中奖的彩票,并根据原文中各人物的性格、品质等,设计相应的结局。在语文教学中,改写结局小游戏的引入,充分激发了学生分析文章中人物性格、言行特征的热情。小组成员相互讨论、确定新结局的过程,可加深学生对文章中所强调的"诚信"品质的理解,起到情感教育的作用②。

---

① 李春燕.儿童视阈下语文情趣教学的实践与反思[J].语文教学与研究,2019(16).
② 常小琴.创建情趣教学模式　优化小学语文教学[J].教师,2020(27).

### （四）以美激趣

作为一门语言类学科,而且在启蒙教育阶段,小学语文教学应正视并尊重儿童在语言学习与发展上的客观特点,充分借助语文中的"情感艺术"元素,积极引导学生乐学、善学,并以恰如其分的方式努力促进儿童语言的发展,让儿童语言不失特有的韵味和色彩。[①]现代多媒体技术融声形于一体,可以呈现形象之美,在辅助教学方面有独特的优势。它可以将教学内容以多种形式呈现出来,给学生以生动形象的感觉,从而极大地调动学生的学习兴趣,赋予儿童审美活动的愉悦感。儿童以形象思维为主,往往以事物的外在形象来直接审美,如对比强烈的色彩、简洁明快的音律、赏心悦目的艺术景观等,并以此作为首要的审美取向。

例如教学《长征》,教师可以播放电视剧《长征》的片段,红军爬雪山、过草地、强渡大渡河的画面,给学生以形象直观、生动新鲜的视听感受,从而提高学生理解课文的内容的深度,增强学习兴趣。

再如教学《水乡歌》时,教师可以呈现一幅水乡水彩画,引导儿童在图画欣赏中感受"小桥、流水、人家"的恬静和优美。在此基础上,学习"水乡什么多? 水多。千条渠,万条河,池塘一个连一个,处处绿水荡清波。"让学生自由说说读了句子仿佛看到了什么。在学生交流之后,教师进一步启发学生:"假如你真的来到了水乡,最想做的是什么呢?"有的说"画下来",有的说"尝一尝水乡的味道",有的说"拍下来挂在自家墙上"这些朴素而又丰富的想象,简单而又诗意的语言,还有自然流露的肢体语言,孩子们在本真状态下不加修饰,却传递出艺术感染的氛围。[②]

### （五）以疑激趣

在小学语文教学过程中,语文教师可将提问环节作为基本途径,结合教学内容灵活设置问题内容,借助问题与语文教材之间的联系,激发学生的情感体验,达到情感教育的目的。[③]学生只有对教学内容充满兴趣,才能表现出强烈的求知欲,课堂氛围才能表现出积极活跃。

例如,教学《去年的树》,学生自主阅读文章后,教师可这样提问:"第

①② 李春燕.儿童视阈下语文情趣教学的实践与反思[J].语文教学与研究,2019(16).
③ 常小琴.创建情趣教学模式 优化小学语文教学[J].教师,2020(27).

一,小鸟找大树的行为体现了哪一种品质? 第二,从小鸟的三次问话中可以看出,小鸟与大树的关系是怎样的? 第三,小鸟和大树的关系与你和朋友之间的关系有哪些异同点?"第一个问题可帮助学生初步体会到诚信的可贵之处;第二个问题则可促使学生充分理解小鸟与大树之间形影不离、难分难舍的美好友谊;第三个对比式的问题则可帮助学生代入文中小鸟、大树的角色,使其充分体悟友情的珍贵与美好。此外,这一对比过程还可帮助学生联想、回忆生活中与朋友交往的经历,进而对友情形成更加全面的认知。在小学语文教学中,灵活提问,构建情趣的教学模式,可激发学生对语文教材中关于友谊的思考。循序渐进的提问方式,也可为学生带来良好的情感体验,使其通过课堂学习学会珍惜友情。

再如,教学《穷人》,教师可以结合问题情境开展小组合作教学。在学生初步感知课文内容后,出示了两个问题:①桑娜家里有多穷? ②这样穷的她为什么要收养邻居家的两个孩子? 学生看到问题兴趣便油然而生。紧接着,让学生在事先分好的小组里展开讨论、进行探究,学生在问题的引领下讨论得有声有色。这种活动给了学生自由学习、合作学习的空间。他们可以在自己的小组内尽情想象、尽情表达,极大地调动了学生学习的积极性。

## 五、不同课型的激趣策略

### (一) 汉语拼音教学的激趣策略

低年级儿童以形象思维为主,对拼音这种抽象符号的认识是有点难度的,特别对容易混淆的声韵母进行辨析就更困难了。这时,教师利用看图想象、创编儿歌、游戏辨析、肢体表演、角色体验等多种方法,就能让学生对形状相似的声韵母有更准确的辨析,使枯燥的内容形象化、趣味化。比如辨别"bd"和"pq"这两对"双胞胎"时,可以利用手势语言,竖起大拇指,其余四指紧握,大拇指向上,"左手 b 来右手 d,大拇指向下,左手 p 来右手 q"。简单的字母,适当的演绎,就能拨动孩子乐学拼音的"琴弦",让学生在开心的体验中认清所学字母,牢记正确的书写要领。

### (二) 识字教学的激趣策略

作为母语的汉字不仅有深厚的文化底蕴,还有无限的造字奥秘。小学,特别是低年级,识字教学是重头戏。为此,教师要引导学生探寻象形、会意、形声等造字规律,感受古人造字的伟大魅力,以此激发学生探究学习的兴趣。如教学象形字"眉",要让学生形象地感知图画文字到简体字的演变过程,品味"眉,目上毛也"的奥秘。又如学习会意字"采",学生们根据独体汉字各自的含义形象地组合后,可以直观地感受到手在树木上采摘就是"采"。这样他们就在有意思的释义、变形中掌握了会意字的造字方法。循着汉字的造字规律,学生们开始自主网络搜索,找寻汉字学习的情趣源。他们在分类寻找中催生了识字学习的活力,愉快地享受到中华文字的无穷魅力。

### (三) 古诗词教学的激趣策略

古诗词的语言凝练、简约,具有韵律美。在教学的时候,教师可以让学生配乐朗读。例如,学习苏轼的《题西林壁》时,我为学生提供了三首古曲的片段:琵琶曲《夕阳箫鼓》、古筝曲《渔舟唱晚》、古琴曲《高山流水》,让学生任选一首作为配乐,吟诵这首诗歌。学生纷纷举手想尝试一番。许多古诗词是可以吟唱的。在教学时,我们也可以组织学生来吟唱。当然,如果能配上一些合适的动作,如打节拍,就更有意思了。关于古诗词的吟唱,有两个很好的资源。一是谷建芬老师创作的"新学堂歌",谷老师用自己的真情和心血,为孩子们创造出的有传统文化底蕴的这一组儿歌系列,以唐诗为主、结合汉乐府、三国、明清时代的作品,已有 50 首。二是李昕融的"昕融唱古诗",这个专辑中的音乐旋律优美,琅琅上口,非常适合小学生演唱。

### (四) 童话类课文教学的激趣策略

童话类课文对培养学生的想象力、思维力,丰富学生的情感,具有十分重要的作用。童话具有奇妙丰富的想象、曲折有趣的情节、健康积极的意义、来自现实生活等特点。在童话教学中,教师一般采用这样的步骤:第一步巧用动画片、电子白板画等多媒体导入;第二步展开多维度交流;第三步读课文学表达方法;第四步指导分角色感情朗读;第五步改编、续编、创编动画演说。学生们经历了观动画片到最后创动画片的过程,在绘声绘色中体会语言表达的童趣,在情景交融中感受曲折情节的生动,从而营造出情趣盎然的课堂教学氛围。

### （五） 写景类课文教学的激趣策略

小学语文课程中有很多写景类的文章,都是文质兼美的散文,具有景物美、语言美、情感美三大特点。但是由于文中的景物与学生的生活实际相距甚远,所以,要体会写景文章的语言美和情感美,教师就必须从景物美入手,为学生提供视觉、听觉的真实景象。写景类课文的情趣教学基本步骤为:第一步观看景点的宣传片、广告片;第二步交流所观景物;第三步学习课文,在比较中学习表达方法;第四步争当小"导游",移情拓展美。这样的教学才会真正让学生有"如临其境"的感觉,从而加深他们对课文情境的感受和语言情感的感悟,在学习表达方法中体会到情与景的紧密交融,在自主创意的导游体验中,让自我与文、景产生情感的共鸣获得真、善、美的自然体验。

### （六） 状物类课文教学的激趣策略

状物,就是把事物的形状、颜色、性能等特点用生动形象的语言描述出来。状物类文章或是以托物言志为主,表现作者的志向和意愿;或是以托物寄情为主,借物抒发作者的思想感情。状物类课文情趣教学一般采用这样的基本步骤:第一步实物演示和实地观察,运用学生的好奇心激发他们的探究兴趣;第二步引导学生课堂观察,做观察笔记,在细心观察的基础上学会抓住事物的特征;第三步组织学生交流观察所得,通俗易懂地表达出来;第四步引入课文学习,鉴赏写作方法,学会语言的准确、生动表达;第五步搭建展示平台,创造性地介绍实物。这样的教学打破了文本静态学习的枯燥性,既让学生在生活实际中亲身经历,细心观察,潜心探究,交流互动,创新表达,又让学生品鉴到文本的写作艺术,学以致用,真正实现了"我口吐我情、我手写我心",在观察和倾吐中托物言志,直抒胸臆。

### （七） 写人类课文教学的激趣策略

写人类课文一般通过描写人物在事件中的具体表现来反映人物的性格特征、思想感情。写人类课文抓住人物的特点表达一种情,重点要把握人物的语言、动作、神态、心理、情节冲突等细节,以及关于这个人物的几个重大事件。写人类课文情趣教学一般采用这样的基本步骤:第一步读故事品人物,通过梳理事件,整体把握人物形象;第二步通过角色对话、揣摩内心、情节冲突等细节来品析人物的性格特点;第三步与文中人物进行心灵对话,提炼并升华人物品格。这样的教学让学生在"身临其境"中体会人物的个性品质,抒发自己独特的领悟和情感。

## (八) 叙事类课文教学的激趣策略

叙事类课文是通过叙述事件,写出事情的起因、经过和结果来表现主题的课文。关注叙事,主要关注"叙事的方式和意味",找到叙事的情感脉络。叙事类课文情趣教学可以采取以下把握文脉的方法:可以巧扣题眼,入境生情,快速了解事件梗概,理清作者写作思路;可以探寻文眼,情动辞发,找准潜伏在篇首、篇中或篇末牵一发而动全身的关键句子,达到"提领而顿,百毛皆顺"之效;还可以聚焦心眼,把脉情波,找准一个推动故事情节发展的角色,以一个人物为圆心,以他的情绪变化为半径画一个圆,品析情节、感悟文本、领会主旨。这些找寻穿针引线切入口的方法,不仅发展了学生的探究兴趣,发现了叙事情绪形成与变化的运动曲线,而且培养了学生们深度思维的能力,让他们体会到语言文字背后蕴含的丰富人文内涵。

## (九) 口语交际的激趣策略

口语交际是在具体的交际情境中倾听、表达、分享信息的过程,是人与人之间文明和谐地交流和沟通的基本手段。互动性、即时性、灵活性、自主性是口语交际的特征。口语交际类课文情趣教学一般采用这样的基本步骤:第一步创设真实情境,进入交流角色;第二步辨析、评价情境中角色交流的情况,明白交际的要领和方法;第三步小组合作表演,组内取长补短;第四步情境表演展示,讨论评价赏析。创设交际情境的方法让学生在体验中明白"什么时候,什么场合,讲什么话,以及对谁讲与怎样讲",在口语训练中学会与人和谐相处,在流畅、生动的语言表达中形成灵活应变的能力,从而提升了思维、表达、交往能力与审美情趣。

# 第四节　关注文理

用"讲课文的方式来教语文",聚焦的仅仅是"文章写了什么",但对于学生的语文素养来说,更重要的应该是关注"文章是怎么写的",即文本的表达方式,也就是说要关注"文理"。这里的"文理",是指文本自身所蕴含的作者的思路、作品的文路以及语言文字的结构特色等,是语文作为工具性学科的本质特征。

一篇好作品不仅具有形象性,也有其内在的逻辑和思路——这是文章的骨架,可能是显性的,也可能是隐性的。小学《语文》教材中的文本都是经过精挑细选的优秀作品,具有独特的结构形式和语言章法,是学生语言学习和写作借鉴的重要范本。文章被选编进教材,作为学生学习语文的载体时,所肩负的责任不仅仅是传递文本所承载的信息,更重要的是,要让学生了解和学习它是如何运用语言文字传递信息的。这正是语文"工具性"的体现。语文课程标准明确指出:"语文学科是工具性和人文性的统一。"在以往的小学语文阅读教学课堂中,许多教师却只重视"人文性"的教学,即把教学的重点放在了讲解文本内容,体会中心思想上了,忽视了对文本表达方式的学习。作为学习语文的工具,教师更应引导关注文章是怎么写的,重视"工具性"的学习。教师要引导学生深入文章的内部,把握和领会作者的思路和文章的逻辑,才能深刻地理解课文的内涵。

上海市教委教研室曾倡导"充分关注表达,提升语言素养"。"充分关注表达"是指基于阅读教学背景,教师最大限度地利用文本所提供的内容信息、语言形式和情感因素,选择切合学生实际的教学内容和教学策略,对学生的阅读和表达进行有序的训练,旨在逐步提高学生的语言运用能力和思维品质,丰富他们的情感体验。"语言素养"表现为正确的阅读理解和准确的表达能力,以及思想文化修养。它由三部分构成,具体是:学生必须掌握的比较稳定的最基本的语言要素,适应时代发展要求的听说读写能力,以及在语言实践活动中表现出的思想文化修养。"充分关注表达"是手段,"提升语言素养"是目的。

目前,小学语文课堂教学效率不高,其原因之一就是一些教师在教学中忽略了基本的"文理"分析,虽教得面面俱到,却把一篇课文解析得支离破碎,使学生得不到完整的艺术感受,失去了对语文学习的兴趣,在课堂获益甚少。语文情理课堂应该适度挖掘"文理",根据学生年龄特点和认知规律,把对基本的思维知识的传授,正确的思维过程、形式、方法的掌握贯穿在语文知识的教与学的过程中,以培养学生思维能力,提高语文教学质量。①

# 一、关注文理的意义

## (一) 有助于落实语文课程标准的基本要求

《义务教育语文课程标准(2022年版)》指出:"语文课程是一门学习国家通用语言文字运用的综合性、实践性课程。"这进一步明确了语文课程的性质——语文学习的重点在于学习语言文字的运用。新课标对于文本表达的学习在不同的学段"阅读与鉴赏"模块中都提出相关要求。例如,第一学段要求"结合上下文和生活实际了解课文中词句的意思,在阅读中积累词语";第二学段要求"能联系上下文,理解词句的意思,体会课文中关键词句表达情意的作用";第三学段要求"能联系上下文和自己的积累,推想课文中有关词句的意思,辨别词语的感情色彩,体会其表达效果","在阅读中了解文章的表达顺序,体会作者的思想感情,初步领悟文章的基本表达方法","阅读说明性文章,能抓住要点,了解文章的基本说明方法。"……从新课标的这些要求中,我们不难发现,阅读教学不仅要关注文本的思想情感内容,还要关注文本的表达形式。学生往往是在理解文本内容和读懂文本表达的基础上,才能形成阅读能力。

在语文教学中,应指导学生在正确理解文本表达情意的基础上,揣摩、学习作者表达情意的基本方式方法,正确理解和运用祖国的语言文字。要想学习语言文字的运用,教师应着力关注文本表达,不但要让学生"知其然",还要知其"所以然"。把"学习语文课文"变成"用课文学习语文",在

---

① 成尚荣.我们是长大的儿童——情境教育中走出的名师[M].北京:教育科学出版社,2012.

大量的语文实践中掌握运用语文的规律，真正达到"工具性"和"人文性"的和谐相生，才能切实提高学生阅读能力，培养学生的语文素养。

### （二）有助于学生全面地读懂文本

一篇文本可分为内容、形式、情感三大方面。语言内容表现的是客观事物，语言形式指文本遣词造句、构段成篇及表情达意方面的方法、特点，思想情感是作者通过文本表达的情感、态度、价值观。这三者其实又是统一体，思想蕴藏于内容之中，内容依托语言形式来表达。因此，教学中若只注重内容与情感的学习，而忽略了对语言表达形式的理解，对文本信息的吸收是不全面的。

### （三）有助于提高学生的阅读能力

夏丏尊先生在《学习国文的着眼点》中提道："学习国文，应该着眼在文字的形式上，不应该着眼在内容上。"有的学生之所以阅读能力差，往往是由不理解字词，看不懂句子的意思造成的。不懂概括文章主要内容，抓不准文章的中心思想，则是对篇章的层次结构没有整体、准确的认识。在平时的教学中关注文本的表达形式，可以帮助学生抓住语言的特点，更好地了解作者是如何遣词造句、如何立意选材、如何布局谋篇等，能培养学生阅读的理解力、判断力、欣赏能力，以及相应的思维能力。

### （四）有助于促进学生语文学科核心素养的发展

围绕语文学科核心素养教学目标和语文学科教学现状展开分析，我们可以发现：在语文学科核心素养体系中，不仅包括思维发展与提升、审美鉴赏与创造、文化传承与理解等方面的要求，而且包括语言构建与运用方面的要求。由此语言构建与运用能力是其非常重要的组成部分，也是不可分割的一部分。因此，小学语文教师在授课过程中，借助文本阅读分析，促进学生语言建构与运用能力的发展，是培育学生语文核心素养的重要手段。

## 二、文理的主要内容

### （一）语言中的"理"

汪曾祺在《中国文学的语言问题》一文中说："语言不是一句一句写出来的，'加'在一起的。语言不能像盖房子一样，一块砖一块砖垒起来，那样就会成为'堆砌'。语言的美不在于一句一句的话,而在于话与话之间的联系……语言像树,枝干树叶,汁液流转,一枝摇,则百枝摇。"文学作为语言的艺术,常常并不是"直白"地将自己的意思说出来,而是要运用象征、拟人、夸张、比喻等艺术表现手法来表达。有的文章讲求简明、准确,有的文章讲求生动形象,有的文章讲求清新、自然,也有的文章讲求振奋、激昂。优秀的文章在遣词造句方面往往有独到之处,值得我们认真揣摩,细细品味。在阅读教学中,教师引导学生推敲文章的语言细节可以学到运用词语的技巧,引领学生触摸文本,咀嚼语言,挖掘内蕴,发现文章字词句段、标点修辞上的"理",以"艺术表现手法"为突破口,品味语言,鉴赏语言,学习语言。具体可以关注以下内容。

1. 标点

标点符号不仅是表示停顿的记号,还有强化语气、表达语句的性质及作用的功能。《包公审驴》中有这样一段文字:"包公了解了案情,皱着眉头想了想,把惊堂木一拍,大声喊道:'王朝,马汉! 赶紧把嘴套给驴套上! 别给它吃,别给它喝! 把它严严实实地关上三天! 到时我再来审它!'"作者对包公语言的记述,用了 5 个感叹号,每个短句都是一个感叹句。透过这些感叹号,我们除了可以充分感受包公的威严之外,还能看出此时他对如何审理这起离奇的案子已是胸有成竹了。

2. 字词

除生字词以外,学生往往会忽略那些看似普通、平淡的词语,也不了解它们在语境中的作用,当然也就无法品读出词语背后的具体内容,体会不到真实情感,领悟不到表达的精妙。此时,教师就应该适当提醒。例如,《落花生》中有一句话:"那晚上天气不大好,可是父亲也来了,实在很难得。"教师可以通过组织学生比较"难得、很难得、实在很难得"这三组词语来体会作者的字面意、字中意和字外意,感受这样表达蕴含的深刻内涵及带来的神奇效果。《泉城》一文语言生动优美、形象,最妙的是作者通过几个形象的动词来描绘四大名泉水的特点:写珍珠泉的"涌"体现珍珠泉水流势快及水的多,从"汇注"看出五龙潭泉多,"喷吐"的黑虎泉展示了它的气势大,如三堆白雪"冒"出来的趵突泉则让人感受到泉水少而缓。文章用词准确,联想丰富,比喻形象。通过本课的学习,学生不仅能从优美的语句中感受到泉城的泉多、水美,更能从重点词语的咀嚼和品味中,掌握描写事物要抓住事物的特征去写,而且用词准确。

3. 句子

通常,教师关注的是文本中的比喻、拟人、排比、反问等句子。其实,还有一些颇具特点的句子也非常值得品味与借鉴。《姥姥的剪纸》一文中有这样一句话:"你姥姥神了,剪猫像猫,剪虎像虎,剪只母鸡能下蛋,剪只公鸡能打鸣。"这是他人赞扬"我"姥姥的话语,朴素自然,充满情趣。教学中,可以设计这样一则说话训练:"我姥姥神了,剪＿＿＿像＿＿＿,剪＿＿＿像＿＿＿,剪＿＿＿,剪＿＿＿。"请学生用第一人称来夸夸"我"姥姥还会剪什么,从而充分感受姥姥的剪纸神功。《安塞腰鼓》展现了黄土高原上壮阔、雄浑、激越、豪放的腰鼓场面,文章读起来气势磅礴,令人激情澎湃。这篇文章在语言表达上很有特色——文章用了很多短句,节奏明晰,铿锵有力;多种排比、比喻手法的交替运用,快节奏的反复递进,使得内容表达得更热烈、更激荡。教学时,一位教师采用"以读代讲,读写结合"的方法,步步推进,让学生深刻感悟本文的语言特色,学习语言表达方法。首先,学生自读感悟,初步体会安塞腰鼓勃发的生命力和后生们喷薄而出的力量。接着,教师引领学生朗读体会作者运用短句、排比句制造出的节律感,推敲把"力量"分别比喻成"骤雨、旋风、火花、斗虎"等的比喻句,并理解作者这样写所产生的表现力。在这样的基础上,教师提炼出关键的句子探究:文中4次出现的"好一个安塞腰鼓!"独立成段,层层递进,回环呼应,使文章富有跳跃变幻之感。最后,让学生模仿文章的句式,用排比、比喻再写一写"好一个安塞腰鼓"。因在感受言语形式的过程中已经与课文的情感产生共鸣,学生的写作精彩纷呈。

不同的文体、不同的主题、不同的感情基调的文体都有其独特的语言。教学中教师应该抓住这些语言特点带领学生反复朗读,品词析句,感受提高学生的阅读能力和语言表达能力。

## (二) 结构中的"理"

叶圣陶先生认为:"作者思有路,遵路识斯真。"关注文本,引导学生理清作者的行文思路很有必要。文章通过一定的结构、层次和段落来叙事说理、表情达意。不同的文体有不同的行文规律和特点,但无论是什么文章,都会有一条线索贯穿其中。一般来说,记叙文常以时间、空间、情感变化等来推进情节;议论文常采用"提出问题—分析问题—解决问题"的论证结构;说明文常采用三段式或并列式结构来进行说明。把握文章结构,理清行文思路有助于我们整体地把握文本、理解文本。它是提高阅读能力的重要手段。因此,小学的阅读教学中教师要教会学生初步掌握不同文体的结构规律。

例如,《滴水穿石的启示》是一篇议论说理文,作者先是通过安徽广德太极洞内的奇观引入,接着指出奇观形成的原因——水滴目标专一,锲而不舍;然后通过正反例证,最后画龙点睛,揭示作者从中受到的启示。文章的结构正是议论文常见的"根据现象提出观点—举例论证—得出结论"的论证结构。教师在教学时,不但要让学生理解"滴水穿石"的意思,学习"滴水穿石"的精神,还要关注议论文的表达方式,体会利用正反例子论证方式的好处,弄懂为什么要举这样的例子,以及我们还可以举哪些例子来论证文中的观点。学完课文后还可以仿照文章的结构,也用上正反例证的方法写一篇议论说理文。

再如,《开国大典》课文很长,但课文结构脉络十分清晰,全文具体地描述了"开国大典"的4个场面:一是写开国大典开始前会场的布置与群众入场的情境;二是写了典礼过程和盛况;三是写了阅兵式的盛况;四是写了人民群众游行的欢乐情境。并且每个场面的结构脉络又很清晰,如课文的第二个场面——典礼的过程和盛况:①宣布典礼开始;②宣告中央人民政府成立;③升国旗、鸣礼炮;④宣读人民政府公告。因此,教师应该组织学生以课文结构为阅读脉络,把握"文理",这样就会使教学既省力又高效。

又如,《两茎灯草》一文,吴敬梓把屋内的大侄子、二侄子、奶妈、赵氏这4个人物对严监生竖起两个指头的理解描写得生动传神。文中这段语言结构的形式体现出明显的一致性,都是先描写人物的语言,然后再写严监生听后的反应。在品读每个人的语言和严监生的不同表现之后,教师应该引导学生关注文本的"理"——结构特色,深入分析这样的表达有什么优点,让学生学以致用。

# 三、思维导图

魏书生老师在语文教学中,有时教学生画"知识树",其实就是充分关注"文理"。此举形象直观地梳理了文章的结构及作者的文路,同时也理清了学生的思路,促进了教学活动的有效性。在小学语文高年级课堂中,教师也可尝试让学生结合课文画"逻辑树",借助"树"的形象解读文本的结构,从而构建"文理"。英国结构主义文艺理论家特伦斯·霍克斯认为:"事物的真正本质不在于事物本身,而在于我们在各种事物之间构造,然后又在它们之间感觉到的那种关系。"是啊,作为我们中国传统文化瑰宝的单个方块汉字,其意义是有限的,但是通过有机组合,就能表达丰富多样的意义。所以,"中国的文学就是方块字的排列组合游戏"。在语文教学中,掌握了文章的结构,就会对文本有从宏观上的把握。结构之"理"是一个不容小觑的教学要点,因为它使教学具有整体性,认知更具逻辑性。

人类大脑80%的信息来自视觉,并且我们的大脑也更"钟情"于"图像"而非文字,因此大脑感知记忆、处理图像的效能更高,故有"百闻不如一见"及"一图胜千字"之说。随着可视化思维导图在各行各业的广泛应用,思维可视化学习已经成为课堂教学的必然趋势。那么如何实现课堂教学的思维可视化呢?苏霍姆林斯基曾经说过:"课堂教学主要解决思考和记忆两大难题。"可视化思维导图正是从认知层面的"点→线→面→体"的可视化实现让学生在学习中思考和记忆,从而提升学生的学习力。

## (一) 思维导图的类型

### 1. 流程图

流程,本义是指水流的路程,引申为事物进行中的次序或顺序的布置和安排。由两个及以上的步骤构成一个完整行为的过程,可称为流程。以特定的图形符号加上说明,表示次序或顺序的图,称为流程图或框图。流程图是流经一个系统的信息流、观点流或部件流的图形代表,其特点为:一是表示顺序结构,二是直观形象。教学中流程图的种类:一是表示一系列连续动作的流程图,二是表示事件发展顺序的流程图。教学时,教师可以先让学生在课文主要段落中圈出描写人物或动物动作的词。以课文中的一个人物为例,示范指导学生画动作流程图:在流程图里,把动词写进圆圈内,然后根据动作的顺序,用箭头把这个图画出来,再把形容这个动作的词语用红笔写在圆圈前的方框内,这个词语是为了使动作更加生动。

例如,在教学《小蝌蚪找妈妈》时,可以使用流程图,如图3-1所示。

**图3-1　《小蝌蚪找妈妈》动作流程图**

2. 鱼骨图

再如,教学《惊弓之鸟》,可用鱼骨图帮助学生理解课文内容。全文共9个自然段,按照先果后因的顺序展开叙述,先写更羸提出不用箭,只需拉弓就能使大雁掉下来;然后写更羸试了一下,大雁果然从半空里直掉下来;最后以环环相扣的说理,分析推断虚发雁落的原因,是一篇很有说服力的推理文章。

文章的最后一个自然段是这篇课文的重点段落,是更羸对魏王讲述不用箭只拉弦就能使天上飞的大雁掉下来的原因。这个自然段一共有4句。第一句讲的是更羸看到的和听到的情况,第二句讲的是更羸根据自己看到的和听到的情况进行分析,第三、四句话讲的是更羸根据前面的推断作出的进一步分析和依据分析作出的判断。从中,我们可以看出,更羸是一个善于观察、思维缜密的人。这段文字,可以作为"思辨性阅读"的素材,训练学生的思维能力,重点是理清楚句子和句子之间的关系,读懂更羸的思维过程。大雁掉下来,是因为"伤口裂开,疼得不能飞了";伤口裂开,是因为大雁"拼命往高处飞,太用劲了";大雁拼命往高处飞,是因为曾经"受过箭伤";大雁受过箭伤且没有愈合,是因为"它飞得慢"。

为了帮助学生更准确地理解课文内容,教师设计了这样一张可视化思维导图——鱼骨图(见图3-2),和学生一起先找到结果,再认真读课文,找出造成这个结果的原因。层层推断,最终推论出"更羸不用箭,只要拉一下弓,就能使大雁掉下来"的结果。

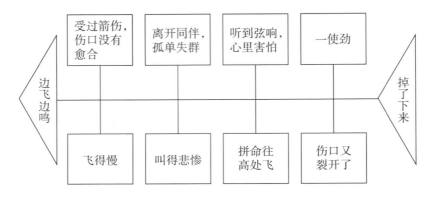

图 3-2 《惊弓之鸟》鱼骨图

3. 圆圈图

圆圈图一般有两个同心圆构成(见图 3-3)。在圆圈图中,小圆圈里是中心主题,可以时时刻刻提醒学生在放飞思维的同时,不要偏离主题。大圆圈里留有足够的空白,可以让学生充分地发散思考、联想拓展。

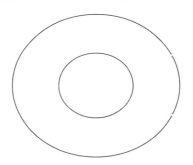

图 3-3 圆圈图

圆圈图的适用场景有两大类:一类是发散联想,可以用于"头脑风暴","关于××你想到了什么?"比如:用 4 根火柴可以拼出哪些字呢? 有益健康的蔬菜有哪些呢? 有哪些东西是红色的呢? 和雪相关的东西有什么呢? 另一类是定义、解读。对某一概念下定义,有理有据地说出自己的理解,"××是什么?"比如:时间是什么? 在你心里,爱是什么?

在运用圆圈图时,第一步,在中心的小圆圈内写下或画出要思考解决的主题。如写一篇主题为金鱼的作文,内圈中写上"金鱼"。第二步,在大小圆圈之间的空白区域写下或画出基于这个主题发散联想的结果。围绕金鱼,可以从外形、居住环境、游泳的姿态、金鱼之间的趣事等方面来思考。

4. 气泡图

气泡图,也称起泡图,是由一个圆圈和周围的若干个圆圈组成,从外表上看,好像一个摩天轮(见图 3-4)。气泡图更多用来描述某个事物的特征,围绕着中间主题来进行描述,强调的是发散思维。

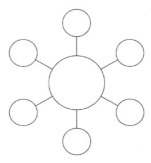

图 3-4　气泡图

以课文《翠鸟》为例,课文主要介绍了翠鸟的外形、捕鱼过程和它的住处,表达了作者对翠鸟的喜爱之情,所以图中外圈只需 4 个小圆圈——4 个属性气泡——家、外形、捕鱼、感情。属性气泡还可以进一步展开次要分支,并添加关键词进行说明,其形式并不唯一。因为每个学生对课文都有自己独特的理解,所以属性气泡、各种关键词及分支的方式都因人而异,通过气泡图来整理课文结构,学生能更全面地理解文章内容。

5. 括号图

括号图是一种表现整体与层级之间关系思维导图。括号图一般由左、右两部分组成,其中一部分是对另一部分的概括(见图 3-5)。这种类型的思维导图更多地应用在知识点的概括性呈现和文章内容结构的概括性总结上。

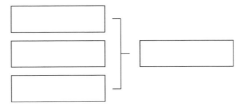

图 3-5　括号图

在统编版小学《语文》教材中出现在了三年级上册第五单元的交流平台中,括号图的左边是对文章内容的点评:"翠鸟的美在于它有着色彩艳丽的羽毛和敏捷的身手。""草地的色彩会发生奇妙的变化,原来是因为蒲公英的花有时张开有时合拢。"中间利用一个概括性的大箭头指向右侧,右边则通过两个评价概括出观察的重要性——"细致的观察可以让我们对事物有更多更深的了解"。

6. 树状图

树状图,也称树枝状图。即把所有的信息都组织在一个树状的结构图上,每一个分支上写着不同的关键词或短语,以父子层次结构来组织对象(见图 3-6)。树状图是枚举法的一种表达方式。

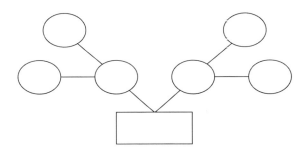

图 3-6 树状图

《图书馆里小镜头》的学习重点是对几个小镜头的描写。两组小镜头的描写集中在课文第二、第三自然段和第五自然段。第二、第三自然段的小镜头是细节描写,描写的是人物的语言、动作、神态;第五自然段是对人物进行局部描写,直接选取了有代表性的4个具体人物形象,关注了人物的头发、手、鞋子、眼睛。

7. 因果关系图

因果关系图用来分析一个事件产生的原因和它导致的结果。当中是事件,左边是事件产生的原因,右边是事件导致的结果(见图 3-7)。通常事物的原因和结果是复杂的,一因多果、一果多因以及多果多因的情况屡屡存在,原因和结果可以不对等。

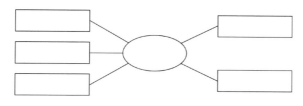

图 3－7　因果关系图

因果关系图展现的是一个先后顺序的过程,能够清晰地看到事件发生的原因和导致的结果,通过考虑原因和结果帮助学生分析为什么,结果是什么。因果关系图有助于学生认清事物的因果关系,锻炼其思维分析能力。

填写因果关系图时,先确认课文中需要分析的具体事件,简要概括这一具体事件,并记录在中心的方框里;然后讨论事件产生的原因,逐条记录在左边的方框里;再分析、推断各种原因导致的不同结果,逐条记录在右边的方框里。

### (二) 思维导图的选用原则

结合对统编版小学语文教材中所出现的思维导图类型来看,气泡图、括号图、线性流程图及多种类型融合的混合型思维导图都是比较适用的,但是不同的文章选择的思维导图类型是不同的。教师在选择思维导图时主要考虑两方面的因素。①

一是根据教学任务选择思维导图。统编版语文教材的编排中教学任务是比较清晰的,教师可以根据课文所在单元的语文要素来明确教学目标。与此同时,课后练习中也会给出更为具体的提示。例如,在《小英雄雨来(节选)》这篇文章的单元语文要素就是把握长文章的主要内容,在课后练习中要求根据已经给出前两部分的标题,概括出后四部分的标题。因此根据语文要素和课后练习的分析,明确前两部分的主要任务是让学生明白标题确立的依据是什么,并且了解思维导图的信息选择功能,让学生能够根据已知的标题选择出恰当的信息,因此选择使用的是括号图。对于第三、第四、第五和第六部分则选择气泡图,根据气泡图的绘制流程

---

① 姚淑敏.思维导图在小学语文长文章阅读教学中的应用研究[D].天津师范大学,2021.

和特点,启发孩子先进行信息的选择,然后在此基础上梳理线索,分析收集到的信息,然后进行信息的整合。

二是根据文章结构特点选择思维导图。教师在进行教学之前,应该进行细致的文本分析,以达到充分了解文章的结构特点的目的。在单个情节的文章中,当着重对一个事件的起因、经过和结果展开叙述时,可以选择使用线性流程图,因为它能够清晰地展现事情的来龙去脉和发展变化过程。例如,在《牛和鹅》的教学中,就可以选择使用线性流程图将对鹅和牛的情感变化过程呈现出来。或者是使用双气泡图,将牛和鹅两者的感情变化进行一个双边的呈现,这样更有利于将二者进行对比。多个情节文章主要内容的概括可以使用气泡图,就像《小英雄雨来(节选)》的后四部分的概括过程一样,先寻找重点信息,然后进行分析和整合。这种类型的思维导图同样也适合运用到《父爱之舟》《梅兰芳蓄须》等文章的教学之中。到高年级学习篇幅较长文章,可以逐渐学会使用括号图,将复杂的图画或者图形进行简化,用括号的形式来代替,提高学生概括的速度,这同样也是学生思维发展的体现。这种括号图既可以是正向信息的逐渐扩展,同样也可以是反向信息的整合与概括,学生可以灵活地进行选择。

# 四、拆解式阅读

复旦大学中文系博士袁坚(猫老师),用一套独特的"拆解式阅读法",简称"拆书法"。

猫老师说:"在阅读的前期掌握好方法是最重要的。"授人以鱼不如授人以渔,阅读谁都会,但想进入文本内部,提出自己的问题,绝对需要方法。

学生阅读存在的最大问题是事实和观点没有分清楚。从小学到中学,语文课上总是要总结中心思想或者抠字眼,问一些"为什么这里要用这个字(词)"这类的问题。但这些其实都是"观点",是读者的主观想法。从真正的阅读角度而言,首先应该做的是引导孩子去弄清"事实"部分:作者在这篇文章、这本书里做了什么?然后在此基础上再去思考,获得自己的"观点",而不是还没有读懂一本书,就急急忙忙地发表看法。这样得来的看法可能失之偏颇，也可能不实。

猫老师打比方说，就像我们去看建筑物，首先看到它的外立面、它的内部装饰，然而这些都只是表面，真正起到支撑作用的是什么呢？它的结构。读一本书也是一样，要想看清事实，就要从结构开始。这是入门的基础。

"拆书法"，简单地说，就是要把书或文章"拆解"开来，把里面的内容、结构都看个清楚。在这个过程中，看清楚它们彼此之间的关系，最终读通整篇文章、整本书。

"拆书法"是一整套方法，注重的是阅读、思考和分析的步骤与过程。

首先，把文章或书本内容拆解开来，看清每一个内容点。

其次，看清内容点之间的连接方式，看清文章或书的结构。这一步就像是拍 X 射线片子——如果肉眼去看一个人，只能看到他的外表，而拍摄 X 射线片子，就能看到内在的骨骼。从不同的角度去看内容点之间的各种关系，也就是文章或书的层次。这一步比较复杂，不同类型的文章会涉及不同的角度和方法。由此，拆解还会再划分出几个小步骤。

最后，拆解的目的不是要得到一堆碎片，而是为了在看清内容、结构、层次之后，能对文章或书获得一个更深入的、更详尽的理解，最后要把它们再组合起来，形成自己的完整认知。

猫老师强调，这一套方法完全没有神秘主义的色彩，不强调灵感或天分，没有让人晕乎乎的高深理论，全部都是可以讲解、可以学习，可以通过练习去掌握和运用起来的。越是有难度的文章或书，越是要仔细"拆解"。或者反过来说，只要你能仔仔细细地把它们"拆解"开来，最终一定能弄懂它们在说些什么、是怎么说的。

比如，孩子预习课文时，她就会用"拆解式阅读法"把课文"拆解"开来，先带孩子看清楚课文里的内容，再把这些内容组合起来，看清楚结构和层次。她跟孩子说，这就像你搭乐高的时候，既要看清楚所用材料的类型和数量，又要看清楚它们是怎么组合在一起的。

这样做了以后，"隐藏"在课文里的各种问题也会显现出来——囫囵地看、混成一团的时候，是看不到它们的。此外，如果遇到要背诵的课文，背起来很吃力，也可以用"拆解式阅读法"，把要背诵的段落拆解开来、理清内容和结构,就容易记忆了。

做阅读理解题,如果能自然而然地运用"拆书法",看清楚所阅读文章的内容、结构和层次,再去看要做的题目,就更容易找到每一道题目在文章里分别对应哪些部分。而找到原文中的对应段落、句子,恰恰是解答阅读理解题的关键一步。

尤其是到了高年级,要阅读的文章往往很长,还包含着自然科学类的、社会历史类的等各种不同类型的文章,有些文章甚至从话题到内容都是完全陌生的。在这种情况下,没有经过专门的阅读训练,只是囫囵读一遍,可能连内容都记不全,或者弄不清各个段落之间的关系,或者忽略了一些重要的细节,这样一头雾水地去看底下的题目,当然容易看不懂。

## 五、鉴赏式阅读

鉴赏式阅读,是指在阅读教学中侧重于对文本内容和文本表达进行分析和评价的一种教学方式。"鉴赏式阅读",一个简单的办法就是"为作者点赞"。可以在教师的引领下,让学生去发现、去感悟作者精妙的表达,去关注某个词语、某个句子,以及句与句之间的关系等,在此过程中学会学习,学会阅读。

### (一) 关注文本语言特色,引导学生品味语言

学生在学习任何一篇文章的过程中,都需要围绕文本的语言进行分析与理解。事实上,要想真正读懂一篇文章,就必须围绕文本的语言进行品读。可以说,品味语言是读懂文章的有效手段,也是一项基础性的工作。此处提到的品位语言,具体指的是,围绕文本的语言展开反复品读和详细分析,以此把握作者融入文本中的情感,从而更加全面地把握文本情感与内涵。在小学语文阅读教学活动中,教师要想促使学生建立起完善的语言结构体系,就需要引导学生对文本语言的特色进行有效挖掘,让学生能够真正品味出语言的深意①。

例如,在教学《慈母情深》这篇课文的过程中,教师就可以设计合理的教学过程,带领学生挖掘文本语言的特征,让学生学会品味语言,把握

---

① 杨均.关注文本表达 促进语言建构[J].文理导航(下旬),2021(1).

文本中的思想情感。首先,教师可以引导学生初读课文,让学生形成对文本内容的初步了解;其次,教师运用多媒体给学生播放一段梁晓声的作品——《母亲》中的视频片段,以此激发学生对母亲的情感。之后,教师可以围绕文本内容,设计如下教学过程:

师:"看见一个极其瘦弱的脊背弯曲着,头凑到缝纫机板上"这句话为什么不直接说"看见我的母亲弯曲着瘦弱的脊背,头凑到缝纫机板上"?

生:作者写"看见一个极其瘦弱的脊背弯曲着,头凑到缝纫机板上",而不是直接写"看见我的母亲弯曲着瘦弱的脊背,头凑到缝纫机板上",是因为厂房整体布局比较暗,环境嘈杂,并且灯泡很刺眼,作者并不能一眼看出哪个人是自己的母亲,而只是看到了有一个类似母亲身影的人弯着背在缝纫机前。

师:"我"看到工作中的母亲是什么样子的? 反复出现"我的母亲",你能感受到"我"当时是怎样的一种心情吗?

生:反复出现的三个"我的母亲",表现出"我"的心情在不断地变化:从一开始看见一个瘦弱、疲惫的身型,不敢相信这个人是自己的母亲,到最后确认是母亲之后的震惊和心疼。

师:作者这样写的用意是为何? 我们作为读者,又做何感想呢?

生:作者反复强调"我的母亲"这个词语,是为了体现出母亲的艰辛,同时表达出作者心疼不已的感受。

……

上述教学活动中,教师并未直接将知识点灌输给学生,而是通过师生互动交流与问答的方式,引导学生逐步深入文本,共同挖掘文本语言特色,以此把握文本的深层次内涵,从而学会语言文字应用技巧,帮助学生更好地进行语言表达能力的训练,为学生语文综合素养的发展奠定基础。

### (二) 关注文本表达方式,引导学生把握语言

不同的文本往往有其独特的表达方式。在小学语文阅读教学中,教师要想引导学生对语言结构体系进行有效构建,就需要注重对文本表达方式的分析,引导学生更好地掌握语言应用和表达技巧。

例如,教学《鸟的天堂》,教师就可以引导学生围绕文本语言的独特

表达方式展开积极的探讨。例如,教师可以通过引导学生反复朗读文本和分析文本语言等方式,让学生领悟作者动静结合和寓情于景的表达特色,并且鼓励学生将这些特殊的表达方式应用到自己的语言表达和写作中去,以此强化学生的语言文字应用能力和语言表达能力。

## (三) 关注文本行文思路,引导学生感悟语言

在以往的语文教学活动中,教师往往习惯于围绕某一个经典段落,引导学生进行深入解析。这种教学方法看似符合个性化阅读教学要求,但实际上会让学生难以把握文本的整体布局特色,导致学生不理解行文的流畅性和整体性。这对学生读写能力的提升和语言建构能力的发展很不利。对于叙事性文本的阅读,教师就需要通过对文本行文思路的整体、有效分析,帮助学生更好地感悟文本语言,为语言能力的发展奠定扎实的基础。

例如教学《观潮》时,教师就可以在带领学生初步阅读课文内容之后,让学生对文章的整体结构进行把握,以此了解作者的行文思路和文章的结构特征。首先,教师可以让学生对文章的脉络进行梳理,使学生初步感知钱塘江大潮的"壮观"之处,让学生分析全文是按照什么样的顺序来写的,让学生回答问题:"哪些部分属于详细描写,哪些部分属于略写,依据是什么?"其次,教师可以让学生按照"潮来前、潮来时、潮来后"的顺序对文章结构进行划分,并且找出贯穿全文的语言。之后,教师再让学生围绕钱塘江大潮的特点找出有关描写的语句展开细细品读,让学生感悟语言表达的特色。借助这样的教学方式,教会学生梳理文章的结构,让学生从整体上把握行文思路,从而培养学生谋篇布局的能力,使学生的语言文字运用能力得到有效的锻炼。

# 第五节　重视学理

学理,《现代汉语词典》上的解释为:科学上的原理或法则①。语文学习中的学理有三层含义:一是指语文教学要符合小学生的心理特征;二是指语文教学要符合母语教学的规律;三是指学生应通过课堂悟得语文学习的规律、掌握语文学习的方法。小学语文情理课堂中的学理,主要是指学生应通过课堂悟得语文学习的规律、掌握语文学习的方法。

小学生学习语文,也讲"套路",也要得法。教学论认为,教师教学不仅仅是向学生传授基本知识,培养基本技能,还负有向学生传授学习规律和学习方法方面的有关知识,指导学生培养良好的学习习惯和优秀的学习品质等重要职责。强调学理的课堂就是要变重"教"为重"学",应着力去训练学生学会思考,学会找规律,学会归纳总结,学会建立知识架构。要"授之以渔",突出学生的学习主体性,让学生逐步掌握合理的方法,能自主地进行语文学习活动,从而有效地获得语文知识和技能,逐步建立起正确的语文思维体系、语文知识体系和学习方法体系,实现自身语文素养的全面发展。②

## 一、重视学理的原则

重视学理有其独特的内在机制,山东曲阜师范大学中文系钱加清老师在《语文学法指导的模式与原则探讨》中介绍了教师在进行指导过程中,必须遵循以下五项原则。

### (一) 统一性原则

统一性原则是指学法指导与知识教学和能力训练相统一。美国认知心理学家奥苏伯尔指出,教与学是同一回事的两个方面,两者在逻辑上是

---

① 中国社会科学院语言研究所词典编辑室.现代汉语词典(第7版)[M].北京:商务印书馆,2016.

② 成尚荣.我们是长大的儿童——情境教育中走出的名师[M].北京:教育科学出版社,2012.

可以分开来研究的,但实质上是联系在一起的。学法与教法的密切关联决定了学法指导与知识传授、技能培养是一个统一的过程。在这个过程中,教师应当自觉地把传授知识、训练能力与学法指导有机结合起来,在引导学生探求知识、锻炼能力的同时,也能把获得知识和能力的过程与方法科学地、艺术地传授给学生,使他们在学习知识的同时,掌握获取知识的方法。只有这样,才能促进教法与学法的融合、渗透,实现教法与学法的最佳结合。①

## (二) 系统性原则

系统性原则是指不仅要对学生进行系统的学法知识传授,而且要对学生学习的全过程和各个方面进行全面指导。学法指导的安排,应包括学习规律、学习原则、学习过程、学习心理等相对完整的内容。既要突出宏观上学习原则、学习心理、发展智力等内容的系统性,又要注意微观上的学习计划、预习、上课、复习、作业等内容的系统性,从而使学法指导本身达到完整的系统性。构成整个学习过程的各个环节是相互制约的,所以对每一个环节都要加强指导,使学法指导渗透各个环节、各个方面。实践表明,系统性的学法指导,其效果明显优于零散的局部的指导。所以,我们要把学法指导当作一个系统工程,全面统筹、系统实施,充分发挥学法指导系统的整体效应。②

## (三) 情意性原则

情意性原则是指通过开发学生的非智力因素,调动学生的积极情感,以提高学法指导效率。在学习过程中,学生的非智力因素,如学习兴趣、学习动机、学习情绪、学习意志等对他们有效地感知、理解、巩固、应用所学知识起着重要作用。正如巴班斯基所说:"如果学生养成积极的学习态度,如果他们有认识兴趣,有获得知识技能和技巧的需要,如果他们形成义务感、责任心以及其他的学习动机,那么他们的学习活动就一定会更有效。"因此,除了发展学生的智力因素外,还要开发和利用学生的非智力因素,使他们带着积极的情感投入到学习活动之中。这样可使学生精神振

---

①② 钱加清.语文课程与教学论[M].济南:山东人民出版社,2008.

奋,注意力集中,思维活动处于最佳状态。学法指导的实践表明,不解决"愿学""乐学"的问题,就谈不上"会学""善学"。"愿学""乐学"的积极情感,是学生掌握学习方法、发展学习能力的原动力和催化剂。[①]

### （四） 实践性原则

实践性原则是指在学法指导过程中要自始至终使学生接受认真、严格的操作实践,以培养学生的综合素养。好的学习习惯与学习方法要靠实践来落实,要通过实际操作训练,才能使之达到自动化、技巧化的程度。因此,教师的学法理论指导应突出实用性特点,注重实际可行的具体方法,具有可操作性,适合学生特点和实际需要,便于实际接受和掌握。努力做到理论与实践统一,每一种方法都要放到相应的学习活动中去尝试与检验,并不断总结经验教训,使理论在实践中掌握,方法在实践中熟练,认识在实践中升华。[②]

### （五） 兼顾性原则

兼顾性原则是指既要面向全体普遍指导,又要兼顾对个别学生的指导。普遍指导可以面向全体学生,使学生掌握学法的一般知识。它有利于学生掌握基本的学习方法,按照学习常规,形成良好的学习习惯。但是每个学生都有各自的特点,只有当学法指导与学生的知识、经验水平相适应时,才更有针对性,更能提高单位时间的利用效率,充分发挥该种方法的功效。所以,教师要尊重学生自己的学习方法。在重视普遍指导的同时,要针对学生个体差异进行个别指导,既有"面"上的指导,又有"点"的指导,二者相辅相成,全面提高学生的语文素养。[③]

## 二、重视学理的指导模式

语文学理指导的具体方法多种多样,常用的指导模式有以下四种。

### （一） 讲授模式

讲授模式是指根据学理指导的操作方案和学生的学情,以教师讲授学法为主的模式。其形式主要有开设学理指导课和进行专题讲座两种。

---

①②③　钱加清.语文课程与教学论[M].济南:山东人民出版社,2008.

前者主要是结合语文学科的特点,以学生的学习心理、学习过程和认识规律为研究对象,揭示语文学习的本质、规律,探索科学的语文学习方法,培养学生的语文能力。这种方式一般在起始年级或知识的起步阶段采用。后者主要是根据学生需要,采取专题形式定期或不定期地向学生进行指导。可以是语文教师自己就某个方法问题进行专题讲授,也可以邀请有关专家、学者举办学习指导讲座。它针对性强,便于学生全面、深入地掌握有关的学习方法。[1]

## (二) 渗透模式

渗透模式就是把学理指导有机地渗透在语文教学的各个环节之中,使学生掌握学习各种不同内容的方法。在语文课堂教学中,教师要改传统的以"教"为核心的教学设计为现代的以"学"为核心的教学结构,形成教与学的同步推进。做好学习方法的示范,根据教学内容和学生的实际状况,有针对性地设计学法训练。[2]常见的有"$1+x$"教学法。先是在教师的引领下学习一种内容,并总结学习的方法。然后,让学生按照这个方法自己学习其他内容。这种方式可使学生在学习一定的教学内容的同时,接受具体可感的学法指导,学到一种相应的学习方法,一举两得,相辅相成,便于学生掌握运用学法,强化迁移学法。

## (三) 交流模式

交流模式即在教师组织下,学生之间就语文学习的方法、经验等进行介绍、交流和讨论。交流可以通过多种渠道进行,如举办"学习经验交流会""学习方法分享",交流成功的学习经验;利用黑板报、手抄报、广播等,介绍新的学习方法,使学生不断接收新信息,利用新成果;组织学生对某种学法知识、某个优秀学生或名家成功的学习经验展开讨论,从中汲取营养,得到具有普遍意义的科学的学习方法;引导学生自我探索和自悟学法,帮助他们从自身实践中总结成功的学习方法,并鼓励他们撰写成文,以便在更大范围内沟通和交流。这种模式有利于从同学身上获取符合自己实际的经验,有较强的实用性。[3]

---

[1][2][3]　钱加清.语文课程与教学论[M].济南:山东人民出版社,2008.

### （四）规程模式

规程模式就是把规定的语文学习程序、方法、要求等传授给学生,要求学生按照既定的学习规程进行实践,进而形成良好的学习习惯和学习方法。学习规程包括很多方面,有自学(预习)常规、上课常规、阅读常规、作业常规等。就拿自学常规来说,教师总结出"读查思写"四字诀,要求学生按"自读""自查""自思""自写"4个步骤进行自学,每一步都定了具体的操作规范。比如"自写",要求学生自学笔记有认读、释题、理解、质疑4个方面的内容:认读——包含生字、新词的注音释义,多音字、形近字辨析,近义词、同义词比较等;释题——包含辨识问题、审清题意、熟悉作者、了解背景等;理解——要求学生围绕"写了什么""怎样写的""为什么这样写"3个方面,写出对课文内容、手法、构思的自学心得;质疑——要求学生写出自己通过阅读思考发现的疑难问题,鼓励学生对教材发表自己的见解,提出商榷性意见[①]。规程是一个简约化的学习模型,便于学生操作与模仿。

## 三、重视学理的方法

李艳波老师在《学海无涯"法"作舟》一文中结合《大自然的声音》介绍了注重学理的基本方法。

1. 教师示范,展示学理

学理指导的第一环节应先让学生积累一定的感性认识,即通过教学中的示范性指导,让学生从教师的教学中感知学法,领悟"学理"。这就要求教师的示范过程必须做到两点:一是教师的教应做到线条明确,层次清楚,便于学生发现和领悟学理;二是教师的教应做到难易适度,便于学生尝试和运用学理[②]。

例如,在教学《大自然的声音》时,教师将第2自然段作为展示学理的范例,指导学生分四步进行学习,即"读一读""画一画""想一想""背一背"。第一步"读一读",先让学生用自己喜欢的方式"读一读"第2自

---

① 钱加清.语文课程与教学论[M].济南:山东人民出版社,2008.
② 李艳波.学海无涯"法"作舟[J].读写算,2019(30).

然段,边读边想这个自然段是围绕哪句话来写的,用括号括起来,然后告诉学生这一句称作这一段的中心句。第二步"画一画",让学生到这个自然段中画一画描写风声的美妙句子或词语,并引导学生发现这些词句都是围绕这个自然段第一句话来描写的。第三步"想一想",围绕"当他翻动树叶,树叶便像歌手一样,唱出各种不同的歌曲"这句话,想一想为什么会唱出不同的歌曲呢?这样学生通过想象,让文章的内容更丰富,更易于理解。第四步"背一背",因为文章要求背诵第2~4自然段,第2自然段对风的描写仿佛把学生带进了一幅幅画面,前两句可以引导学生用"情境法"边读进入情境,边想象画面,这样能很快记。这样使学生从这一学习过程中获得了清晰、完整的感性认识,为下一步发现和领悟学法打下了良好的基础。

2. 及时回顾,归纳学理

通过第一部分的学习,学生积累了一定的感性认识。当学生对学理的感性认识达到一定的程度时,教师要及时引导他们对第一部分的学习过程进行简要回顾,使其从回顾中发现和领悟学理。再用一定的方式指导学生将领悟到的学理归纳出来,使他们对学理的认识更加清晰、深刻。

例如,在学完《大自然的声音》这篇课文的第2自然段以后,教师就问学生:"我们刚才是分了几个步骤来学习这个自然段的?每一步又是怎样做的?"通过回答问题,学生对刚才的学习过程进行回忆思索,把发现和领悟到的学理简明、准确地归纳出来;教师及时将学生总结的学理"读、画、想、背"简单地书写在黑板上。这样一目了然,便于下面学习活动的开展。

3. 自觉实践,运用学理

通过前两个步骤,学生已经领悟和归纳了学理。在此基础上,教师还应给学生自学实践的机会,让学生在尝试过程中运用学理,把学理转化为自己的东西,进而形成能力。

例如,在教学本课的第3自然段的时候,教师可以把主动权留给学生,让他们用"理解"和"归纳"的学理自学这个自然段。学生自学之前,教师让学生先读一读"自学要求"和"学习小贴士",强化目标意识,防止自学过程的随意性。同时,教师还向学生提出相应的自学要求。这样,学生既明确了学习的目标,又弄清了学习的方法,就能有效地展开自学活动。在学生自学的时候,教师提高巡视,及时了解学生的自学情况,还可以对学习能力相对弱的学生进行适当指导。

4. 检查效果,巩固学理

检查学生的自学效果,是一个必不可少的环节。通过检查,可以纠正不足;通过检查使学生看到自己运用学法所取得的成绩,获得成功的满足和喜悦,激发学生运用学法的兴趣。所以在学生自学后,应采取一定的方法检查自学效果,了解学生的自学情况。在学生自学完第 3 自然段以后,教师请同学们交流一下自己的学习收获,因为有"法"可依,第一个步骤学生找中心句很准确,第二个步骤也都画出了优美的词句。想象画面这个步骤,每个学生展开想象的句子不一样。第三个步骤,学生不但很好地运用了情景法和对比法,还巧妙地运用了想象法。针对这点,笔者给了学生极大的鼓励。我们应该允许学生有不同意见,并善于用"不同"有效地促使他们独立思考、评议、争论和互相启发。然后,再让学生根据学法继续自学第四自然段,使学生真正地掌握学习类似文章的一般方法和步骤,同时培养了学生的自学能力。

## 四、几种常见的学理

不同年级,有不同的语文学习基本要求。在落实具体的教学基本要求时,教师应结合阅读材料,采用不同的方法注重学理的示范、归纳、小结。这些学理,可以在副板书中呈现出来。例如,教学《一个豆荚里的五粒豆》中,可以逐步提炼出"在哪儿提问"的具体方法:根据全文内容提问,针对关键词句提问,根据部分情节和生活经验提问,将这些内容逐一在板书呈现出来。

下面,选取一至五年级的几个教学要求,谈谈重视学理的教学建议①。

### (一) 一年级:根据提示语和标点符号读出句子的语气

这里的提示语是指人物对话之间的提示语。其作用有两个:一是交代提示语前后的话语出自何人之口,二是描写说话人说话时的动作、表

---

① 上海市教育委员会教学研究室.上海市小学语文学科教学基本要求[M].上海:上海教育出版社,2021.

情、语气、声调和心态等。标点符号是书面语的组成部分,用来表示句子的停顿、语气等。提示语和标点符号是帮助读出句子语气的重要信息。在朗读课文时,要根据不同的提示语,或者根据问号、感叹号、句号等常见的标点符号,判断并读出句子的语气。

朗读句子时,在读通读顺句子的基础上,根据人物对话的提示语来感受人物说话时的表现,准确把握人物心理,从而读出句子的语气。一年级常见的具有明显语气特征的标点符号有问号和感叹号。问号表示疑问或反问的语气,感叹号表示感情很强烈。

以朗读一年级下册《小壁虎借尾巴》中壁虎的话为例。"小壁虎说:'小鱼姐姐,您把尾巴借给我行吗?'"小壁虎没有尾巴,心里很难过,迫切想得到一条新尾巴。它看到小鱼摇着尾巴在水里游,就想问小鱼借尾巴。句末是一个问号,表示疑问,朗读时语调略上扬,语气要诚恳。再如:"小壁虎转身一看,高兴得叫了起来:'我长出一条新尾巴啦!'"小壁虎找了好多动物借尾巴都没有借到,有些心灰意冷了,经过妈妈提醒,发现自己又长出了一条新尾巴,十分激动,所以小壁虎"高兴地叫了起来"。提示语明确表达了小壁虎当时的心情与状态,句末的感叹号表示小壁虎强烈的感情。结合提示语和标点,想象当时的画面,小壁虎说话时的语气就能读出来了。

## (二) 二年级:查字典、根据语境或结合生活经验,解释词语的意思

查字典、根据语境或结合生活经验,都是理解词语的方法。无论采用哪一种方法,都是为了准确把握词语的意思,以进一步读懂文章的内容。

在阅读中发现词语中有个别字的意思不理解时,可以用查字典的方法了解它的意思,进而理解词语的意思。例如,二年级上册《葡萄沟》:"要是这时候你到葡萄沟去,热情好客的维吾尔族老乡,准会摘下最甜的葡萄,让你吃个够。"这句中"好客"的意思,可以通过查字典知道"好"在这里读第四声,是"喜爱"的意思,"好客"的意思也就能理解了,即"乐于见到客人来,对客人热情、周到"。

有时候理解词语要根据语境。例如,二年级上册《曹冲称象》:"他叫

人照曹冲说的办法去做,果然称出了大象的重量。"这句中"果然"的意思,可以结合语境,在前文中找到曹冲说的办法是什么。照着这个办法去做后,结果怎么样。由此知道"果然"的意思是"事实(或结果)与所说(或所料)的相符"。

有些词语可以联系生活经验理解。例如,二年级上册《狐假虎威》:"狐狸神气活现,摇头摆尾;老虎半信半疑,东张西望。"这句中的"神气活现"一词,可以通过扮演狐狸和老虎来帮助理解,还可以结合生活中看到的"神气活现"的样子来感受这个词的意思。

理解词语的方法有很多,究竟应该采用哪种方法理解,要根据具体情况灵活应用。

### (三) 三年级:借助关键语句概括一段话的意思

概括是一项基础的语文能力。小学中年级概括能力的培养对学生的后续学习及能力水平的提升具有奠基作用。

"借助关键语句概括一段话的意思。"这一方法适用于"概括具体"结构的语段。其中,能概括或提示语段主要意思的句子就是这一语段的关键句。其位置,有时在语段的开头,有时在语段的结尾,有时在语段的中间。判断语段中的关键句,应基于对语段中每个句子句义的理解,且在理清层次关系的基础上进行。

如果一段话中有能直接概括语段意的关键句,可以先读懂句义,理清层次,判断出关键句,然后用摘录关键句的方法进行概括。比如三年级下册《小虾》第3自然段,第一句话写了小虾的有趣,第二句写了它们在缸里生活得很悠闲自在,第三句假设它们此时被激怒,就会生气地蹦向别处,第四句继续假设它此时碰到同伴就会打起来,第五句进一步写了小虾搏斗的激烈。在读懂每句话之后,就可以发现,这一自然段中,第一句概括地写小虾有趣,第二句写小虾活动时的样子有趣,第三至第五句写小虾被激怒后的样子有趣。

由此确定这一自然段的关键句是"缸里的小虾十分有趣",摘录此句就可以概括出这一自然段的段意。

有些关键句虽然能概括语段的意思,但还需要做进一步修改才能做到简洁。例如，三年级下册《花钟》的第一自然段，读懂了每句话的意思之后，即可以了解第二句话"要是我们留心观察，就会发现，一天之内，不同的花开放的时间是不同的"是这一段的关键句。但这句话的语意不够简要，需要修改，可改为"一天之内，不同的花开放的时间是不同的"。又如，三年级下册《赵州桥》第3自然段的关键句是"这座桥不但坚固，而且美观"。联系上下文可以了解到，这句话的前半句概括了前一自然段的内容，后半句才是概括第3自然段的内容，因此，需要修改为"赵州桥十分美观"。

有些关键句只是提示语段，没有明确写出这段话的主要意思，在概括这一类语段的意思时，就要先了解关键句提示了什么，然后再联系具体内容，提炼出要点。在此基础上将意思概括清楚。比如，三年级下册《花钟》第2自然段的关键句是个问句："不同的植物为什么开花的时间不同呢?"它只是提示了这一自然段写的是不同植物开花时间不同的原因，但并没有说明是什么原因，因此还需结合后面部分的内容，提炼造成开花时间不同的两种原因之后，再将段意概括清楚，即不同植物开花时间不同，与温度、湿度、光照有关，与昆虫活动时间有关。

### （四） 四年级：借助提示，判断作者的思想感情

作者的思想感情会在文中体现出来。要判断作者的思想感情，需要认真、反复地阅读文章，全面理解文章内容，想想文章主要写了什么人、事、物，反复思考、体会文章旨在表达作者怎样的思想感情。

1. 读懂文章内容，判断作者的思想感情

读懂文章内容，理解相关词句要表达的意思，能帮助判断作者的思想感情。例如，四年级下册《猫》主要写了猫的性格实在有些古怪，满月的小猫更可爱。乍一看，作者称猫的性格"古怪"，看来并不喜欢猫，但仔细一读，会发现并不是这样。猫的性格"古怪"具体表现在猫老实、贪玩又尽职，"高兴"与"不高兴"的表现听凭自由，既胆小又勇猛。这些表现看似矛盾，在老舍眼里却是非常惹人喜爱。如，猫老实的时候，"成天睡大觉，无忧无虑，什么事也不过问"，从"过问"一词可以看出老舍已把猫当作了家庭一员。再如，高兴的时候温柔可亲："或是在你写作的时候，跳上

桌来,在稿纸上踩印几朵小梅花。"在老舍眼里猫不是淘气鬼,而是杰出的画家,爱猫之心跃然纸上。读懂了这些内容,就能深深体会到老舍对猫的喜爱、赞赏之情了。

2. 依据带有感情的词句,判断作者的思想感情

文章是通过具体的语言文字表情达意的,作者会在字里行间流露出自己的情感,因而要善于抓住文章中带有感情色彩的词句来体会作者的思想感情。例如,四年级下册《乡下人家》最后一段:"乡下人家,不论什么时候,不论什么季节,都有一道独特、迷人的风景。"总结全文,概括了乡下人家自然和谐、充满诗意的乡村生活是独特而迷人的,抒发了作者对乡村生活的热爱、赞美及向往之情。

3. 了解作者认识或情感的变化,判断作者的思想感情

有些记叙文在展开叙述时,会以作者认识或情感的变化过程为线索,把文章的内容联结成整体。因此,了解作者认识或情感的变化,也能帮助判断作者的思想感情。例如,四年级下册《母鸡》,课文开头作者说"我一向讨厌母鸡",但课文结尾作者却说"我不敢再讨厌母鸡了",从中可知,作者对母鸡的认识发生了变化。原先作者眼中的母鸡是无病呻吟、欺软怕硬和拼命炫耀的,非常让人讨厌;可后来作者认识了一只孵出一群小鸡雏的母鸡——负责、慈爱、勇敢、辛苦,是一个"伟大的鸡母亲"。作者对母鸡的情感由讨厌转变为尊敬,实际上是对神圣母爱的尊敬,是情感的升华。

### （五）五年级:区分词语的感情色彩

现代汉语词汇中有不少表达感情的词,如"喜欢、讨厌、悲哀、高兴"。这些词直接表达了人们的喜怒哀乐、好恶爱憎。还有些词语看似没有直接表达感情态度,但实际也附带着对客观事物的情感做向、态度和评价。带有喜爱、赞赏、肯定色彩的词,被称作褒义词;带有厌恶、鄙视、否定色彩的词,被称作贬义词;不带有主观评价色彩的词,被称作中性词。褒义词和贬义词从字面上看往往没有明显的褒贬意义,但是在词意上却具有明显的情感倾向。

正确区分词语的感情色彩并加以合理运用,能使语言更富有准确性

和趣味性。区别词语感情色彩的方法有：

1. 抓住关键字进行辨识

区分词语感情色彩应基于对词语意思的理解。不少词语含有附带褒贬义的关键字，区分词语的感情色彩时可以先理解这些关键字，继而辨析整个词语的感情色彩。例如，"侵入"一词的"侵"解释为"侵犯、夺取别人的权利"，所以"侵入"就是指越境进犯，带有贬义色彩。和"侵"有关的词语，大都带有贬义色彩，如"侵略""侵占""侵扰"等。又如，"臭名远扬"中的"臭"原意是"与'香'对应，气味难闻"，那么当它出现在词语中，该词就自然而然引申了其含义，和被厌恶、鄙视、否定等感情色彩联系起来。还有些四字词语，构成词语的关键字均为否定含义，但因语言表达中有"双重否定即表示肯定"的原则，因此反而让这些词语具有了褒义色彩。如"不离不弃"，单独拆分理解字义，没有一个不带有否定、负面的色彩，可当它们构成词语"不离不弃"，词意当理解为"永远在身边，永远不分离、不抛弃"，很明显是一个褒义词。同样用法的还有"不急不躁""不屈不挠""无忧无虑""无拘无束"等。

2. 关注带有颜色、动物的词语进行辨析

在汉语中，特定的历史文化背景往往赋予文字明显的褒贬色彩、了解人们对于某些颜色、动物的好恶，有助于区分词语的感情色彩。例如，颜色词中的"黑"、动物里的"狼"，本来都是对事物的客观表述。但"黑"常常让人联想到"黑夜""黑暗""苦难"等，带给人压抑沉闷的感觉，所以带有"黑"的词语多具有贬义，如"黑心""黑名单"。又如"狼"，自古人们就不太喜欢"狼"这种动物，于是和狼有关的词语"狼心狗肺""狼子野心"等也带有贬义色彩。相反，中国人常称自己为"龙的传人"，上古时期就有龙图腾，所以和龙相关的词语多带有褒义色彩，如"龙马精神""龙腾虎跃"等词语往往代表生机勃勃、意气风发、积极向上的精神状态。

3. 在比较中进行辨析

汉语词汇中，很多词语意思相近，但因为细微的差别，感情色彩也会有天壤之别，所以比较近义词也不失为一种辨析词语感情色彩的好方法。例如，"成果""结果"和"后果"，通过比较，很容易发现，这3个词都有"事情的结果"的意思，但是"成果"的"成"代表成绩或成就，表示事情的结果非常值得肯定,是褒义词;"结果"是比较客观的事实,属中性词;"后果"则表示事情最后的结局不太好,带有贬义色彩。又如,"足智多谋"和"诡计多端"都有"计策多,善于谋划"的意思。但是"足智多谋"侧重于富有智慧,善于料事和用计,是褒义词;而"诡计多端"中的"诡"是"欺诈,奸猾"的意思,所以"诡计多端"就是指狡猾的计策很多,是贬义词。

汉语词汇中也有些词语,描述的对象相同,但意思相反,通过比较会发现感情色彩也截然不同。例如,"国泰民安"和"兵荒马乱"都可以用来形容局势情况,但"国泰民安"指国家太平,人民安乐;"兵荒马乱"指社会秩序不稳定,形容战争期间社会混乱不堪的现象。两个词语一褒一贬,显而易见。

4. 联系具体语境辨析

需要特别注意的是,词语中的感情色彩主要是为文章中心服务的,为表达作者的情感而使用的,所以词语的褒贬义并不是绝对的,判断词语的感情色彩不能脱离具体的语境,要联系上下文进行辨析。例如,五年级上册《珍珠鸟》一课中:"白天,它这样淘气地陪伴我;天色入暮,它就在父母再三的呼唤声中,飞向笼子,扭动滚圆的身子,挤开那些绿叶钻进去。"句中的"淘气"本义指顽皮,带有贬义。联系上文,可以看到珍珠鸟和作者从陌生到亲近,再到亲密无间的关系变化过程,这里的"淘气"恰恰充分体现了珍珠鸟的可爱、活泼及两者因信赖而创造出的美好境界。

词语的褒义贬用或贬义褒用是汉语使用中一种特殊的现象,若能巧妙运用,会形成生动的表达效果。另外,区分词语的感情色彩还要注意中性词的使用,例如新闻报道等就要求客观、中立,表达时就要使用中性词。因此,多积累词语,多关注词语的感情色彩,多进行相关的造句训练,可以提升对词语褒贬义的区分能力和对词语的驾驭能力。

# 第六节　传授道理

"师者,所以传道、授业、解惑也。"传道是教师的首要职责,也是教育的基本功能。因此,在课堂中让学生明白道理、悟得真理、理解哲理,是语文情理课堂的基本价值取向。

落实"立德树人"根本任务,既是贯彻党的教育方针,又是发展素质教育的时代要求。小学生正处在人生的起点,小学阶段是学生道德品质、行为习惯培养的关键时期。

文学是人学,文风体现着作者的思想情操和道德风尚。在语文课堂中,不仅要读有字书,还要识没字理。要识的"理"有很多:人情冷暖、社会百态、处世态度、人生追求……让学生在丰富的文本世界里,走过亘古蛮荒,跨越时空长河,与那些高尚的人物和深刻的思想进行心灵的沟通和思维的碰撞,使学生得到人生的净化和灵魂的泅渡,在习得知识、培养智慧的同时,聪慧明理,学会做人。①

小学生具有较强的可塑性,正处于接受德育感染和熏陶的最佳阶段。在所有的学科中,小学语文学科中德育的渗透有着独特优势。因为小学语文教材中的教学内容大部分都包含了中华民族的优良传统、高尚的道德品质及壮丽的祖国山川等,小学生在学习的过程中受到教材内容潜移默化的影响,从而不断地提高自己的道德品质和思想境界、增强民族自豪感和责任感。所以,在渗透德育的过程中,小学语文学科发挥着不可替代的作用。

## 一、小学语文学科育人的内容

### （一）爱国主义教育

"爱国"是社会主义核心价值观的重要内容,是公民个人层面的价值

---

① 成尚荣.我们是长大的儿童——情境教育中走出的名师[ M].北京:教育科学出版社,2012.

准则。爱国主义是指个人或集体对祖国的积极和支持的态度,揭示了个人对祖国的依存关系,是人们对自己家园以及民族和文化的认同感、归属感与荣誉感的统一。爱国主义教育是指树立热爱祖国并为之献身的思想教育。爱国主义是一个历史范畴,在社会发展的不同阶段、不同时期应该有着不同的具体内容。教师要通过语文教学增进学生的爱国主义意识,培养学生的爱国主义情感。小学语文教学中的爱国主义教育主要包括以下四个方面的内容。

一是热爱祖国的历史文明。中华民族有着五千年的文明史。在这漫长的历史演进中,我们的祖先用勤劳和智慧创造了领先于世界的物质文明和精神文明。统编《语文》教材中的许多课文,从不同侧面反映了我国古代的文明史。有神话故事《盘古开天地》《女娲补天》《精卫填海》《羿射九日》等,有节选自四大名著的《草船借箭》《景阳冈》《猴王出世》《红楼春趣》,有表现祖先生活的《祖先的摇篮》《黄帝的传说》等,有反映古人智慧的《曹冲称象》《王戎不取道旁李》《司马光》《西门豹治邺》等,还有许多具有世界影响力的唐诗、宋词。

二是热爱祖国的锦绣山河。我们伟大的祖国幅员辽阔,东临大洋,西倚高原,南北跨纬度 50 度左右。祖国山河景色绮丽,风采诱人,经过作家的精心描绘,放出艺术的光华,更是美不胜收。统编《语文》教材中有许多表达锦绣山河的佳作,有四季分明、景色宜人的《美丽的小兴安岭》,有风景优美、物产丰富的《富饶的西沙群岛》,有山清水秀、风景如画的《日月潭》,有瓜果飘香的好地方《葡萄沟》,有"舟行碧波上,人在画中游"的《桂林山水》,有景色秀丽神奇的《黄山奇石》,还有描写天下奇观的《观潮》。

三是热爱祖国的英雄人物。"每一个民族,都有着值得敬仰的英雄人物。"在创造历史改变世界的过程中,我们的祖国孕育了大批思想家、政治家、军事家、科学家,同时还涌现了许多惊天地、泣鬼神的民族英雄。英雄人物热爱祖国、忠于祖国、报效祖国的精神品质和感人故事值得我们学习和歌颂。《义务教育语文课程标准(2022 年版)》的课程内容中单列了"革命文化"的主题,主要载体为老一辈无产阶级革命家和革命英雄人物的代表性作品及反映他们生平事迹的传记、故事等作品。教材中有保持民族气节的《梅兰芳蓄须》,有从小立志报国的《为中华之崛起而读书》,

有誓死抵抗外来侵略的《一个粗瓷大碗》，有"生的伟大，死的光荣"的《刘胡兰》。

四是热爱祖国的语言文字。语言文字是文化的载体与结晶，一个人能够正确理解和运用祖国的语言文字，是热爱祖国的表现，也是维护民族尊严、民族感情的表现。我国的语言文字历史悠久，源远流长，主要语言有汉语、藏语、维吾尔语、蒙古语、壮语等。汉语是中国各民族之间的共同交际语，也是世界上使用人数最多的语言，是联合国正式语文和工作语文之一。在当今世界的两千多种语言中，汉语是通行最广的语言之一，使用汉语的人口占了人类的四分之一。值得自豪的是，汉字是迄今为止持续使用时间最长的文字，也是上古时期各大文字体系中的唯一传承者，中国历代都以汉字为主要的官方文字。汉字音、形、义相结合的构字优越性为世界所公认，它不仅能准确记录汉语，能顺利输入电脑，而且书法艺术独具魅力，为世界人民所喜爱。

## （二）道德品质教育

道德品质，简称"品德"，是个人在道德行为中所表现出来的比较稳定的、一贯的倾向和特点。道德品质是人类社会生活中所特有的，根据人们的内心信念和特殊社会手段维系的，并以善恶进行评价的原则规范、心理意识和行为活动的总和。道德品质教育主要包括以下两个方面。

一是集体主义教育。道德是具有阶级性的，社会主义道德继承了人类道德优秀传统并加以发展，它的核心是集体主义。进行集体主义教育，重点是引导学生尊重他人，理解他人，帮助他人，懂得自私自利是不好的品质。在此基础上，教育他们逐步学习正确处理个人利益和国家利益的关系。做到个人和集体相统一，以国家利益、集体利益为重。统编教材中有较多对学生进行集体主义教育的素材，例如，《将相和》是大家耳熟能详的故事，由"完璧归赵""渑池之会"和"负荆请罪"3个小故事组成。课文赞扬了蔺相如有勇有谋、不畏强暴的反抗精神和先国家后私仇，顾全大局、识大体的政治远见，同时歌颂了廉颇知错就改的品质。当然，通过故事的学习，学生要懂得以国家利益和大局为重，做人要胸怀开阔的道理。

二是中华传统美德教育。中华民族的传统美德，如尊老爱幼、谦虚谨慎、勤劳节俭、助人为乐等,在新的历史时期应该继承和发扬。当然,在对学生进行道德教育时,我们还要注意区分传统道德中的精华和糟粕,结合新时代新要求,对传统道德的内容进行新的阐释。统编教材中有较多对学生进行中华传统美德教育的素材,例如《我不能失信》,讲述的是宋庆龄小时候诚实守信的故事。一天早晨,宋庆龄全家准备到父亲的一位朋友家去。宋庆龄想起了要在当天教朋友小珍叠花篮,虽然父母亲都劝她改天再教,但是宋庆龄还是留了下来,履行了自己的诺言。

### (三) 理想情操教育

理想和情操可以分开来理解。所谓理想,意思是对未来事物的想象或希望,它反映一个人的生活目的和为之奋斗的目标,对人的行为有一定指导作用。所谓情操,指的是由感情和思想综合起来的,不轻易改变的心理状态。情操通常指以某一或某类事物为中心的一种复杂的、有组织的情感倾向,比如爱国心、求知欲等。小学阶段是个体形成世界观、人生观的关键时期,文学作品对小学生的影响也很大。统编语文教材中有较多关于理想情操方面教育的课文,教师要善于通过课文中的榜样对学生进行理想情操教育,帮助他们树立科学的世界观、积极的人生观和正确的价值观。例如,《为中华之崛起而读书》讲的是周恩来在少年时代就立下宏伟志向,教授本课时,要在充分感受周恩来为国家和民族而奋斗终生的责任感和使命感的基础上,对学生进行理想教育,可以引导学生谈谈自己的志向,问问学生:你为什么而读书? 你的理想是什么?

### (四) 审美教育

审美教育,也叫美感教育,简称美育。它是以正确的审美观培养和提高学生对自然美、社会美和艺术美的感受、鉴赏和表现能力为目的的教育活动。在语文教学中渗透美育,既是落实学科核心素养的要求,又是提高学生综合素养的需要。小学语文学科的审美教育主要包括以下 3 个方面。

一是自然美。自然美,是各种自然事物呈现出来的美,它是社会性与自然性的统一。在我们身边,处处可以感受到自然之美,如星光灿烂的夜空、一碧千里的草原、奔腾不息的江河、巍峨雄峻的高山等,无不给人以美的享受。统编《语文》教材中,有较多对自然美的描写。这些课文,理所当然地成为美育的源泉和素材。

二是社会美。社会美与自然美并列,也是美的形态之一,是指现实生活中社会事物的美。所以,社会美是指社会中的各种美好、和谐、文明的表现和体现。它包括了社会中的各种美好现象,如互助合作、公平正义、互相尊重、崇尚美德等。统编语文教材中的许多文章都表现了丰富多彩的生活,歌颂了社会的和谐与美好。

三是艺术美。这儿的艺术美主要是指教材中的诗歌、散文、小说等文学作品所体现出来的特殊的美。例如,诗歌意境深邃,节奏鲜明;散文形式自由,语言优美;小说情节曲折,发人深省。艺术美具有形象性、主体性和审美性,结合教材内容发掘艺术美的因素,就是在进行审美教育,就是在落实核心素养中的"审美创造"。

## 二、小学语文学科育人的渠道

### (一) 识字教学中的学科育人

识字写字是阅读和写作的基础,贯穿于整个义务教育阶段。因此,要重视利用识字教学来落实学科德育。我国的汉字有着很深的渊源、丰富的含义,教师应当善于运用汉字中所蕴含的思想情感,让学生在学习汉字的同时懂得汉字中所蕴含的思想。在识字教学过程中,小学语文教师应该根据汉字的字音、字形及结构等特征设计教案,组织学生对汉字的字音、字形及结构的观察和分析时,巧妙地与为人处世相联系,在识字教学中渗透学科德育。[①]

例如,在学习"冲"这个字时,教师故意把两边写得一样大,然后请同学们擦亮眼睛,寻找其和书本上的字有什么不同。同学们都很认真,一下子就找到了不同,并且指出书本上的更漂亮。然后教师顺势引导:"你们都很聪明,这么快就找到了问题。其实在我们中国啊,一直就讲求和谐,你看这个字左边小一点是不是整体更漂亮、更和谐。我们小朋友在日常生活、学习中也应该这样,有时谦让一点事情就会变得更容易解决,生活

---

① 王琴.小学语文学科中渗透德育教育[J].课外语文,2017(18).

也会更加美好。比如在与小伙伴玩耍时，主动把玩具或机会让给还没有玩过的小朋友，那他一定很开心，这样你在得到了快乐同时还获得了友情，这是一件非常美好的事情。"这样学生不仅对这种结构的字有了更深的认识，而且还学到了蕴含的人生道理，懂得了在日常生活中谦让美德的具体运用。这样日积月累，学生会学到许多道德知识，思想水平也会得到提升。

### （二）阅读教学中的学科育人

教师应该利用课文中的重点语言文字启发学生体会作者遣词造句的技巧，采用这种教学方式让学生在情感上和作者达成共鸣、在思想上获得潜移默化的教育。寓教于读，讲读结合是阅读教学的基本方法，课堂中给予学生足够的阅读时间，学生才能从理解文本上升到思考问题的阶段，而一旦思考出现，则相应的学科德育就随之呈现。

例如，教学《圆明园的毁灭》，教师可以将教学重点放在抓重点数字和动词上，将这些数字和动词删去再与原文作对比，分析其中的不同表达效果。通过比较，让学生了解圆明园昔日的灿烂辉煌和今日的断壁残垣，增强学生的爱国情感，也激励学生奋发学习建设强大中国。在课内阅读中，教师还可以利用朗读来帮助学生体会课文表达的感情，让学生接触到作者的内心世界，使作者的价值观感染学生。

再如教学《嫦娥奔月》，为了让学生体悟嫦娥的善良，教师首先引导学生自己读文本，然后在讲解的过程中抛出问题，让学生结合文本回答问题。比如讲解"接济"这个词，抛出问题，并给学生充足的时间去阅读"接济"这个词语所在的段落。学生通过阅读的自我感悟说出意思，并以嫦娥可能以多种的方式帮助父老乡亲度过难关的事例，深理解了嫦娥的善良，也为自己今后该怎样学会帮助别人，做善良的人提出一些具体的方法。

### （三）口语交际教学中的学科育人

言为心声，一个人的言语是其内心、世界的外在呈现，在口语交际教学中进行学科德育是最直接地体现。统编小学《语文》教材中的口语交际的主题，为在语言交流上进行道德教育提供了平台。在说的训练过程中，教师不仅要注重表达用词的准确度、逻辑清晰度、思维缜密性，还要注意学生的观点、立场,对于有偏差的学生要给予及时的评价、正确的引导,对于正确的观点要给予及时肯定。

例如,在谈论"嫦娥奔月"这一故事时,教师可以先让学生自己讲故事,不论是完整的故事还是小片段都可以,然后表达出自己的见解,其他同学可进行点评。有一位女同学在讲"嫦娥奔月"这一场景故事时,说她可能会把仙药给逄蒙,因为自己不想被逄蒙杀害,也不想一个人飞到月亮上孤苦无依。班中也有同学赞成她的说法。教师听到后并没有责怪,而是顺势引导:"这是你的想法,嫦娥也能想到这一方面,可她还是毅然决然地选择吞下仙药,这证明了什么?"学生们一下子领悟到嫦娥是多么的善良、无私奉献,一心只为老百姓谋福利。再让其他同学起来点评,同学们都表示嫦娥的做法是值得肯定的,提出要向嫦娥学习,做一名无私奉献、心地善良的人。

### (四) 作文教学中的学科育人

写作可以表达自己思想和情感,教师应该引导学生在作文时表达自己的真情实感,抒发积极乐观的思想感情。一篇文章质量的好坏,首先要看中心思想,要让学生明白健康的中心思想才能写出好的文章。在写作之前,教师应该对学生关于写作的题材选择、主题表达等给予一定的指导。在写作过程中,要指导学生站在正确的立场上表达观点,以积极的态度面对问题。教师要引导学生理解人格品质和文章品质两者之间的关系,要让学生深刻认识到一篇好的文章需要的不仅仅是高超的写作技巧和较高的语言表达能力,更关键的因素是人格品质。

例如,在写作文"诚信"时,教师应该让学生们联系生活实际举例来证明"诚信无价",并讨论为什么"诚信无价"。教师在写作之前让学生找准方向,引导学生在写作文时讲真话,表达自己真实的想法,培养他们求真务实的精神。

## 三、小学语文学科育人的方法

### (一) 统整资源

统编小学《语文》教材把"立德树人"作为编写的基本理念,承载着传播中华优秀传统文化、塑造民族精神、培养学生高尚品格的德育功能。教材所选课文具有丰富的人文价值,是学生德育价值形成的主要依托①。

统编教材依据学生的认知发展水平,以人文主题和语文要素双线组元。人文主题大体围绕人与自然、人与社会、人与自我 3 种关系进行编排。编排时,与某个人文主题相关的内容,有的集中排在一个单元内,有的编排在语文园地的相关栏目中,并辅以精心设计的语文实践活动,使学生能潜移默化地受到教育。教师在教学时要充分利用语文学科的德育优势,统整语文教材丰富的德育资源。

统整关于中华传统文化的内容。例如,可以统整一年级下册识字课文《姓氏歌》《猜字谜》《古今对》《人之初》和二年级下册以"弘扬传统文化"为主题的识字课,以及一年级下册《端午粽》、二年级下册《神州谣》、三年级下册"综合性学习"《中华传统节日》、五年级下册"综合性学习"《遨游汉字王国》等。让学生了解、热爱中华传统文化,领略中华传统文化之风采,受到中华传统文化的熏陶。

统整革命传统教育类的内容。这类课文在教材中占了很大比例,笔者认为,统整时可分为三大类。第一类是红色经典课文。此类课文直接描写了革命年代经典的人和事,如《吃水不忘挖井人》《狼牙山五壮士》《十六年前的回忆》《王二小》《小英雄雨来(节选)》《清贫》《冀中的地道战》等。这些课文主要让学生铭记一段不容忘却的历史,在心灵和精神上得到洗礼。第二类是适应时代需求的篇目,如《升国旗》《七子之歌》《梅兰芳蓄须》《圆明园的毁灭》《为中华之崛起而读书》《少年中国说》等,这些课文让学生懂得尊重国旗、国徽,不忘国耻,牢记历史,构筑强国梦想。第三类是体现新时代革命精神的课文,如《邓稼先》《雷锋叔叔,你在哪里》《延安,我把你追寻》《千年梦圆在今朝》等,让学生懂得崇尚英雄、锲而不舍、团结拼搏。

教师还可以统整关于关爱家人的内容,让学生体会家人之间的真挚情感;统整关于生命教育的内容,让学生体会生命的意义,从小懂得珍惜

---

① 段天才.风正帆悬气象新——论小学语文教学中如何落实立德树人[J].河南教育(基教版),2021(10).

生命;统整关于劳动教育的内容,让学生树立正确的劳动观,崇尚劳动、尊重劳动。

## （二）注重渗透

温儒敏先生说,立德树人,不只是完成政治的要求,而是教学目标,要为培养正常的人而奋斗。不一定每一课的教案都要写上"立德树人"的字条,而应该是处处渗透的;不一定专门去讲,它已经在起作用。立德树人,应该是润物无声,主要是培养理想信念、文化自信、责任担当。立德树人的教育,是通过自然熏陶,能紧密贴近学生的思想情感的,不是贴标签的。现在的教学中,常常见到外加的空话、套话、大话,不能体现语文的特点,也难于走心。

方园老师在《春风化雨 润物无声——谈小学语文课堂教学中的德育渗透方法》中提到,可以从语文教学中的各个环节进行德育渗透,如课堂导入、课堂总结、课堂练习环节。

1. 导入环节

导入环节是教学中非常重要的一部分。良好的导入教学设计,能够吸引学生的学习兴趣,起到事半功倍的效果,因此教师可以利用导入环节对学生进行德育渗透。

以《升国旗》为例,教师可以播放各种升国旗的视频合集,如天安门前升国旗、学校里升国旗、奥运健儿获奖时升国旗等,询问学生:看了视频产生了什么感受,为什么在升国旗的时候有的人神情很庄重,有的人热泪盈眶？我们的国歌叫什么名字？国歌、国旗和国徽都是我国的象征,今天我们一起来学习《升国旗》这篇课文,升国旗的时候,你是怎么做的呢？教师引导学生回答:学校升国旗的时候,我听到了国歌,我们排着整齐的队伍,立正向国旗敬礼。[①]

以《圆明园》为例,教师可以在正式上课前播放《圆明园》电影中八国联军烧抢圆明园的片断。通过观看这个片断,学生的爱国之情会被点燃,他们有愤怒、有悲伤、有反思,进而会意识到只有祖国强大了,才能不受侵

---

① 方园.春风化雨 润物无声——谈小学语文课堂教学中的德育渗透方法[J].考试周刊,2021(8).

略,明白了作为新一代的自己身上的使命感;同时感叹如今幸福生活的来之不易。通过这种方式,能够使学生的情感体验更加丰富,从而实现德育教育渗透的目标。

2. 总结环节

会总结,才会前进,总结是任何课堂必不可少的环节之一。

以《爱祖国》为例,教师可以进行如下总结:天下兴亡,匹夫有责。作为一名中国人,我们有责任、有义务爱自己的国家,人民有希望,国家有力量。我们生在一个和平的年代,我们该如何热爱自己的祖国呢? 热爱祖国并不是要我们做成一件感天动地的事情。它不是一蹴而就的,而是点点滴滴积累起来的。我们作为一名小学生,热爱祖国要从我做起,从身边的小事做起。比如:在学校里,看到地上的垃圾,要主动捡起来;教室里没人了,灯还亮着,要主动关上;洗手、洗脸的时候要节约用水,这些都是爱国的表现。教师要引导学生从点滴做起,努力学习,争当德智体美劳全面发展的小学生。

3. 练习拓展环节

良好的德育素材不仅存在于语文课本中,也存在于课外的阅读文本中。适当的课外阅读,既能够帮助学生积累知识技能,又能够对学生的道德情操进行锻炼。教师可以给学生推荐一些课外阅读素材,比如,阅读《居里夫人传》,让学生感受一个人对事业的专注、爱和坚持,以及居里夫人对人类做出的贡献,感受科学家的大爱。又如,阅读《逃家小兔》《猜猜我有多爱你》等,让学生感受自己父母对自己的爱和关怀,引导学生感恩父母。

另外,还可以开展专项活动。当前,小学生的心理健康问题越来越多地得到社会各界的关注。小学生的身心发展特点决定了他们在看待某一件事情上容易进入误区,所以关注小学生身心健康,传播正能量,有助于小学生的健康成长。综合性学习"成长的烦恼"就是帮助学生直面困难,走出困境。在这个活动结束后,教师可以就小学生的烦恼问题开展专项活动。比如,给学生播放一些青少年生活的片子,让学生学会倾诉。同时,教师可以向同学推荐相关的阅读书籍,如《男生贾里》。通过阅读,让学生明白自己有烦恼是正常的,但是面对烦恼我们不能沮丧,而应该直面烦恼,找到合适的办法去解决。

### (三) 把握契机

借助案例《三个不容忽视的教学细节》来说明。①

听一位优秀教师执教《两茎灯草》,整体设计新颖,教学过程流畅,教学语言精要,教学效果良好。但其在 3 个生成性细节的思想教育的处理上尚欠火候,课堂离精彩就相差那么一点点。

细节一:"剔牙"以后

【细节描述】课前,教师安排了"看动作,猜意思"的游戏,即请两位学生,甲同学做"游泳""骑马""剔牙"的动作,乙同学来猜意思。对于"剔牙",乙同学一时猜不出来,教师便在一旁提示:"饭店里的大排很好吃,吃完之后……"随后又请一位同学再来做做剔牙的动作。这位同学出色的夸张表演赢得了全场的一阵欢笑,乙同学终于猜出了答案。

【课堂诊断】这个游戏活动很有价值。一是调节了上课的气氛。游戏的活动形式很受学生的喜爱,掌声和笑声让学生不再紧张,以轻松的心理走进了课堂。二是活跃了学生的思维。猜意思的过程就是一个积极开动脑筋的过程,以此打开了学生的思路,进入了学习的状态。三是照应了教学的重点。提醒学生注意认真观察人物动作,猜测动作的内含和意义,与本文学习的重点是相关联的,为感受严监生的动作奠定了基础。对于"剔牙"的动作,学生表演得较夸张,在现实生活中显然是不文明的,这个礼仪教育需要教师密切关注和及时引导。

【妙语点睛】此时,教师应该抓住时机,补充强调:"如果在餐桌上、在众人面前剔牙,要注意用另一只手遮住嘴巴,这样才是文明行为。另外,真正剔牙,动作要轻微,以免损坏牙龈。"

细节二:"大款"死后

【细节描述】在感受文中严监生的吝啬性格之前,教师补充了《儒林外史》中一段文字:"严监生家有十多万银子,钱过百斗。"接着让学生谈谈读了这句话之后的感受,随后老师追问学生:"按照常理,这样的'大

---

① 李伟忠."三笑"之后,该说些什么?——三个不容忽视的教学细节[J].小学教学参考,2010(07).

款'在临死的时候会考虑些什么问题?"同学们畅所欲言:"应该考虑怎么分割他这么多的财产。""应该考虑操办后事。""应该考虑定做一个豪华的棺材,买一块风水宝地,再办一个高规格的葬礼。"最后的这位学生的回答引起笑声一片。

【课堂诊断】教师的这一安排是非常用心的,而且也是很有意义的。了解了严监生富裕的家境,畅谈一般的富人临死前的正常牵挂,再与严监生临死前为点着的"两茎灯草"而死不瞑目的奇怪举动进行鲜明对比,更能突出他的畸形的吝啬性格。学生所谈道的有钱人临死前的种种考虑似乎都在情理之中,但涉及人生观的教育主题,教师应该有一种职业敏感予以充分重视,是尽情挥霍,是一毛不拔,还是适可而止? 需要教师进行正确评价与适时引导,在此不可一笑了之。

【妙语点睛】在大笑之后,教师应该就着这位同学的话题提醒大家:"严监生当然不会这么想,更何况这样太铺张、太奢侈了,没多少实在意义呀!"

细节三:感悟之后

【细节描述】在深入研读文本、充分感知人物以后,教师安排了一则填空:严监生临死前倔强地伸着两个指头,不是因为_____,不是因为_____,不是因为_____,而是因为_____。严监生啊,_____。学生们纷纷告诫严监生:"严监生啊,你也太吝啬啦。""严监生啊,做人不能太抠门呀!""严监生啊,钱这玩意生不带来,死不带去。""严监生啊,人生最痛苦的事情就是人死了,钱还没花完。"最后的"小沈阳式"的发言逗得满堂大笑。

【课堂诊断】这则填空一举两得,既梳理了文本的脉络,总结了课文的主要内容,又深化了对人物的感知,提升了学生的思想认识。通过文本细读,严监生滴水不漏、一毛不拔的守财奴形象已经跃然纸上,同学们也充分感受到了严监生的性格特点:吝啬、抠门、小气……如何为人? 怎样用钱? 应该树立怎样的人生观和价值观? 这些问题又成为摆在学生面前严肃的人生命题。此时,教师应该抓住这个教育契机进行正确引导,不必强行灌输,可以自然渗透,实施思想教育的无痕影响。

【妙语点睛】教师应该顺势追问那位"小沈阳式"的回答者:"那么,

你觉得怎样用钱才有意义呢?"以此教育学生要扶助弱者、救济穷人、多做善事,让生命更有意义。

语文课堂中,教师必须用心关注对学生的文明礼仪、行为习惯、价值观、人生观的教育。如果能抓住细节,在嘻笑之间实现对学生的有效的教育影响,便是一种至高的境界,由此也实现了课堂的精彩纷呈。

# 第四章　教材中的情理

## 第一节　统编小学《语文》教材中的"情"

《义务教育语文课程标准（2022 年版）》指出:重视对学生思想情感的熏陶感染作用,重视价值取向,突出社会主义先进文化、革命文化、中华优秀传统文化。注重课程内容与生活,与其他学科的联系,注重听说读写的整合,促进知识与能力、过程与方法、情感态度与价值观的整体发展。

### 一、情感目标的构成

情感目标是一种内化的认知实践,旨在关注学习者对社会、文化及知识的学习兴趣和积极态度。情感目标具有不同的层次和类型。

从纵向上看,情感目标的层次包括:接受—反应—价值组织、评价与内化—外显表达。20 世纪中期,布卢姆依据价值内化的程度,将情感目标从低到高分为"接受、反应、价值观、组织、价值与价值体系性格化"。霍恩斯坦基于构建主义理论将情感目标分为"接受、反应、价值评价、信奉、举止"。有学者对情感目标进行了更细致的分析:乐情度(接受、反应、兴趣、热爱)、冶情度(感受、感动、感悟、感化)、融情度(互动、互悦、互纳、互爱)。也有学者将语文教学中学生情感发展过程分为 4 个阶段,即萌生、形成、保持、内化。

从横向上看,情感目标可分为 3 类:一是道德感,具体指责任感、关爱感和荣誉感,包括对国家与集体、他人和自己 3 个方面;二是理智感,具体指自信感、成就感和乐学感,也包含对国家与集体、他人和自己 3 个方面;

三是美感,具体指自然美、科学美和艺术美等,包括"感知与欣赏、追求、创造"3个层次(见表4-1)。

表4-1 情感目标的横向分类

| 名称 | 表现 | 特点 | 举例 |
|---|---|---|---|
| 道德感 | 根据一定的社会标准去评价别人的思想、意图和行为时产生的情感体验 | 从表现分为:直觉的道德感、伦理的道德感、想象的道德感 | 老人跌倒,看到有陌生人去扶老人起来时产生的情感 |
| 理智感 | 人在智力活动过程中,对认识活动成就进行评价产生的情感体验 | 一般与好奇心、求知欲、探求热爱真理相联系 | 当自己对太空感到好奇,去太空科技馆满足好奇心时产生的情感 |
| 美感 | 根据一定的审美标准对自然或社会现象及其在艺术上的表现予以评价时产生的情感体验 | 自然美、社会美、艺术美 | 看到美丽的自然景色产生的情感 |

王佩、谢翌老师在《统编版小学语文教材情感目标结构、内容与特征探析》中构建了小学语文学科情感目标的分析框架,如图4-1所示。

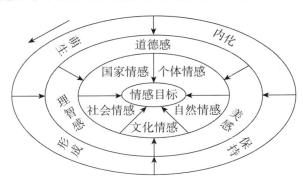

图4-1 小学语文学科情感目标分析框架

语文学科情感目标的分析框架包括五大领域(国家情感、社会情感、文化情感、自然情感、个体情感)、三个维度(道德感、理智感、美感)以及四个层次(萌生、形成、保持、内化)。

### （一）情感目标的具体领域

小学语文的课程标准涉及国家领域,提出培养学生爱国主义情感及社会主义思想道德,为培养社会主义人才作铺垫;在社会领域,课程标准强调培养学生初步学会文明地进行人际沟通、社会交往,发展合作精神;在文化领域,培养学生对汉语言文化的认知与欣赏,热爱祖国语言文字的情感,增强对文化学习的自信心,学习和传承中华文化;在自然领域,课程标准要求学生学会观察和欣赏自然,爱护生命;在个体领域,要求学生发展个性,形成积极的人生态度及价值观。

### （二）情感目标的具体维度

小学语文课程标准围绕道德感、理智感、美感 3 个维度来设计,指出学生应建立起真善美的道德感,培养学生高尚的道德情操;在理智感方面,培养学生通过留心周围事物,增强习作的自信,学会求实的科学态度;在美感方面,培养学生初步感受作品的生动形象及语言的优美,在诵读课文中体验丰富情感。

### （三）情感目标的具体层次

小学语文课程标准以螺旋渐进的形式体现情感目标,并且与各个学段相互关联,从识字与写字、阅读、写作、口语交际以及综合性学习五大板块出发。在识字与写字过程中培养学生对祖国汉字文化的喜爱;在阅读教学中激发爱国情感、社会情感、自然情感等,培养社会主义思想道德,吸收中华文化的智慧,在阅读中寻求积极的情感体验以促进学生个性化发展;在习作教学中,以写作为桥梁,发展学生思维能力,激发想象力,学会倾听他人及表达自我感受;在口语交际及综合性学习中,发展合作精神,文明地进行人际沟通与社会交往,逐步养成积极的人生态度、正确的价值观及求实的科学精神。

## 二、统编小学《语文》教材中情感目标的内容

教材是课程标准的具体体现,也是课程标准总体目标的载体与细化。王佩、谢翌老师以统编版小学一至三年级教材文本为研究对象,通过提炼课文中的主要情感,从五大领域、三个维度来分析情感目标在教材中的具

体体现,并进行分类归纳,可由此得出教材中情感目标的构造与特征。

## (一) 统编小学《语文》教材一年级情感目标及特征

统编小学《语文》教材一年级共 66 篇选文,其中 35 篇为课文、18 篇为识字篇、13 篇为汉语拼音。内容以汉语拼音及识字为主,用朗朗上口的诗歌短文、浅显易懂的童话及寓言故事培养学生热爱祖国文字的兴趣,鼓励学生留心观察生活及自然,初步感受自然美及生活美,激发学生语文学习的兴趣(见表 4-2)。

表 4-2　统编小学《语文》教材一年级情感目标分析

| 具体领域 | 具体维度 | 选文主要情感 | 数量(篇) | 约占比(%) | 分级所占比(%) |
|---|---|---|---|---|---|
| 国家情感 | 道德感 | 爱国情 | 1 | 2 | 2 |
| 社会情感 | 道德感 | 无私奉献 | 1 | 2 | 15 |
| | 美感 | 观察生活,感受生活美 | 9 | 13 | |
| 文化情感 | 道德感 | 热爱祖国文字 | 31 | 47 | 50 |
| | 美感 | 传统文化美,语言美 | 2 | 3 | |
| 自然情感 | 理智感 | 探索自然 | 1 | 2 | 15 |
| | 美感 | 感受大自然的美 | 9 | 13 | |
| 个体情感 | 道德感 | 感恩、为人礼貌 | 2 | 3 | 15 |
| | 理智感 | 勤于思考、勇敢、坚持 | 4 | 6 | |
| | 美感 | 人文美(怀乡情、友情、互帮互助、亲情) | 4 | 6 | |

由表 4-2 可知,在具体领域中,统编《语文》教材一年级主要从文化情感的角度出发,以识字篇与写字篇课文为主,培养学生接受祖国文字、热爱祖国文字的情感,初步了解中华文化的语言美;社会情感、自然情感、个体情感的分布较为均衡,主要体现为观察身边的事物,了解生活美及自然美等情感。在具体维度中,初步培养学生的道德感、理智感及美感。通过汉字及拼音的学习培养学生爱国情感。在具体层次中,以接受的层次为主,激发学生的好奇心,了解与认识祖国汉字及拼音;对大自然有初步认识,学会留心观察生活。

## （二）统编小学《语文》教材二年级情感目标及特征

统编小学《语文》教材二年级共 57 篇选文,其中 49 篇为课文、8 篇为识字篇,相较于一年级教材,识字和拼音篇有所减少,文本内容相对增加。其中强调个体情感的文章较多,其次是关于社会情感的文章(见表4-3)。

表 4-3　统编小学《语文》教材二年级情感目标分析

| 具体领域 | 具体维度 | 选文主要情感 | 数量（篇） | 约占比（%） | 分级所占比（%） |
|---|---|---|---|---|---|
| 国家情感 自然情感 | 道德感 | 热爱自然及祖国大好河山 | 11 | 19 | 19 |
| 社会情感 | 道德感 | 合作共赢,无私奉献 | 6 | 11 | 24 |
|  | 理智感 | 探索创造精神,实事求是 | 7 | 13 | |
| 文化情感 | 道德感 | 热爱祖国文字 | 8 | 14 | 14 |
| 个体情感 | 道德感 | 勇敢品质,努力勤劳 | 5 | 8 | 36 |
|  | 理智感 | 勤于思考,乐观的生活态度 | 12 | 21 | |
|  | 美感 | 人文美(亲情、友情、宽容) | 4 | 7 | |

在国家情感与自然情感领域,二年级教材强调学生对于自然和祖国大好河山的喜爱;关于社会情感的课文占比 24%,主要培养学生学会合作及无私奉献,培养保持积极探索事物、勇于创新的精神;文化情感领域中识字、写字篇比一年级有所减少,增加了对中国文化学习的课文;在个体情感领域,要围绕勇敢、努力勤劳,培养学生学会思考及对生活的乐观精神,也涉及亲情、友情以及宽容待人的题材。统编二年级语文教材培养学生的理智感主要从勤于思考、探索创新精神的角度出发,课文相比一年级有所增加,而且开始培育学生的生活态度,由此可以看出,二年级语文教材中情感目标逐渐由接受向萌生的层次过渡。

## （三）统编小学《语文》教材三年级情感目标及特征

统编小学《语文》教材三年级共 64 篇选文,其中热爱自然、激发学生探索精神及求知欲的情感较多。随着年级的增加,情感目标的范畴变得更加丰富多元(见表 4-4)。

表 4-4　统编小学《语文》教材三年级情感目标分析

| 具体领域 | 具体维度 | 选文主要情感 | 数量（篇） | 约占比（%） | 分级所占比（%） |
|---|---|---|---|---|---|
| 国家情感 | 道德感 | 爱国情 | 3 | 5 | 5 |
| 社会情感 | 道德感 | 奉献精神 | 3 | 5 | 23 |
|  | 理智感 | 好奇,探索的科学精神;正确对待他人,合作意识 | 10 | 15 |  |
|  | 美感 | 人情美（诚信、相互鼓励） | 2 | 3 |  |
| 文化情感 | 道德感 | 热爱历史文化 | 3 | 5 | 5 |
| 自然情感 | 道德感 | 热爱自然 | 12 | 19 | 25 |
|  | 理智感 | 保护自然,珍爱动物 | 4 | 6 |  |
| 个体情感 | 道德感 | 吃苦耐劳,感恩父母 | 3 | 4 | 42 |
|  | 理智感 | 勤于思考,乐观的生活态度、处事态度（实事求是、珍惜时间、及时改正错误、是非分明） | 12 | 19 |  |
|  | 美感 | 人性美（尊重、关爱、善良、同情、团结友爱、思乡怀亲） | 12 | 19 |  |

由表 4-4 可知,国家情感主要体现为对祖国河山的热爱;在社会情感领域以奉献精神、好奇探索精神为主;文化情感方面,主要选取历史传统文化的题材,培养学生阅读文化经典;在自然领域,主要表达热爱自然的情感,但相较于二年级,出现了珍惜、保护自然与动物的情感,引导学生珍惜自然、爱护自然;在个体情感领域,主要针对学生的理智感及美感的

熏陶,注重培养学生勤于动脑,学会为人处世的生活态度。与一、二年级的教材相比,三年级对人文美的选材增添了更多的情感元素,如关爱、善良、同情等,使得教材中的情感更加丰富多元。三年级教材倾向于对学生形成层次培养,引导学生热爱及感悟生活,希望学生形成积极乐观的人生态度,关注学生感悟以及对于事物的深层认知,培育学生正确的生活态度,注重学生更深层次的情感培育。

### (四) 统编小学《语文》教材四至六年级情感目标

我们也可逐篇课文梳理情感目标,以四年级下册为例。

表 4-5 统编小学《语文》教材四年级下册情感目标

| 单元 | 课文 | 情感目标 |
|---|---|---|
| 第一单元 | 《1.古诗词三首》《四时田园杂兴》/(宋)范成大 | 感受初夏江南的田园风光 |
| | 《宿新市徐公店》/(宋)杨万里 | 感受乡村春日美景 |
| | 《清平乐·村居》/(宋)辛弃疾 | 感受悠闲的农家生活 |
| | 《2.乡下人家》 | 体会作者对乡村生活的喜爱和赞美之情 |
| | 《3.天窗》 | 体会天窗带给孩子们的快乐 |
| | 《4.三月桃花水》 | 体会作者对桃花水的喜爱和赞美之情 |
| 第二单元 | 《5.琥珀》 | 激发学生探索琥珀形成过程的兴趣 |
| | 《6.飞向蓝天的恐龙》 | 激发学生探索恐龙演化历程的兴趣 |
| | 《7.纳米技术就在我们身边》 | 激发了解纳米技术的兴趣 |
| | 《8.千年梦圆在今朝》 | 激发学生探索科学奥秘兴趣和民族自豪感 |
| 第三单元 | 《9.短诗三首》 | 体会作者对母爱、童心和自然的赞美之情 |
| | 《10.绿》 | 感受大自然万物充满生机的景象 |
| | 《11.白桦》 | 感受白桦的高洁之美以及作者对家乡和大自然的热爱之情 |
| | 《12.在天晴了的时候》 | 感受雨后天晴的景象 |

（续表）

| 单元 | 课文 | 情感目标 |
|---|---|---|
| 第四单元 | 《13.猫》 | 体会作家对猫的喜爱之情 |
| | 《14.母鸡》 | 体会母爱的伟大 |
| | 《15.白鹅》 | 感受作者对白鹅的喜爱 |
| 第五单元 | 《16.海上日出》 | 感受海上日出的美丽景象 |
| | 《17.记金华的双龙洞》 | 感受双龙洞的特点 |
| | 习作例文《颐和园》 | 感受颐和园的美景 |
| | 习作例文《七月的天山》 | 感受天山深处野花的美景 |
| 第六单元 | 《18.文言文二则》《囊萤夜读》 | 感受车胤勤奋好学的品质 |
| | 《铁杵成针》 | 感受有恒心、有毅力、刻苦学习的品质 |
| | 《19.小英雄雨来》 | 感受雨来机智勇敢的英雄形象 |
| | 《20.我们家的男子汉》 | 感受学会独立、敢于挑战自己的小男子汉形象 |
| | 《21.芦花鞋》 | 感受勤劳、淳朴的少年形象 |
| 第七单元 | 《22.古诗三首》《芙蓉楼送辛渐》/(唐)王昌龄 | 感受离情别意以及诗人洁身自好的志向和品格 |
| | 《塞下曲》/(唐)卢纶 | 感受将士的英勇威武的英雄气概 |
| | 《墨梅》/(元)王冕 | 感受诗人不向世俗献媚的高尚情操 |
| | 《23.黄继光》 | 感受黄继光视死如归的英雄气概 |
| | 《24."诺曼底"号遇难记》 | 感受哈尔威船长忠于职守、视死如归的伟大品格 |
| 第八单元 | 《26.宝葫芦的秘密》 | 体会王葆淘气、爱幻想的童真形象 |
| | 《27.巨人的花园》 | 体会巨人和善、无私的形象 |
| | 《28.海的女儿》 | 体会小人鱼美丽、善良和勇敢的形象 |

　　通过梳理,我们可以发现,统编《语文》教材每个单元都有相对一致的情感目标,将这个情感目标加以提炼,往往就是这个单元的人文主题。

118

## 三、教材中与"感情"有关的语文要素

在统编小学《语文》教材中,有较多单元的语文要素与"感情"有关
(见表4－6)。

表4－6　统编小学《语文》教材三至六年级中与"感情"有关的语文要素

| 册次 | 单元 | 语文要素 |
|---|---|---|
| 四年级下册 | 第一单元 | 抓住关键语句,初步体会课文表达的思想感情 |
| | 第四单元 | 体会作家是如何表达对动物的感情的 |
| 五年级上册 | 第一单元 | 初步了解课文借助具体事物抒发感情的方法 |
| | 第四单元 | 结合资料,体会课文表达的思想感情 |
| | 第六单元 | 体会作者描写的场景、细节中蕴含的感情 |
| 五年级下册 | 第一单元 | 体会课文表达的思想感情 |
| 六年级下册 | 第三单元 | 体会文章是怎样表达感情的 |

四年级下册第一单元的语文要素是"抓住关键语句,初步体会课文表
达的思想感情",提示了学生阅读课文体会情感的方法,"初步"强调了教
师教学时应把握好教学目标的度。为了落实这语文要素,本单元的选文
在内容上贴近学生的认知经验,便于学生理解和想象。所选文章情感表
达是比较明显的,为学生"初步体会思想感情"提供了支架:《乡下人家》
点明抓结尾处关键句来体会课文情感;《天窗》除了用课后练习点明需理
解结尾的关键句,还点明阅读时也需关注并理解藏在课文中间的关键句;
《三月桃花水》引导学生迁移运用抓关键句体会情感的阅读方法。交流
平台则启发学生比较课文关键语句的表达,梳理初步体会课文思想感情
的阅读方法。

四年级下册第四单元的语文要素是"体会作家是如何表达对动物的
感情的"。这一要素在第一单元"初步体会课文表达的思想感情"的基础
上又提高了要求,强调不仅要体会文章所表达的情感,还要关注作家是如
何表达的。教材中课后练习、语文园地的交流平台都巧妙地渗透了对表
达方法的指导。《猫》要求举例说说可以从哪些地方看出作者非常喜欢
猫;《母鸡》引导比较同一作家写不同动物时,表达上的相同与不同之处;

《白鹅》要求体会作者是如何把"高傲"写清楚的。"语文园地"的"交流平台"也用课文和生活中的例子,渗透了明贬实褒的表达方法。另外,《猫》链接了夏丏尊和周而复写猫的片段,要求学生体会不同作家对猫的喜爱之情,《白鹅》链接了俄国作家叶·诺索夫的《白公鹅》,要求说说两位作家笔下的鹅有什么共同点,体会两篇文章表达上的相似之处。

五年级上册第一单元的语文要素是"初步了解课文借助具体事物抒发感情的方法"。把情感寄托在描述的事物中,是文章表达情感的常见方法。精读课文的课后题引导学生品味表现事物特点的语句,体会蕴含在字里行间的感情。"语文园地"中的"交流平台"梳理总结了本单元课文描述的不同事物的特点和表达的情感,引导学生初步了解课文借助具体事物抒发感情的方法。

五年级上册第四单元的语文要素是"结合资料,体会课文表达的思想感情"。学生在四年级已经学过了查找、整理资料的基本方法,本单元的教学重点是引导学生结合资料,更深入地理解课文内容,体会课文的思想感情。古诗《示儿》《题临安邸》《己亥杂诗》引导学生结合注释和相关资料,理解诗句的意思,体会诗人的情感。《少年中国说(节选)》引导学生结合资料了解写作背景,理解课文的意思,并通过查找资料,了解百年来为国家富强而奋斗的人们。《圆明园的毁灭》引导学生查阅资料,深入了解杰出人物故事,了解中国人的强国梦想;通过圆明园的历史、文化价值,感受作者的痛惜之情。《小岛》引导学生结合资料了解我国边防守岛部队的生活,感受海防战士的爱国情怀。

五年级上册第六单元的语文要素是"体会作者描写的场景、细节中蕴含的感情"。本单元的课文对故事中的场景、人物言行举止中的细节都有具体的描述,学生通过品读交流印象深刻的场景、细节,可以更深入地把握内容,更细致地体会蕴含在其中的人物情感。《慈母情深》要求学生边读边想象描写的场景、细节,体会字里行间蕴含的母爱;《父爱之舟》让学生说出作者梦中出现的难忘的场景,体会深切的父爱;"语文园地·词句段运用"的第二题要求学生在体会情感的基础上进一步了解场景描写的作用。

五年级下册第一单元的语文要素是"体会课文表达的思想感情"。

此前的教材中,已经安排过"抓住关键语句,初步体会课文表达的思想感情""初步了解课文借助具体事物抒发感情的方法""体会作者描写的场景、细节中蕴含的感情"等语文要素,学生已经掌握了一些体会课文思想感情的方法。本单元意在让学生运用已经掌握的方法体会课文表达的思想感情。4篇课文呈现了不同的表达思想感情的方法,课后题、课前学习提示做了相应引导。例如,《祖父的园子》一文将感情蕴含在园中的花朵、虫子、鸟儿等具体事物中,《月是故乡明》中典型的事例和直抒胸臆的语句表达了作者强烈的思乡之情。此外,《祖父的园子》课后的"阅读链接"补充了整本书的结尾,引导学生更深入地体会课文表达的思想感情,获得更加丰富的阅读体验。"交流平台"引导学生梳理、总结"体会课文表达的思想感情"的阅读经验,"词句段运用"的第二题还安排了体会语句表达强烈感情的方法并仿写的练习活动。

六年级下册第三单元的语文要素是"体会文章是怎样表达感情的",引导学生学习表达真情实感的方法。围绕本单元的语文要素,教材编排了两篇精读课文。《匆匆》用细腻的笔触描摹了日光的无情流逝,抒发了时不我待的遗憾和感慨。《那个星期天》写了"我"第一次殷切地盼望母亲带"我"出去玩的经历,表现了"我"从盼望到失望的心理变化过程,展示"我"细腻、敏感、丰富的情感世界。前一篇课文侧重把情感直接表达出来,后一篇课文侧重把情感融入具体的人、事、景物中。

# 第二节　统编小学《语文》教材中的"理"

这里所说的统编小学《语文》教材中"理",主要是指列入或暗含在单元语文要素中的语文基本技能。

## 一、圈画关键语句

### （一）关键语句的定义

"关键"一词的本义是门闩或关闭门户的横木。引申义比喻事物最关紧要的部分,对事物和事件情况起决定作用的内部因素。

关键语句包括两个方面:关键词语和关键句子。关键词语是指在一个句子或一个语段中起到重要作用的词语。关键句子是指在一段(几段)文字或一篇文章中起到重要作用的句子。

### （二）圈画关键语句的意义

1. 对语文学习的意义

找到关键语句,圈画出来,对学生了解一句话、一段文字、一篇文章的意思具有重要的意义。平时语文课堂中的概括文章内容、提炼文章观点、归纳段落大意等,都是与"关键语句"有关的具体实践的过程。抓住关键词句是一种好的阅读方法,能使复杂的内容变得容易理解。若能长期坚持这种阅读方法,就可成为一种好习惯,就会提高我们的学习效率。

2. 对思维发展的意义

圈画关键语句时,需要学生能从呈现的材料中辨析各部分与整体的相关性或重要性,属于"分析"思维活动中"区分"。在阅读教学中,多一些圈画关键语句的练习,可以培养学生的分析能力,提高学生的思维水平。

3. 对日常生活的意义

寻找关键词语具有较强的实用性,与我们的日常生活有着密切的关系。最为常见的是通过网络搜索相关的资料。我们通过"百度""搜狗"

等搜索引擎寻找资料,往往需要在搜索框中输入文字,这些文字就是有关信息的关键内容。例如,我们想了解统编教材中的古诗文教学的教学经验的相关资料,可以键入"统编教材""古诗文""教学策略"3 个词语,通过搜索引擎,便可获得 1 220 000 多条信息。

### (三) 关键词语的一般指向

1. 体现作者写作意图、立场观点、主题思想的词语

例如,"等他们确知在我身上搜不出什么的时候,也就停手不搜了;又在我藏躲地方的周围,低头注目搜寻了一番,也毫无所得,他们是多么失望啊!"(《清贫》)这个语段中的"失望"一词,体现了作者的表达意图,可作为关键词。

2. 概括性较强的词语

这类词语包括表达强烈的感情倾向、鲜明的人物性格、主要事件或情节等词语。例如:"花园里边明晃晃的,红的红,绿的绿,新鲜漂亮。"(《祖父的园子》)"新鲜漂亮"就是对花园景象的概括。

3. 反复强调的词语

这些词语在一段文字中多次出现,显然是作者想重点表达的内容。例如,"在金色的夕阳下,金色的田野,金色的沙漠,连尼罗河的河水也泛着金光,而那古老的金字塔啊,简直像是用纯金铸成的。远远望去,它像飘浮在沙海中的三座金山,似乎一切金色的光源,都是从它们那里放射出来的。你看,天上地下,黄澄澄,金灿灿,一片耀眼的色调,一幅多么开阔而又雄浑的画卷啊!"(《金字塔》)这段文字中"金"字出现了九次,"金"就是这段文字的关键词。

4. 反映深层次含义的词语

一些词语不仅仅只是表达本句中的意思,对其他句子也有深意。例如,"一只手上的五根手指,各有不同的姿态,各具不同的性格,各有所长,各有所短。"(《手指》)这句话中的"各有所长,各有所短"除了描写手指的姿态和性格之外,还有深层次的含义,可将其作为关键词。

5. 运用修辞和表达技巧的词语

一般修辞这种表达技巧具有特别的表达效果。例如,"花开了,就像

睡醒了似的。鸟飞了,就像在天上逛似的。虫子叫了,就像虫子在说话似的。"(《祖父的园子》)3 个分句句型一样,都用了"就像……似的",把"花""鸟""虫子"当作人来写。

6. 表情达意非常出色的词语

这些动词、形容词或叠词通常在一个语段中连续使用,具有独特的鉴赏价值和审美效果。例如,"深蓝的天空中挂着一轮金黄的圆月,下面是海边的沙地,都种着一望无际的碧绿的西瓜。"(《少年闰土》)这段写景的文字,颇具画面感,描写"圆月""沙地""西瓜"的"深蓝""金黄""碧绿"可作为关键词语。

另外,有特殊指代义的词(远指、近指、不定指等)、有特殊用法的词语(褒义贬用、贬义褒用、大词小用、小词大用、词性活用等)、对文章结构起照应连接作用的词语,也可作为关键词语。

### (四) 关键句子的类型

小学阶段学习的关键句子,一般包括以下几种。

1. 中心句

在语文教学中,"中心"通常是指文章的主要内容和作者在文中表达的情感(即写作目的)。所以,能够概括文章主要内容的句子就是中心句。中心句能统摄全篇,解释文章中心、主旨、观点、意图、情感,能帮助准确理解作品主题思想或脉络层次。根据中心句所在的位置,有的在文章的开头,也称总起句;有的在文章的结尾,也称总结句。

2. 总起句

在一篇文章或在一个语段中,可以概括这篇文章或这个语段的主要内容,起到总领全文(全段)的作用的句子,就是总起句。总起句一般出现在文章首段或是一段话的首句。它有三种类型:篇的总起句、逻辑段的总起句、自然段的总起句。

3. 总结句

可以与总起句对应理解,总结句是出现在文章(或段落)的末尾,是对全文或全段进行总结的句子。总结句也有 3 种类型:篇的总结句、逻辑段的总结句、自然段的总结句。

### 4. 过渡句

这里的"过渡",是指文章中用一定句子或段落,提示前后意思之间的联系,使它们有机联系起来,自然地由上文转入下文。过渡句就是联接上下文的句子,是由一个意思过渡到另一个意思的句子。过渡句承接或总结上面的内容,同时又提示或引起下面的内容,起到承上启下的作用。过渡句中一般都含有过渡词语,常见的过渡词有:表示因果关系的过渡词——因为,所以,之所以;表示并列关系的过渡词——是……也是,一方面……一方面,有时候……有时候;表示转折的过渡词——虽然……但是,尽管……可是;表示递进的过渡词——不仅……还,不但……而且……;表示时间顺序的过渡词——首先,其次,然后,最后,从前,以后,那时,最近;表示空间顺序的过渡词——在这之前,从那以后,以上,以下,总之。

### 5. 脉络句

体现文章写作脉络的句子就可以称作脉络句。从篇章和段落角度来看,有体现整篇文章表达脉络的句子,也有体现一个段落表达脉络的句子。脉络句通常有两种表现形式:显性脉络句和隐性脉络句。显性脉络句,在文章中就能找到。把这些句子摘出来,连接在一起,就可以提炼文章的主要内容,发现作者的写作思路。例如,《炎炎夏日》描写的是作者怀想的三件发生在夏天的往事,这三件事情都有相应的脉络句:①童年,夏天最有意思的便是去河里戏水。②那年夏天,校园里的荷花开得最美。③又到夏至,感觉这的确是一年中白天最长的一天。这三件事,呈现了三幅不同时期的生活画面。从童年到青年再到中年,从乡野到城市再到边疆。三个脉络句,串联起作者的生活与工作,表达了作者对人生的思考和感悟。

除了以上句中关键句以外,还有揭示文章中心、主旨、情感的文眼句,运用某种特殊修辞、起到某种表达效果的句子,内涵较为丰富、难于理解的句子。

## （五） 确立关键词语的方法

### 1. "步步为营"

可以从语段中心话题入手,通过"明确话题—寻找谓语—连缀成句—提取关键词"的路径来确立关键词语。

例如,《月是故乡明》中有这样一段文字:

我现在年事已高,住的朗润园是燕园胜地。夸大一点儿说,此地有茂林修竹,绿水环流,还有几座土山点缀其间,风光无疑是绝妙的。每逢望夜,一轮当空,月光闪耀于碧波之上,上下空蒙,一碧数顷,荷香远溢,宿鸟幽鸣,真不能不说是赏月胜地。荷塘月色的奇景,就在我的窗外。然而,每逢这样的良辰美景,我想到的却仍然是故乡苇坑里的那个平凡的小月亮。

首先,要明确陈述的话题。任何语段,无论是记叙、抒情或说明,总是围绕一个话题来展开的。体现话题的词语肯定是关键词之一。我们可以根据不同文体来寻找语段话题(重要信息)。以记叙为主要表达方式的文章,关键内容是叙述的对象(人、事);以说明为主要表达方式的文章,关键内容是说明对象;以描写为主要表达方式的文章,关键内容是描写对象(景、物);以抒情为主要表达方式的文章,关键内容是情感倾向的词。这个语段的主要表述对象是"燕园""故乡",两个都是主题词。

接着,寻找与陈述对象(主概念)相对应的动词。在这一步,我们主要是寻找和明确与主要话题(主概念)相对应的动词或总结性的词语。如"赏月""想起"就是对陈述的对象的表述,也是关键词。

然后,将几个词语连缀成句。我们可将几个词语稍稍连缀成一个主谓结构的句子。一般可以表述为"谁或什么怎么样了"这样一种主谓结构。本语段可连缀成:燕园赏月想起故乡(小月亮)。

最后,提炼关键词。我们把连缀成的句子放入文段中检验,如能基本表达出文段的中心内容,即可筛选并敲定关键词——"燕园""赏月""想起""故乡"(小月亮)。

2."顺藤摸瓜"

中心句往往是语段中表示中心语义的句子,是语段的核心。在筛选时,我们可抓住中心句,通过"确定中心句—仔细琢磨—提取关键词"的路径,顺藤摸瓜找到相关关键词。

例如,《四季之美》中有这样一段话:

夏天最美是夜晚。明亮的月夜固然美,漆黑漆黑的暗夜,也有无数的萤火虫翩翩飞舞。即使是蒙蒙细雨的夜晚,也有一只两只萤火虫,闪着朦胧的微光在飞行,这情景着实迷人。

这段文字中第一句就是本段的中心句,而"美""夜晚"又是这个句子的核心。只要我们抓住这个句子,找出"美""夜晚"的各自所指,就能轻易找到其中的关键词——"夏夜(夜晚)""萤火虫""飞行(飞舞)""美(迷人)"。

3. 关注表达

① 可以关注连续动作。为了表现人物(或动物)的特点,作者会用心设计一些细节描写,通过人物的连续动作来表现其品质。这些描写人物连续动作的词语,就是关键词。

例如,《在牛肚子里旅行》中有这样一段话:

青头大吃一惊,它一下子蹦到牛身上,可是那头牛用尾巴轻轻一扫,青头就给摔到地上了。青头不顾身上的疼痛,一骨碌爬起来大声喊:"躲过它的牙齿,牛在这时候不会仔细嚼的,它会把你和草一起吞到肚子里去……"

在红头被大黄牛卷进嘴里的危急时刻,青头勇敢地挺身而出、奋力相救,文中"蹦""摔""爬""喊"等表示动作的词语,能看出青头的勇敢,通过这些动作也可感受青头和红头是非常要好的朋友。

② 可以关注修饰语。修饰语是修饰句中其他成分的字或词。名词、形容词、形容词子句、分词等都可以作名词或代名词的修饰语。最常见的是形容词。丰富的修饰语,可以让表达对象更加明确与形象。

例如,《巨人的花园》中有这样一段文字:

这是一座很可爱的大花园。园里长满了柔嫩的青草,草丛中到处露出星星似的美丽花朵。还有十二棵桃树,春天开出淡红色和珍珠色的鲜花,秋天结出丰硕的果子。小鸟们在树上唱着悦耳的歌,歌声是那么动听。孩子们都停止了游戏来听他们唱歌。"我们在这儿多么快乐!"孩子们欢叫着。

这段文字中的修饰语有"可爱""柔嫩""星星似的""美丽""淡红色""珍珠色""丰硕""悦耳"等,圈出这些词语,可以帮助学生感受大花园的可爱。

③ 可以关注语气词。语气词是表示语气的虚词,常用在句尾或句中停顿处表示种种语气。双音节语气词有罢了、不成、得了、而已、得话、来着、了得、也罢、已而、着呢、着哩、来的、也好、便了等;单音节语气词有吗、呢、吧、

啊、欸、哇、呀、哟、噢、呦、嘚等。小学阶段,我们更多关注单音节语气词。

例如,《卖火柴的小女孩》中有这样一段话:

她的一双小手几乎冻僵了。啊,哪怕一根小小的火柴,对她也是有好处的!她敢从成把的火柴里抽出一根,在墙上擦燃了,来暖和暖和自己的小手吗?她终于抽出了一根。哧!火柴燃起来了,冒出火焰来了!她把小手拢在火焰上。多么温暖多么明亮的火焰啊,简直像一支小小的蜡烛。这是一道奇异的火光!小女孩觉得自己好像坐在一个大火炉前面,火炉装着闪亮的铜脚和铜把手,烧得旺旺的,暖烘烘的,多么舒服啊!唉,这是怎么回事呢?她刚把脚伸出去,想让脚也暖和一下,火柴灭了,火炉不见了。她坐在那儿,手里只有一根烧过了的火柴梗。

这段文字中,作者有了较多语气词,表达了丰富的情感。圈出文中的"啊""吗""哧""唉""呢",可以帮助学生有感情地读好这段文字。

④ 可以关注高频词语。词语出现的频率也可作为我们确立关键词的一个参考依据,因为有些时候,作者要对重要的内容或反复强调,或多方论述,或全面介绍,这就必然导致相关词语出现的频率较高。所以我们要关注文中反复出现的词语,这些多次出现的词语往往就是需要提炼的关键词。

例如,《慈母情深》中有这样一段话:

母亲说完,立刻又坐了下去,立刻又弯曲了背,立刻又将头俯在缝纫机板上了,立刻又陷入了手脚并用的机械忙碌状态……

这段文字中"立刻"一词出现 4 次,写出了母亲工作的辛劳,突出了"我"对母亲的敬意。

## (六) 寻找关键句子的路径

从题目中提取关键句。题目是文章的眼睛,往往有的题目就是中心句。如题目《手术台就是阵地》《那一定会很好》《月是故乡明》《为中华之崛起而读书》,实际上就是文章的中心句,直接揭示了文章的中心。

从开头(结尾)中提取关键句。文章开头的总起句,一般都揭示了全文内容。如《观潮》的第一句话:"钱塘江大潮,自古以来被称为天下奇观。"有些文章的结尾,往往总结全文,点明中心。如《走月亮》中的最后一个自然段："多么奇妙的夜晚啊，我和阿妈走月亮！"

从过渡句中提取关键句。过渡句往往出现在段落末尾或段落开头，有时也独立成一段。过渡句和上下两段都有联系，往往这个句子中能找出概括上下两个段落的关键句子，如《赵州桥》的第4自然段第一句话是："这座桥不但坚固，而且美观。"这就是过渡句，告诉我们上文介绍了赵州桥坚固的特点，下文将介绍赵州桥的美观。

从反复句中提取关键句。有的文章为了突出某种意思，并给读者留下深刻的印象，往往反复出现同一个句子，就是中心句，如《牧场之国》中，"这就是真正的荷兰"这句话在全文中一共出现3次，在不同的位置分别起到了总起段落、总结段落、总结全文的作用。

从含义深长的句子中提取关键句。我们可以从议论句上去找，文中议论处往往透露出文章的中心，因此这个议论句就是关键句。还可从哲理性句上去找，有的句子很有哲理性，这个句子就是关键句。例如，《真理诞生于一百个问号之后》中有这样一句话："只要你见微知著，善于发问并不断探索，那么，当你解决了若干个问号之后，就有可能发现真理。"这句话是对3个论据的总结，是含义深长的关键句。

从课后练习中提取关键句。教材文章后的练习中会设计一些思考问题，这些问题有些直奔这篇文章理解的难点，有些直接指向文章中心。例如，《少年闰土》中有一则练习：读句子，说说从中感受到"我"怎样的内心世界。"我那时并不知道这所谓猹的是怎么一件东西——便是现在也没有知道……"从"并不知道""也没有知道"可以感受到"我"的孤陋寡闻与闰土的见多识广，进而体会"我"对丰富多彩的农村生活的向往。

# 二、概括大意

## （一）概括大意地解读

概括在《现代汉语词典》中的意思有两种：①把事物的共同特点归结在一起；②简单扼要。概括，是一种思维过程。心理学的解释为：概括是指人的大脑在比较和抽象的基础上，把抽象出来的事物的共同的本质特征进行综合，并且推广到同一类事物上去的思维过程。根据概括水平的不同,通常可以将概括分为初级概括和高级概括。初级概括是指在感觉知觉或表象水平上的概括,一般表现为根据具体经验提取事物的共同特征或联系,总结出某类事物的共同属性。高级概括是指在把握事物的本质特征的基础上进行的概括,它是概括的高级形式。相对而言,高级概括具有准确性、科学性、全面性。

在语文教学中,概括大意主要包括概括自然段的意思和概括逻辑段的意思。概括自然段(逻辑段)的意思,是指用一两句话对某一段的主要内容进行概括。概括意思,要求做到完整、简明扼要。

统编教材三年级下册第四单元,明确提出了"借助关键语句概括一段话的大意"的单元语文要素。两篇精读课文以课后练习提示,但分工略有不同:《花钟》一文可以根据文中关键语句的提示来概括段意,如第1自然段,又可通过转化、改造关键语句来概括段意,如第2自然段。《蜜蜂》一文可通过增加要素、改写摘句,完成蜜蜂实验示意图,把蜜蜂实验观察过程说清楚。语文园地中的"交流平台"重点对单元语文要素进行梳理小结。

## (二) 概括大意的意义

### 1. 语文学习的意义

2000年实施的《九年义务教育全日制小学语文教学大纲(试用修订版)》,以"能初步把握文章的主要内容"替代"理解自然段的主要意思""归纳段落大意"等相关"段的教学"目标要求。《义务教育语文课程标准(2022年版)》延续上述表述,"段的教学"逐步淡出老师们的视野。"初步把握文章内容"缺少了具体的抓手,成为第二学段阅读教学中一个难点。

概括段意是理解文章内容的重要环节之一。通过概括段意,不仅能了解每段的主要意思,还能了解作者是怎样安排材料的,了解段落与段落之间是怎样联系的。这对提高阅读和写作能力有着重要的意义。

### 2. 思维发展的意义

概括是一种高阶思维活动,概括大意可贵的价值不是"大意",而是"概括",也就是说,其关键价值是概括的过程。设计一个适合学生的有意义的概括过程,给学生留下概括体验,掌握一种概括方法,才能发展学生的"概括思维",让学生的经验思维、迁移思维、反思思维等语文学科的思维能力和品质均得以提升。

## （三）概括段意的方法

### 1. 摘录句子

这里的"句子"，指的是段落中的关键句，包括中心句、总起句、总结句、过渡句等。把能概括全段内容的句子摘下来，直接引用或稍加整理作为段意。

例如，《威尼斯的小艇》第 4 自然段：

船夫的驾驶技术特别好。行船的速度极快，来往船只很多，他操纵自如，毫不手忙脚乱。不管怎么拥挤，他总能左拐右拐地挤过去。遇到极窄的地方，他总能平稳地穿过，而且速度非常快，还能作急转弯。两边的建筑飞一般地往后倒退，我们的眼睛忙极了，不知看哪一处好。

很显然，这一段主要告诉我们船夫的驾驶技术好，所以我们可以摘录第一句话"船夫的驾驶技术特别好"作为这一段的段意。

又如，《富饶的西沙群岛》第 2 自然段：

西沙群岛一带海水五光十色，瑰丽无比：有深蓝的，淡青的，浅绿的，杏黄的。一块块，一条条，相互交错着。因为海底高低不平，有山崖，有峡谷，海水有深有浅，从海面看，色彩就不同了。

这段话是围绕"西沙群岛一带海水五光十色，瑰丽无比"来写的，所以，我们就可以把这句话摘录下来作为段意。

在摘句概括段意时，不是非要把原句一字不差地抄录下来，有时还要根据内容作归并增删，并注意修正后的句子要简洁、通顺。要注意两点：

第一，看所摘的句子能不能完全概括段意。例如，《手术台就是阵地》第二段（第 2 至第 5 自然段）的段意概括，如果只是摘录与课文中心紧密相关的句子"手术台是医生的阵地"作为段意，显然不能说清楚这一段的主要内容，所以要围绕中心句作适当补充：在什么情况下，谁以手术台为阵地做了什么事。也就是说，识别文中提炼主要内容的句子后，还要进一步比照概括段意的要求进行修正，做到内容准确和完整。因此，第 2 段的段意是："战斗形势越来越危险，但白求恩大夫把手术台当作阵地，争分夺秒坚持给伤员做手术。"

　　第二,如果关键句不只是一句时,要把几个句子的意思进行整合。例如,《赵州桥》第2自然段的关键句是"赵州桥非常雄伟"。第3自然段的关键句是"这座桥不但坚固,而且美观"。在概括第2自然段意思时,就要两者兼顾,把过渡句中与第2自然段有关的"坚固"也要融入第2自然段的中心句中,用"赵州桥非常雄伟、坚固"来概括。

　　2. 取舍主次

　　一个(或几个)自然段中如果有几层意思,这些意思往往有主次之分。概括段意时应抓住主要的意思,舍去次要的,就能得出段意。

　　例如,《草船借箭》第2自然段:

　　有一天,周瑜请诸葛亮商议军事,说:"我们就要跟曹军交战。水上交战,用什么兵器最好?"诸葛亮说:"用弓箭最好。"周瑜说:"对,先生跟我想的一样。现在军中缺箭,想请先生负责赶造十万支。这是公事,希望先生不要推却。"诸葛亮说:"都督委托,当然照办。不知道这十万支箭什么时候用?"周瑜问:"十天造得好吗?"诸葛亮说:"既然就要交战,十天造好,必然误了大事。"周瑜问:"先生预计几天可以造好?"诸葛亮说:"只要三天。"周瑜说:"军情紧急,可不能开玩笑。"诸葛亮说:"怎么敢跟都督开玩笑? 我愿意立下军令状,三天造不好,甘受惩罚。"周瑜很高兴,叫诸葛亮当面立下军令状,又摆了酒席招待他。诸葛亮说:"今天来不及了。从明天起,到第三天,请派五百个军士到江边来搬箭。"诸葛亮喝了几杯酒就走了。

　　这段文字主要写了周瑜和诸葛亮的对话,既有周瑜的诡计,又有诸葛亮的对策。从全文看,事情的起因在周瑜上,因此概括段意可以抓住"周瑜妒忌诸葛亮的才干",归纳成"周瑜妒忌诸葛亮,用短期内造十万支箭来为难他"。

　　3. 要点串联

　　如果一个段落由几个自然段组成,首先找出各自然段的意思或要点,然后把这些自然段的要点串联起来,用一句简洁的话概括出段意。

　　例如,《詹天佑》第三大段包括3个自然段:

　　詹天佑不怕困难,也不怕嘲笑,毅然接受了任务,马上开始勘测线路。哪里要开山,哪里要架桥,哪里要把陡坡铲平,哪里要把弯度改小,都要经过勘测,进行周密计算。詹天佑经常勉励工作人员,说:"我们的工作首先要精密,不能有一点儿马虎。'大概''差不多'这类说法不应该出自工程人员之口。"他亲自带着学生和工人,扛着标杆,背着经纬仪,在峭壁上定点,测绘。塞外常常狂风怒号,黄沙满天,一不小心还有坠入深谷的危险。不管条件怎样恶劣,詹天佑始终坚持在野外工作。白天,他攀山越岭,勘测线路;晚上,他就在油灯下绘图、计算。为了寻找一条合适的线路,他常常请教当地的农民。遇到困难,他总是想:这是中国人自己修筑的第一条铁路,一定要把它修好;否则,不但惹外国人讥笑,还会使中国的工程师失掉信心。

铁路要经过很多高山,不得不开凿隧道,其中数居庸关和八达岭两条隧道的工程最艰巨。居庸关山势高,岩层厚,詹天佑决定采用从两端同时向中间凿进的办法。山顶的泉水往下渗,隧道里满是泥浆。工地上没有抽水机,詹天佑就带头挑着水桶去排水。他常常跟工人们同吃同住,不离开工地。八达岭隧道长一千一百多米,有居庸关隧道的三倍长。他跟老工人一起商量,决定采用中部凿井法,先从山顶往下打一口竖井,再分别向两头开凿,外面两端也同时施工,把工期缩短了一半。

铁路经过青龙桥附近,坡度特别大。火车怎样才能爬上这样的陡坡呢?詹天佑顺着山势,设计了一种"人"字形线路。北上的列车到了南口就用两个火车头,一个在前边拉,一个在后边推。过青龙桥,列车向东北前进,过了"人"字形线路的岔道口就倒过来,原先推的火车头拉,原先拉的火车头推,使列车折向西北前进。这样一来,火车上山就容易得多了。

这3个自然段讲了詹天佑主持修筑京张铁路3个方面的具体工作,因此段意可串联为:詹天佑组织工程技术人员勘测线路、开凿隧道和设计"人"字形线路。

如果一个逻辑段就是一个自然段,或者只要概括一个自然段的意思,概括段意时,先分析一个段落包含几层意思,是什么关系,再概括出每一层的意思,然后把这些层义归并、综合起来,删除重复的内容,注意语句间连接自然,最后用简明扼要的语言概括出段落大意。

又如,《桂林山水》第2自然段:

我看见过波澜壮阔的大海,玩赏过水平如镜的西湖,却从没看见过漓江这样的水。漓江的水真静啊,静得让你感觉不到它在流动;漓江的水真清啊,清得可以看见江底的沙石;漓江的水真绿啊,绿得仿佛那是一块无瑕的翡翠。船桨激起的微波扩散出一道道水纹,才让你感觉到船在前进,岸在后移。

我们可以抓住这个自然段的关键词"静""清""绿"概括本段意:漓江的水具有静、清、绿的特点。用同样的方法可以概括第 3 自然段的意思:桂林的山具有奇、秀、险的特点。

4. 归并升级

有些段意,可采用把同类概念归并为高一级概念的方法来归纳段意。

例如,《卖火柴的小女孩》第二段(第 5 至第 9 自然段)写了卖火柴的小女孩一次又一次擦燃火柴后出现的种种不同的幻景,段意可以概括为:卖火柴的小女孩 5 次擦燃火柴后看到的美丽幻景。

又如,《威尼斯的小艇》第 2 自然段:

威尼斯的小艇有二三十英尺长,又窄又深,有点像独木舟。船头和船艄向上翘起,像挂在天边的新月,行动轻快灵活,仿佛田沟里的水蛇。

这段话分别写了威尼斯小艇窄、深、两头翘起,这显然是小艇的样子(或外形特点),所以我们就可以把本段段意归纳为:威尼斯小艇的样子(或外形特点)。

《威尼斯的小艇》第 5 自然段:

商人夹了大包的货物,匆匆地走下小艇,沿河做生意。青年妇女在小艇里高声谈笑。许多孩子由保姆伴着,坐着小艇到郊外去呼吸新鲜的空气。庄严的老人带了全家,坐着小艇上教堂去做祷告。

这段话中写了商人、青年妇女、孩子、老人出门都要用到小艇,是不是说这段话写这些人都离不开小艇呢?显然不太合适,难道其他人能离开小艇吗?也离不开。这里不过是作者选取了有代表性的几类人来说明小艇在威尼斯作用非常大。所以,我们可以把这段话的段意概括为:威尼斯小艇的作用很大(或"威尼斯的小艇与人们的关系非常紧密")。

5. 抓住要素

记叙文的段意可以六要素(时间,地点,人物,事情的起因、经过、结果)为据进行概括。

例如,《我的伯父鲁迅先生》第四段内容:

　　有一天黄昏时候，呼呼的北风怒号着，天色十分阴暗。街上的人都匆匆忙忙赶着回家。爸爸妈妈拉着我手，到伯父家去。走到离伯父家门口不远的地方，看见一个拉黄包车的坐在地上呻吟，车子扔在一边。

　　我们走过去，看见他两只手捧着脚，脚上没穿鞋，地上淌了一摊血。他听见脚步声，抬起头来，饱经风霜的脸上现出难以忍受的痛苦。

　　"怎么了？"爸爸问他。

　　"先生，"他那灰白的抽动着的嘴唇里发出低微的声音，"没留心，踩在碎玻璃上，玻璃片插进脚底了。疼得厉害，回不了家啦！"

　　爸爸跑到伯父家里，不一会儿，就跟伯父拿了药和纱布出来。他们把那个拉车的扶上车子，一个蹲着，一个半跪着，爸爸拿镊子给那个拉车的夹出碎玻璃片，伯父拿来硼酸水给他洗干净。他们又给他敷上药，扎好绷带。

　　拉车的感激地说："我家离这儿不远，这就可以支持着回去了。两位好心的先生，我真不知道怎么谢你们！"

　　伯父又掏出一些钱来给他，叫他在家里休养几天，把剩下的药和绷带也给了他。

　　天黑了，路灯发出微弱的光。我站在伯父家门口看着他们，突然感到深深的寒意，摸摸自己的鼻尖，冷得像冰，脚和手也有些麻木了。我想，这么冷的天，那个拉车的怎么能光着脚拉着车在路上跑呢？

　　这段段意可以概括为：一个北风怒号的黄昏，伯父在大街上热情地救治和帮助受伤的黄包车车夫。

　　概括段落大意的方法有很多，各种方法并不是孤立的。运用的时候可以一种方法单独运用，也可以几种方法交织在一起使用。

　　虽然概括段落大意的方法很多，各个方法也各有特点，但都遵循差不多的概括步骤：①阅读要概括的内容，理解字词，读懂每句话的意思；②分清句与句、层与层之间的关系，区别主次；③选择合适的归纳方法；④用明确、完整、简练、连贯的语句表达。

# 三、赏析作者的表达

## （一）　赏析作者的表达的解读

　　《现代汉语词典》对"赏析"的解释是：欣赏并分析（诗文等）。赏析作者的表达,就是认同并欣赏作者的表达方式,并对这种表达方式的特点及作用等进行分析。"赏析作者的表达"不同于"关注作者的表达"和"鉴赏作者的表达"。"关注作者的表达",只是对作者的表达予以关心和重视,不完全属于高阶思维活动;"鉴赏作者的表达",关键是对作者表达的鉴定与欣赏,如果仅仅停留在"欣赏"的层面,还不是语文学习的目的。

《义务教育语文课程标准(2022版)》在课程总目标中指出:"能阅读日常的书报杂志,初步鉴赏文学作品,能借助工具书阅读浅易文言文。"虽然,在新课标中没有提及"赏析"一次,但多处出现"鉴赏"。新课标的"学段要求",是按照四个模块来写的,其中有一个模块就是"阅读与鉴赏"。在小学语文教学中,教师要重视对学生的鉴赏能力的培养。在读懂文章内容的基础上,引导学生把阅读的过程变为一次美妙的"发现之旅",用积极的审美心态,去感受、去体验,欣赏、评价文章中的人、事、景、物。在教学中,有机渗透赏析作者表达的方法,使阅读活动成为一种审美活动,从而实现核心素养中的"审美与创造"。

## (二) 赏析作者的表达的意义

### 1. 促进深度学习

我们知道,选入教材的文本都是文质兼美的佳作,具有很高的文学价值和艺术价值。对这种价值的发现和实现,需要一双"发现美的眼睛"。所以,阅读教学离不开赏析。学习课文,不仅要知道"写了什么"(低阶思维层面),还要知道"是怎么写的"和"为什么这么写"(高阶思维层面)。赏析作者的表达,就是学生与文本进行对话;与作者进行对话的过程,是一种发现学习、主动学习,能激发学生的学习兴趣,可以提升学生的阅读能力和表达能力,在这个过程中可以实现深度学习。

### 2. 提升思维水平

学生对文字作品进行赏析,思维活动和情感活动一般都从阅读作品的具体感受出发,实现由感性阶段到理性阶段的认识飞跃。赏析作者的表达,既受到文学作品的形象、内容、形式的制约,又根据自己的思想感情、生活经验、认知特点对作品进行感受、体验、联想、分析和判断,属于高阶思维活动。

3. 培育核心素养

2020 年修订的《普通高中语文课程标准》在"学科核心素养"中提到"思维发展与提升",指的是"学生在语文学习过程中,通过语言运用,获得直觉思维、形象思维、逻辑思维、辩证思维和创造思维的发展,以及深刻性、敏捷性、灵活性、批判性和独创性等思维品质的提升。"课程标准还提到"审美鉴赏与创造",指的是"学生在语文学习中,通过审美体验、评价等活动形成正确的审美意识、健康向上的审美情趣与鉴赏品位,并在此过程中逐步掌握表现美、创造美的方法。"赏析作者的表达既能促进思维发展与提升,又能促进审美鉴赏与创造。

## （三）赏析作者的表达的内容

作者怎样的表达值得学生去赏析? 我们可以从统编教材的课后练习中得到启发。

① 读一读,照样子说一说。

碧绿碧绿的叶子　　碧绿碧绿的＿＿＿＿＿＿

雪白雪白的棉花　　雪白雪白的＿＿＿＿＿＿

（一年级下册《棉花姑娘》）

② 读一读,比一比。

纸船漂到了小熊家门口。

纸船漂哇漂,漂到了小熊家门口。

风筝飘到了松鼠家门口。

风筝飘飘哇,飘到了松鼠家门口。

（二年级上册《纸船和风筝》）

③ "雨一来,他们便放假了。"你喜欢这样的表达吗? 请你照样子写一写,如,"清风一吹,他们……""蝴蝶一来,他们……"

（三年级上册《花的学校》）

④ 在课文中找找下面的句子在哪个自然段,说说那段话是怎样把这个意思写清楚的。

海里的动物,各有各的活动方法。

海底的植物差异也很大。

（三年级下册《海底世界》）

⑤ 课文中多次写到还乡河的景色，找出来读一读，再说说写这些景色有什么作用。

（四年级下册《小英雄雨来（节选）》）

⑥ 读下面这段话，说说小艇有哪些特点，再体会加点部分的表达效果。

威尼斯的小艇有二三十英尺长，又窄又深，有点儿像独木舟。船头和船艄向上翘起，像挂在天边的新月；行动轻快灵活，仿佛田沟里的水蛇。

（五年级下册《威尼斯的小艇》）

⑦ 渔家的小屋"温暖而舒适"，这样的环境描写对刻画桑娜这个人物有什么作用？找出课文中其他描写环境的句子，体会它们的作用。

（六年级上册《穷人》）

我们通常从这些方面对作者的表达进行赏析。

1. 字词赏析

很多重点句的含义往往是通过一些动词、形容词、数量词等关键词语传递出来的。抓住句子中的关键词语不仅可以深入理解句子的意思，还能揣摩出作者表达的思想感情。

例如，"在我们的脚下，波浪轻轻吻着岩石，像蒙眬欲睡似的。"可以将句中的"吻"字与"拍""打""击"等进行比较，感受"吻"字的精妙，写出了海浪亲昵温柔的情态。"海水疯狂地汹涌着，吞没了远近大小的岛屿。"句中的"疯狂""汹涌""吞没"这些充满力度的词语，描绘出了大海勇猛无畏的性格。

2. 句子赏析

对句子的赏析是小学阶段阅读教学的重要内容。一般来讲，这些句子值得品味和赏析。

一是运用了修辞手法的句子。常见的修辞有比喻、拟人、夸张、排比、反复、设问、反问，不同的修辞手法在不同的语境中所起到的作用各不相同。就以比喻为例，比喻是根据事物的相似点，用具体的、浅显的、熟知的事物来说明抽象的、深奥的、生疏的事物。比喻作用表现在能把表达的内容说得生动具体形象，给人以鲜明深刻的印象。例如："你看，它把黄色给了银杏树，黄黄的叶子像一把把小扇子，扇哪扇哪，扇走了夏天的炎热。"

(《秋天的雨》)把"银杏树叶"比作"小扇子",形象地写出了银杏树叶的形状。透过文字,我们能够感受到作者对银杏树的喜爱之情。

二是含义深刻的句子。有些句子并没有华丽的辞藻,也没有精妙的修辞,但具有特殊的含义,对表达作者的思想感情却有着特别的作用,这些句子也值得细细品味。例如,《桂花雨》这篇课文中,"全年,整个村子都浸在桂花的香气里"。"这里的桂花再香,也比不上家乡院子里的桂花。"这样的句子,情味十足。通过赏析,学生就能感受到作者对家乡的热爱、对家乡人民的浓厚感情。

三是具有特殊作用的句子。能体现文章中心思想,或表现文章主题的中心句,能提示前后意思之间的联系,使它们有机联系起来。如自然而然地由上文转入下文的过渡句;能体现整段话或整篇课文中心思想的带有概括性和总结性的总结句;在一篇文章或一段话中,可以概括这篇文章或这段话的思想,一般出现在文章首段或一段话的首句的总起句;等等。这些句子也值得赏析。

### 3. 段落赏析

对段落的赏析是第二学段阅读教学的要点。段落,一般分为自然段和意义段(或称结构段、逻辑段)两种。自然段,在形式上有明显的外在标志(通常是首行缩进两格),一望便知,无须辨析,所以习惯上称作自然段。意义段(或结构段、逻辑段),往往大于自然段,是几个自然段构成一个意义相对完整的段落,当然,也可能一个自然段就是一个意义段。

文章的段落结构的方式是多种多样的,最基本的是纵式和横式两种。纵式结构,通常表现为以时间的推移或认识的发展为顺序来安排段落的层次;横式结构,通常表现为以空间的转移或材料的归类为线索来安排段落结构。纵式结构往往表现为各个段落层次之间或层次内部的递进关系,使段落的意思由浅到深地逐层深入;横式结构往往表现为各个层次之间的并列关系,按照事物的各个侧面分别论述,从而揭示事物的本质。

对于赏析段落结构,一方面要弄清文章是由哪几部分或哪几个内容按什么方式构成的,同时也要求能弄清段内的句子与句子、句子与句群、句群与句群之间的逻辑顺序和层次关系。

4. 篇章赏析

对篇章的赏析,主要是关注作者的谋篇布局。作者写文章时,一般从以下几个方面来谋篇布局。一是根据主题进行布局谋篇。如果没有主题,文章就缺失了"灵魂"。有了主题,搭建的文章框架才会有强有力的支撑。二是根据具体材料进行布局谋篇。没有具体材料,空有框架,文章还只不过是一张"死皮"。只有把具体的材料放到搭建的框架中去考虑,并妥善处理好它与具体的框架之间的关系,才能使文章的结构丰满起来。三是根据具体的文体进行布局谋篇。不同的文体对文章的主体与具体材料的选取要求各不一样,如果在布局谋篇时忽略这一问题,则会容易导致所写出来驴唇不对马嘴。

袁坚老师认为:"结构是文本的骨骼,也是阅读的基础。阅读,从拆解文本结构开始。""拆解文本结构",就是解构作者的谋篇布局,就是对整篇文章表达的赏析。比如,学习《牧场之国》一文,在感受荷兰美丽、幽静的牧场风光,体会动物与人、与环境和谐相处的意境的基础上,教师要引导学生赏析作者的谋篇布局。从第 1 自然段的统领全文,到第 2 至第 4 自然段中的具体介绍牛、马、羊、黑猪和小鸡等动物的悠然自得;从白天的牧场风光,到傍晚、夜晚的生活场景。赏析课文的层次结构,领悟作者的一咏三叹,揣摩作者的写作意图。

## (四) 赏析作者表达的方法

1. 为作者点赞

可以在教师的引领下,让学生去发现、去欣赏、去感悟、去分析作者精妙的表达,去关注某个词语、某个句子、句与句之间的关系等,在此过程中学会学习,学会阅读。

以《花钟》(统编语文教材三年级下册)第 1 自然段教学为例来说明。

我们可以先给学生提供学习活动单。

① [读] 仔细读读作者写花开的句子。

② [画] 在你认为写得好的地方画上"☆"。

③ [说] 小组之间说说点赞的原因。

让学生按照这个活动单的提示自己学习,找到"作者写得好的地方",然后再做具体分析——说说点赞的原因,就是分析作者的表达,讲清楚"好在哪儿"。经过一段时间的自学与讨论,请学生进行全班交流。

许多学生觉得作者的拟人手法用得好:"牵牛花吹起了紫色的小喇叭""艳丽的蔷薇绽开了笑脸""睡莲从梦中醒来""烟草花在暮色中苏醒""昙花却在九点左右含笑一现"……把花儿当作人来写,写活了,非常生动。

接下来,教师提示学生:还可以关注词语、句子、句与句之间的关系等。在教师的启发下,一些学生又发现了作者的表达技巧。

点赞:作者按照时间顺序来写。从"凌晨四点"开始一直写到"晚上九点",逐个介绍 9 种花的开放。这样写,条理非常清晰。

点赞:作者用不同的说法表达鲜花的开放,抓住了不同的花儿开放的特点,语言丰富有趣,而不是单调、机械地说"花开了"。(这是本科学习的重点,也是表达的难点。)

点赞:作者描写花儿开放的句式写得很工整。前 6 个句子,都是先说时间,再说什么花怎样开放,如"五点左右,艳丽的蔷薇绽开了笑脸";后 3 个句子,都是先说什么花,再说在什么时候时间开放,如"月光花在七点左右舒展开自己的花瓣"。这样读起来很有韵律美。

点赞:作者注意了标点符号的运用。用了好多分号,分别交代每一种花在什么时候开放。最后一个省略号,表明还有好多在不同时间开放的花儿。

…………

2. 我的发现

在通读课文、了解课文主要内容的基础上,教师引导学生与作者进行对话,自主发现课文中作者用心表达的地方,并对此进行赏析。

以《父亲、树林和鸟》(统编语文教材三年级上册)教学为例来说明。

① 第一处发现。学习课文第 3~6 自然段,教师先让学生自由读读课文,注意读准字音。

父亲突然站定,朝幽深的雾蒙蒙的树林,上上下下地望了又望,用鼻子闻了又闻。

"林子里有不少鸟。"父亲喃喃着。

并没有看见一只鸟飞,并没有听到一声鸟叫。

我茫茫然地望着凝神静气的像树一般兀立的父亲。

然后,指读读好"幽深的雾蒙蒙的树林""凝神静气地像树一般兀立的父亲"。教师提示学生:"你发现这两处语言有什么共同点?"学生有了发现:"用了两个'的'""有两个形容词""都是用两个词语形容后面的'树林'和'父亲'"……

通过朗读让学生感受到双修饰语的语言特点之后,再请学生说说这样写的好处:把"树林"和"父亲"写得更加具体了。

② 第二处发现。学习第 7~11 自然段,教师先让同座两人分工读好这几个自然段。

父亲指着一棵树的一根树枝对我说:

"看那里,没有风,叶子为什么在动?"

我仔细找,没有找到动着的那几片叶子。

"还有鸟味。"父亲轻声说,他生怕惊动鸟。

我只闻到浓浓的苦苦的草木气息,没有闻到什么鸟的气味。

然后,请学生结合上文内容填写表 4-7。

表 4-7 "我的发现"

| 人物 | 发现或反应 |
| --- | --- |
| 父亲 | 不少鸟 |
| 我 | 没看见 |
| 父亲 | |
| 我 | |
| 父亲 | |
| 我 | |

填完表后,教师启发学生:"作者有顺序地记述了这件事情,你发现了吗?"学生找到了规律:先写父亲的发现,再写"我"的反应,这样交替

着写。

③ 第三处发现。学习第 12~19 自然段,教师让学生找找哪些话是父亲说的,哪些话是"我"说的。

"鸟也有气味?"

"有。树林里过夜的鸟总是一群,羽毛焐得热腾腾的。

"黎明时,所有的鸟都抖动着羽毛,要抖净露水和湿气。

"每一个张开的喙都舒畅地呼吸着,深深地呼吸着。

"鸟要准备歌唱了。"

父亲和我坐在树林边,鸟真的唱了起来。

"这是树林和鸟最快活的时刻。"父亲说。

第 12~19 自然段,没有提示语。有的学生根据说话的具体内容,联系上下文能分清楚分别是谁讲的。细心的学生还有了新的发现:可以根据引号来判断。只有前引号,没有后引号,说明人物的话还没说完,下面的话还是他说的……教师借机小结:一个人说的一段话可以分为几个自然段来写。前面几个自然段,只写前引号。最后一个自然段,要把两个引号都写上。

④ 第四处发现。课后有一个练习:你同意下面这些对父亲的判断吗? 说说你的理由。学生对"父亲曾经是个猎人"的看法有着不同的意见。有学生通过文章的最后一个自然段"我真高兴,父亲不是猎人"做出判断:"父亲曾经是个猎人"的说法不对。但很快有人反驳:"这段话只是说父亲现在不是猎人,没有说他曾经没有当过猎人。"有的学生从课文第一自然段中找到答案,"父亲一生最喜欢树林和歌唱的鸟"中的"一生"说明父亲一直是喜欢歌唱的鸟的,所以不可能当过猎人。文章首尾呼应,这样写,既能表达人物的感情,又能凸显文章的中心。

# 四、评价课文中的人物和事件

## (一) 评价的解读

评价,可以作为名词,也可以作为动词。作为名词的"评价",是指对一件事或人物进行判断、分析后做出的结论;作为动词的"评价",是指对一件事或人物进行判断与分析。

语文课堂中的评价,按照评价主体来分,可分为老师对学生的评价、学生对老师的评价、学生对学生的评价。按照评价内容来分,可分为评价别人(老师或学生)的观点或行为、评价作者的表达、评价课文中的相关内容。

这里我们关注的是"评价课文中的相关内容",重点探讨"学生对课文中人物或事件的评价"。

### (二) 评价课文中的人物或事件的意义

一是加深课文理解。评价是以理解为前提的,要对课文中的人物做出评价,必须对课文有全面了解,有的还需对相关内容做进行深入研读。只有在充分掌握人物特点或事件经过的基础上,学生才能对相关内容进行有价值的评价。

二是提升思维品质。安德森提出的认知过程维度的"评价"含义是,依据准则和标准做出判断。能根据外部准则或标准来判断某一操作或产品的一致性的程度,就是"评判"。WebQuest(网络探究)的主要倡导者B.道奇(B. Dodge)博士将"提出观点:能够确定并阐明自己对问题的看法"作为有效引发学习者高阶思维的 8 个方面之一。显然,加强对课文中人物的评价的训练,可以培养学生的批判性思维。

三是培育综合素养。关注课文中的人物或事件,并能阐明自己对问题的看法,可以激活学生的阅读思维,凸显个性化感悟,提高学生的表达能力。另外,语文教材中的描写人物的课文都富含正能量,是培养学生感悟语言、领会思想、树立志向、熏陶美德的重要载体。当然,对课文中人物或事件的评价,其根本目的并不是要探讨正确的观点,而是要引导学生发表自己的看法,说出相应的理由。在教学中,教师要注意学生的观点是否言之有据,如果学生没有根据地发表看法,要提醒学生必须把看法和理由结合起来。

### (三) 评价课文中的人物或事件的内容

通过梳理统编语文教材课文中的学习提示和课后练习,我们发现这些内容与"评价课文中的人物或事件"有关,如表 4-8 所示。

表 4-8　统编版小学《语文》教材中部分与评价有关的内容

| 册次 | 课文 | 有关评价课文中的人物或事件的内容 |
|---|---|---|
| 一年级上册 | 《四季》 | 你喜欢哪个季节? 仿照课文说一说。 |
| 一年级上册 | 《明天要远足》 | 你有过这样的心情吗? 和同学交流一下。 |
| 一年级上册 | 《大还是小》 | 你什么时候觉得自己很大? 什么时候觉得自己很小? |
| 一年级下册 | 《一个接一个》 | 想想你有没有和"我"相似的经历,和同学说一说。 |
| 一年级下册 | 《四个太阳》 | 说说你会为每个季节画什么颜色的太阳,试着画一画,并说明理由。 |
| 二年级上册 | 《曹冲称象》 | 画出课文中提到的两种称象的办法,说说为什么曹冲的办法好。 |
| 二年级上册 | 《一封信》 | 露西前后写的两封信,你更喜欢哪一封? 为什么? |
| 二年级上册 | 《日月潭》 | 你觉得日月潭美在哪儿? 找出有关的句子读一读。 |
| 二年级上册 | 《葡萄沟》 | 你喜欢葡萄沟吗? 说说理由。 |
| 二年级上册 | 《我要的是葫芦》 | 想一想:种葫芦的人想要葫芦,为什么最后却一个也没得到? |
| 二年级上册 | 《雾在哪里》 | 课文说雾"是个又淘气又顽皮的孩子",在你眼里,雾又是什么呢? |
| 二年级上册 | 《狐狸分奶酪》 | 狐狸说,他分得很公平,谁也没多吃一口,谁也没少吃一口。你同意狐狸的说法吗? 如果你是小熊,会怎么做? |
| 二年级下册 | 《我是一只小虫子》 | 小虫子的生活有意思吗? 和同学交流你感兴趣的部分。 |
| 二年级下册 | 《小马过河》 | 你同意下面的说法吗? 说说你的理由。 |
| 二年级下册 | 《青蛙卖泥塘》 | 说一说青蛙为卖泥塘做了哪些事,最后为什么又不卖泥塘了。 |
| 二年级下册 | 《当世界年纪还小的时候》 | 课文充满了奇妙的想象,你最喜欢哪部分? |
| 二年级下册 | 《羿射九日》 | 你觉得故事里哪些内容很神奇? 和同学交流。 |

（续表）

| 册次 | 课文 | 有关评价课文中的人物或事件的内容 |
|------|------|----------------------------------|
| 三年级上册 | 《大青树下的小学》 | 这所学校有哪些特别的地方？用自己的话说一说。 |
| 三年级上册 | 《不懂就要问》 | 默读课文，想想课文讲了一件什么事，和同学交流一下你对这件事的看法。 |
| 三年级上册 | 《秋天的雨》 | 课文从3个方面写了秋天的雨，和同学交流一下你最感兴趣的部分。 |
| 三年级上册 | 《卖火柴的小女孩》 | 和同学交流印象深刻的部分，说说你的感受。 |
| 三年级上册 | 《在牛肚子里旅行》 | 从哪里可以看出青头和红头是"非常要好的朋友"？默读课文，至少找出3处来说明。 |
| 三年级上册 | 《一块奶酪》 | 说说你喜不喜欢文中的蚂蚁队长，理由是什么。 |
| 三年级上册 | 《总也倒不了的老屋》 | 老屋给你留下什么样的印象？联系插图和课文内容说一说。 |
| 三年级上册 | 《搭船的鸟》 | 读课文，想想作者对哪些事物作了细致观察，说说你是从哪里看出来的。 |
| 三年级上册 | 《美丽的小兴安岭》 | 如果到小兴安岭旅游，你会选择哪个季节去？结合课文内容说说你的理由。 |
| 三年级上册 | 《父亲、树林和鸟》 | 你同意下面这些对父亲的判断吗？说说你的理由。 |
| 三年级上册 | 《掌声》 | 默读课文，想一想：英子前后有怎样的变化？为什么会有这样的变化？ |
| 三年级上册 | 《灰雀》 | 从哪里能看出列宁和小男孩喜爱灰雀？找出相关的语句读一读，然后和同学交流。 |
| 三年级下册 | 《我变成了一棵树》 | 如果你也会变，你想变成什么？变了以后会发生什么奇妙的事？ |
| 三年级下册 | 《我们奇妙的世界》 | 结合生活经验，说说你对"一切看上去都是有生命的"这句话的理解。 |
| 三年级下册 | 《漏》 | 默读课文，说说故事中的哪些内容你觉得最有意思。 |
| 四年级上册 | 《爬山虎的脚》 | 朗读课文，说说从哪些地方可以看出作者观察得特别仔细。 |

（续表）

| 册次 | 课文 | 有关评价课文中的人物或事件的内容 |
|------|------|--------------------------------|
| 四年级上册 | 《盘古开天地》 | 边读边想象画面,说说你心目中的盘古是什么样的。 |
| 四年级上册 | 《精卫填海》 | 精卫给你留下了怎样的印象? 和同学交流。 |
| 四年级上册 | 《普罗米修斯》 | 故事中哪个人物或情节最触动你? 和同学交流一下。 |
| 四年级上册 | 《一只窝囊的大老虎》 | 结合生活经验说一说:"我"的演出窝囊吗? 可以怎么开导"我"? |
| 四年级上册 | 《西门豹治邺》 | 找出第10~14自然段中描写西门豹言行的句子,说说西门豹惩治巫婆和官绅的办法好在哪里。 |
| 四年级下册 | 《乡下人家》 | 你对课文描写的哪一处景致最感兴趣? 和同学交流。 |
| 四年级下册 | 《芦花鞋》 | 默读课文,为每个部分列出小标题,再和同学交流印象最深的内容。 |
| 四年级下册 | 《"诺曼底号"遇难记》 | "诺曼底号"遇难时,哈威尔船长是怎么做的? 你从中感受到他怎样的品质? |
| 四年级下册 | 《黄继光》 | 读一读,找出课文中描写黄继光语言、动作的语句,说说从中体会到了他什么样的英雄气概。 |
| 四年级下册 | 《巨人的花园》 | 说说巨人的花园发生了哪些变化,巨人又有什么转变。 |
| 五年级上册 | 《将相和》 | 蔺相如、廉颇给你留下了怎样的印象? 结合具体事例说一说。 |
| 五年级上册 | 《冀中的地道战》 | 地道战取得成功的关键是什么? 结合课文内容说一说。 |
| 五年级上册 | 《"精彩极了"和"糟糕透了"》 | 联系生活实际,说说你如何看待巴迪父母表达爱的方式。 |
| 五年级上册 | 《古人谈读书》 | 联系自己的读书体会,说说课文中的哪些内容对你有启发。 |
| 五年级上册 | 《忆读书》 | 你是否赞同作者的这种读书方法? 和同学讨论,说明理由。 |

（续表）

| 册次 | 课文 | 有关评价课文中的人物或事件的内容 |
|------|------|----------------------------------|
| 五年级下册 | 《少年闰土》 | 结合相关内容,说说闰土是个怎样的少年。 |
| 五年级下册 | 《草船借箭》 | 读课文前,你对课文中的人物有什么了解?读课文后,你对哪些人物有了进一步的了解? |
| 五年级下册 | 《景阳冈》 | 对课文中的武松,人们有不同的评价。你有什么看法?说说你的理由。 |
| 五年级下册 | 《红楼春趣》 | 读后和同学交流:宝玉给你留下什么样的印象? |
| 五年级下册 | 《军神》 | 沃克医生是怎么发现刘伯承是军人的?后来为什么称他为"军神"? |
| 五年级下册 | 《人物描写一组》 | 默读课文,说说3个片段中的人物分别给你留下什么印象,你是从哪些语句体会到的。 |
| 五年级下册 | 《刷子李》 | 默读课文,结合课文内容,说说刷子李这个人物的特点。 |
| 五年级下册 | 《田忌赛马》 | 说一说:孙膑为什么要让田忌这样安排马的出场顺序? |
| 五年级下册 | 《跳水》 | 在那个危急的时刻,船长是怎么想的?他的办法好在哪里?和同学交流。 |
| 五年级下册 | 《杨氏之子》 | 借助注释了解课文的意思,说说从哪里可以看出杨氏之子的机智。 |
| 六年级上册 | 《丁香结》 | "丁香结"引发了作者对人生怎样的思考?结合生活实际,谈谈你的理解。 |
| 六年级上册 | 《桥》 | 这篇小说写了一位怎样的老支书?找出写老支书神态、语言、动作的句子,结合相关情节说说你的理解。 |
| 六年级上册 | 《穷人》 | 从课文中找出描写人物对话和心理活动的句子,有感情地读一读。说说从这些描写中,可以看出桑娜和渔夫是怎样的人。 |
| 六年级上册 | 《三黑和土地》 | 读了这篇课文,你对脚下的土地有了什么新的感受? |

（续表）

| 册次 | 课文 | 有关评价课文中的人物或事件的内容 |
|---|---|---|
| 六年级上册 | 《伯牙鼓琴》 | "伯牙破琴绝弦,终身不复鼓琴,以为世无足复为鼓琴者。"说说这句话的意思,再结合"资料袋"和同学交流感受。 |
| 六年级上册 | 《月光曲》 | 说说贝多芬为什么弹琴给盲姑娘听,为什么弹完一曲又弹一曲。 |
| 六年级下册 | 《鲁滨逊漂流记(节选)》 | 说一说:鲁滨逊克服了哪些困难? 他的心态发生了什么变化? 你觉得鲁滨逊是一个什么样的人? |
| 六年级下册 | 《汤姆·索亚历险记(节选)》 | 你觉得汤姆是一个怎样的孩子? |
| 六年级下册 | 《金色的鱼钩》 | 快速默读课文,然后和同学交流:老班长是一个什么样的人? 你是从他的哪些言行看出来的? 最让你感动的是什么? |
| 六年级下册 | 《表里的生物》 | 读下面的句子。说说"我"是一个怎样的孩子,再从课文中找出相关的语句,和同学交流你的看法。 |

表4-8评价课文中的人物或事件的内容,大致可分为以下几种。

1. 评价人物或事件的特点

在整体感知课文中人物或事件的基础上,对其特点进行深入分析。例如:三年级上册《总也倒不了的老屋》中的"老屋给你留下什么样的印象? 联系插图和课文内容说一说"。四年级下册《黄继光》中的"读一读,找出课文中描写黄继光动作的语句,说说从中体会到了他怎样的英雄气概"。五年级下册《刷子李》中的"默读课文,结合课文内容,说说刷子李这个人物的特点"。六年级下册《鲁滨逊漂流记(节选)》中的"说一说:鲁滨逊克服了哪些困难? 他的心态发生了什么变化? 你觉得鲁滨逊是怎样的人?"六年级下册《金色的鱼钩》中的"快速默读课文,然后和同学交流:老班长是一个什么样的人? 你是从他的哪些言行看出来的? 最让你感动的是什么?"

2. 评价人物的行为

对课文中某个人物的某些特定的行为做出评价。例如:二年级上册

《曹冲称象》中的"画出课文中提到的两种称象的办法,说说为什么曹冲的办法好"。四年级上册《爬山虎的脚》中的"朗读课文。说说从哪些地方可以看出作者观察得特别仔细"。五年级上册《"精彩极了"和"糟糕透了"》中的"联系生活实际,说说你如何看待巴迪父母表达爱的方式"。五年级下册《田忌赛马》重点"说一说:孙膑为什么要让田忌这样安排马的出场顺序?"六年级上册《月光曲》中的"说说贝多芬为什么弹琴给盲姑娘听,为什么弹完一曲又弹一曲"。

3. 表达自己的感想(观点、想法)

在全面把握课文中的人物的特点及充分了解课文描写的事件的基础上,结合生活实际说说自己的想法。例如,一年级上册《四季》中的"你喜欢哪个季节?仿照课文说一说。"一年级上册《四个太阳》中的"说说你会为每个季节画什么颜色的太阳,试着画一画,并说明理由"。二年级上册《雾在哪里》中的"课文说雾'是个又淘气又顽皮的孩子',在你眼里,雾又是什么呢?"二年级上册《狐狸分奶酪》中的"狐狸说,他分得很公平,谁也没多吃一口,谁也没少吃一口。你同意狐狸的说法吗?如果你是小熊,会怎么做?"三年级下册《我变成了一棵树》中的"如果你也会变,你想变成什么?变了以后会发生什么奇妙的事?"五年级下册《景阳冈》中的"对课文中的武松,人们有不同的评价。你有什么看法?说说你的理由"。

## (四) 评价课文中的人物或事件的方法

以五年级下册《景阳冈》为例,谈谈评价课文中的人物的方法。这篇课文有一则练习:"对课文中的武松,人们有不同的评价。你有什么看法?说说你的理由。"要求学生谈自己的看法并说明理由,意在引导学生多元、立体地感受人物形象。

如何评价文中的武松?

首先,聚焦课文内容。在对课文有了整体感知、掌握课文主要内容的基础上,让学生用自己的话详细讲述武松打虎的部分,聚焦与人物评价相关的课文内容。

其次,分析人物特点。让学生找出文中能体现武松特点的语句读一读,再分析其中表现出了武松怎样的特点。比如,第1、第2自然段,可以让学生分角色朗读对话,读出人物不同的语气,从"我却吃了三碗,如何不醉""休要胡说。没地不还你钱,再筛三碗来我吃""你提说这话来吓我"等语句中体会武松的豪爽、倔强、固执。又如,可以引导学生从描写武松上冈时心理活动的语句中体会武松的心理变化:从他先是想到"我回去时,须吃他耻笑",可以看出武松自尊心很强,面子观念很重;从他转念一想"怕什么!且只顾上去,看怎得",可以看出他虽有犹豫,但更多是勇往直前的豪气,同时还流露出艺高人胆大的自信。再如,武松将老虎打倒在地后,"只怕大虫不死,把棒橛又打了一回",可见他的小心谨慎:确认老虎已死后,武松发现自己的体力已经耗尽了,这时想到万一再遇到老虎,肯定难以应付,于是就果断下冈。可见他也有思虑周全的一面。

最后,发表自己观点。在结合重点语句分析人物特点后,教师可以让学生自由表达对武松的看法,并说明理由。比如,通过武松决定要上冈时的语言、心理活动,以及他打虎时的气势,能看出武松的确有豪迈的气概;从武松不听店家劝告偏要上冈,看到官府榜文后也不肯回去,可以看出武松好面子、不听劝。为了让学生更顺畅地表达,教师也可以给出一些表达的范例,如"我赞同……的看法,因为……""我的看法是……"。

## 五、创造性复述

### (一) 创造性复述的解读

在心理学领域,复述是指个体通过言语重复以前识记过的材料,以巩固记忆的心理操作过程。复述通常可分为两种:一种是机械复述,将短时记忆中的信息进行简单重复;另一种是精细复述,将短时记忆中的信息先进行分析,使之与已有的经验建立起联系,然后再重复记忆的内容。

在语文教学领域,复述是指学生把读物的内容用自己的话说出来。复述课文就是在理解的基础上,讲述课文内容,或者根据特定的要求对课文内容加以重组或者拓展,并重新组织语言叙述出来。

复述课文主要分为详细复述、简要复述和创造性复述3种形式。详细复述课文就是要运用课文的语言,按照课文的叙述顺序,把课文内容清楚、连贯、详尽地叙述出来。简要复述课文是要求按照课文的叙述顺序,用概括性的语言进行叙述,要讲得简明扼要。创造性复述课文,即有创意地复述课文。需要指出的是,创造性复述首先是复述,即对课文内容的讲述,其次才是创造。因此它要求讲述者在不改变课文内容和中心的基础上,对表达的形式进行适当创新。

复述是一种重要的语文能力。统编《语文》教材依据小学生言语能力发展规律,组织学生从详细复述到简要复述,再到创造性复述,循序渐进地提升学生复述的能力。分年级的训练要求是:二年级"借助提示复述"(未明确提出,但有相关训练),三年级"详细复述",四年级"简要复述",五年级"创造性复述"。

进行创造性复述,首先要熟读课文,了解课文的叙述顺序、主要讲述的内容及要表现的中心,然后列出复述的提纲和各部分重点讲述的内容。不同的是,详细复述和简要复述是根据课文的叙述顺序来列提纲。创造性复述是根据具体的要求或自己确定的讲述方式重新列出提纲,并依据不同的讲述方式确定内容要点及表现方法。另外,还要根据不同的讲述方式确定哪些内容需要详尽地讲,哪些内容需要简明扼要地讲。

统编《语文》教材尽管在五年级上册第三单元才明确提出"创造性复述",但它并不是这时才开始学习的知识能力点。早在二年级上册《古诗二首》课后练习题"读诗句,想画面,再用自己的话说一说"就属于创造性复述的练习了。又如,四年级上册《观潮》课后练习题:"说说课文是按照什么顺序描写钱塘江大潮的,你的头脑中浮现出怎样的画面,选择印象最深的和同学交流。"也属于创造性复述的练习。像这一类的想象画面说一说,交流交流,都属于根据有关的语言材料进行创造性复述,只不过不是创造性复述故事而已。由于有了这样的基础,在五年级上册第三单元的"导语"中,明确提出"了解课文内容,创造性复述故事"的学习要求。

这些创造性复述的训练体现在五年级两册教材的课后练习题的设计。例如,五年级上册课文《猎人海力布》课后练习题:"试着以海力布或乡亲们的口吻,讲一讲海力布劝说乡亲们赶快搬家的部分。"课文《牛郎织女》课后练习题:"课文中有些情节写得很简略,发挥想象把下面的情节说得更具体:①牛郎常常把看见的、听见的事告诉老牛。②仙女们商量瞒着王母娘娘去人间看看。"再如,五年级下册《景阳冈》课后练习题:"用自己的话详细讲述武松打虎的部分,可以加上适当的语气、表情和动作。"
课文《军神》课后练习题:"从课文中找出对沃克医生动作、语言、神态的
描写,体会他的心理变化,再以他的口吻讲一讲这个故事。"

统编《语文》教材关于复述能力学习训练的安排,体现了复述能力养
成目标的层次性、连续性和发展性,稳步促进了学生语文素养的提升。

## (二) 创造性复述的意义

### 1. 可以促进记忆

复述是短时记忆信息存储的有效方法,可以防止短时记忆中的信息
受到无关刺激的干扰而发生遗忘。经过复述,学习材料才得以保持在短
时记忆中,并向长时记忆中转移。

### 2. 可以促进交际

复述,特别是创造性复述,也是一种口语交际活动,是训练语言表达
能力的好方法。要把自己了解到的课文内容讲给别人听,讲述时就要考
虑到听者的感受,要注意讲述时的态度。要做到自然大方,眼睛要看着听
众,不可东张西望,还要注意音量适中,口齿清晰。

### 3. 可以促进思维

创造性复述是"创造"层面的高阶思维活动。需要将要素整合为一个
内在一致、功能统一的整体或原创产品做展示。创造性复述既能促进学生
综合运用阅读中获得的写作方面的知识,又能促进学生综合运用详细复述
和简要复述的方法,让学生能用所学的知识去帮助自己提高表达能力。经
常进行创造性复述练习,对培养思维的灵活性、独创性很有益处。

## (三) 创造性复述的视角

### 1. 阅读者

阅读者的视角,就是作为读者,站在旁观者的立场,通过复述来再现
课文内容。因为是阅读者视角,"一千个读者眼中就会有一千个哈姆雷
特",所以创造性复述过程中可以融入读者自己的个性化评论和合乎情理
的情节补充[①]。

--------

① 赵树娇.创造性复述的三种视角[J].小学语文教学,2016(13).

创造性复述应该是把记忆、思维、表达三者有机地结合起来,使之融为一体。复述虽不是阅读,但却和阅读一脉相承,是用口语表达的形式将个体的阅读理解和感悟呈现出来,可以说是阅读能力的一种升华。因此,创造性复述的过程不应该是机械地照本宣科,而应该与学生的阅读体会紧密结合,在学生复述课文内容的基础上,适时注入主观的情感体验。不同学生对于相同文本的理解感悟是存在差异的,从阅读者视角出发复述故事,尊重了学生的个性化阅读体会,使听者不仅听到了故事本身,也能听到复述者对故事的独特解读。

2. 剧中人

这儿的"剧中人",是指复述者把自己化身为课文中的某一个人物,是故事中的一个角色。从这个角色的视角、立场来看待整个事件,介绍整个故事的来龙去脉。"剧中人"的视角多运用于情节性较强的故事文本。化身的这个人物,可以是故事中的主角,也可以是故事中的配角。

角色化,化作"剧中人",是情境教学较为常用的方法,契合小学生的心理特点。运用"剧中人"视角来创造性复述故事的好处是:①第一人称的运用,显得更真实、自然,无形中拉近了学生与文本的距离,以及与文中人物的距离,使学生仿佛穿越了时空,与文本中人物零距离接触,设身处地了解文本中人物的命运和喜怒哀乐,获得独特的感悟与体验。②变平实的客观讲述为生动的现身说法。因为角色的变换,学生叙述角度和表达方式也随之发生了变化。他们在模拟的语言情境中获得真切感受,从而与文本中人物产生共鸣,叙述语言变得生动形象,大大增加了复述的趣味性。③有利于个性化表达。身为"剧中人"的复述者,一旦进入情境,往往会有"入戏很深"的富有个性色彩的语言表达,有效地帮助了学生构建自己的语言体系。

3. 文中物

这儿的"文中物",指的是学生变身为文中动物、植物或物体。用"物"的眼光,观察人类行为,揣摩人类心理,进行拟人化自述。对于一些说明文,化身"文中物"的拟人化自述更为合适。视角的转换让我们欣赏到不同的景致。同样,复述的视角的转变,也能够使创造性复述训练别开生面、独具风采。"物"视角复述,不拘泥于课文叙述顺序和现有情节,不仅有利于学生创造性思维能力的培养,还激发起学生创造性复述课文的兴趣,有利于发挥学生的主观能动性,使他们真正成为学习的主人。

运用"物"的视角创造性复述课文,要注意:①物要有人的灵性。这种灵性,往往表现为创造性。这些物要能像人类一样有喜怒哀乐,会观察,会思考,会评价,会总结。②物要有物的特性。创造性复述不能搞得"面目全非""颠倒黑白"。每一种物都有自己的物理特性或行为逻辑,比如鸟能飞翔,花要绽放,萤火虫会发光,蒲公英有降落伞。

### （四）创造性复述的方法[①]

#### 1. 增加情节

对于故事类文本,创造性复述是可以适当增加一些情节的。故事类文本的省略处、概括处,正是给学生想象和布白的空间。教师可以引导学生在内容的省略处求补充,在内容的概括处求具体。可以添加活动的场景,可以细致地描绘人物形象,可以把描述性的句子改编成人物对话等。通过这些方法,使故事更加生动、具体,复述时就能做到精彩而有吸引力。补充情节时,将学习兴趣点、认知冲突点和言语训练点最大化地重叠在一起。在想象的过程中,应重点从创编的内容和细节上展开,想象的内容要合理,讲述时的动作和语气要符合人物的身份和当时的场景。

以《牛郎织女》为例。①在复述牛郎和织女初次见面的情形时,教师可引导学生展开想象:织女穿的纱衣是什么样的? 牛郎是怎么一眼就认出这件纱衣是织女的? 织女看到牛郎拿着自己的衣裳,肯定会感到很吃惊,她会说些什么? 牛郎会不会告诉织女这是老牛给他出的主意呢? 两个人第一次相见,给对方留下了怎样的印象? 牛郎是如何诚恳地向织女说明自己的情况? "织女听得出了神,又同情他,又爱惜他。"织女心里在想些什么? 会说些什么? 通过这些问题打开学生的思路。②课文第18自然段用叙述的方式介绍织女在天上织彩锦的情形。在创造性复述时,可以把这一段改编成对话的形式,讲一讲织女与王母娘娘的矛盾冲突,讲一讲众仙女商量想要见识人间景物时所说的话,再恰当地加入人物的神

---

① 赵霞.统编教材创造性复述的单元解读与教学策略[J].教学与管理(小学版),2019 (32).

态、动作的提示语来表示人物的特点。③教师可补充一些资料，介绍老牛是金牛大仙变成的，让学生猜测老牛是怎么知道织女下凡时间的。在复述老牛的语言时，学生可以区别角色的腔调，用老牛的语气来说话，感悟声音应该由强渐弱，营造强烈的时空感①。

2. 变换人称

变换人称就是变换叙述的视角。叙述视角就是叙述者（复述者）观察（复述）故事的角度。文学作品的叙述按视角一般可以分为第一人称、第二人称和第三人称。第三人称其实又分3种，分别是全知视角、受限视角和客观视角。全知视角就是叙述者能洞察人世间的一切，对每个人的言行举止、内心活动以及潜意识都能了如指掌。受限视角就是从作品中的某个人物出发，作者的认知不能超越这个人物的认知，也就是说，是"从这个人物的眼睛看出去的故事"，可以写这个人物的心理活动，但不能写别人的心理活动——因为这个人物不可能了解，也不可以写这个人物不可能看到或知道的事实。客观视角强调叙事者把自己放在和读者同样的层面上，只能以客观的角度去了解事件，他不会比读者知道得更多，他和读者的认知是保持同步的，只能叙述人物"怎么说""怎么做"，但不能叙述"怎么想"。创造性复述可以变换课文原有的人称，选择另一种来表达。

以《猎人海力布》为例。在课文中，"海力布劝说乡亲们赶快搬家"是故事的矛盾冲突点，也是学生阅读中迫切想了解的地方。作者以全知叙述者的身份，描述海力布与小青蛇的奇遇、与乡亲们的遭遇。创造性复述时，学生可以把人名"海力布"换成"我"，用第一人称的口吻叙说故事的前因后果，以自己的嗅觉、视觉、感觉来介绍即将到来的暴雨洪水，增强文本的真实性，实现与文本的深度对话。小学高段学生正处于形象思维向抽象思维逐步转化的阶段，思维活跃敏捷，导致语言表达跟不上思维的速度。这时教师要引导学生根据现场需要和反馈信息临时增删、调换说话内容，变换说话的语气，把握声音的高低、语速的快慢。

3. 调整顺序

叙事顺序主要有顺时序和逆时序两种。顺时序就是按照时间的顺序

---

① 吴宣泽.依托统编教材，习得创造性复述能力［J］.语文天地,2020(9).

来记述事情的起因、经过和结果。逆时序是指故事发生、发展的顺序与叙事呈现的时间顺序不一致。小学语文课本里涉及的叙事性文章,大多采用了顺叙的结构,也有一些采用了倒叙的结构。倒叙就是一种逆时序。倒叙有两种类型,一种是把中间扣人心弦的部分提前,另一种是把故事的结局提前。教师在指导学生创造性复述时,可要求学生更改文章原来的叙述顺序,将课文中的顺叙改为倒叙,或者将倒叙改为顺叙进行复述。这样的变化使得学生创造的本能得以驱动,提升复述的兴趣,也能培养学生从整体上把握一篇文章的能力。

以《猎人海力布》为例。这篇课文主要讲了两个故事:"海力布救白蛇得到宝石"和"海力布救乡亲变作石头"。前一个故事埋下的伏笔在后一个故事的发展中一步步地呈现出来。练习创造性复述时,先让学生回忆以前学过复述课文的方法,如借助插图、借助线路图、借助表格、借助示意图和文字提示、抓住人物线索等梳理故事内容,按顺序复述,不遗漏重要情节。遇到人物的对话,可以从直接引语转化为间接引语。接着结合已经梳理出的两个故事组织讨论:哪些关键信息不能遗漏?根据学生回答,教师相机板书情节:猎人海力布热心助人——救白蛇得到宝石——使用宝石的禁忌——海力布听到灾难降临的消息——劝乡亲搬家——救乡亲变作石头。然后让学生思考:可以怎样变化顺序来复述课文?例如一开始就设置悬念介绍石头:"在大海边,有一块巨大的石头,远远看上去,就像一个背着刀弓的猎人正深情地凝望着远方,这块石头有一个名字:海力布。关于这个名字的来历,还有一个美丽的传说呢!"让学生根据课文内容复述。

4. 表演人物

创造性复述不是简单地照本宣科,需要具体讲述人物的外貌、神态、语言、动作和心理活动。除了用口头语言把故事内容讲得生动,情节讲得精彩以外,还可以用表演的方式给创造性复述课文锦上添花。可以借助一些道具,通过设计各种辅助复述课文的动作、表情等肢体语言,让创造性复述达到出神入化的境地。这样既能激发学生复述的兴趣和学习的创造力,还能在表演中有效习得复述方法,提升创造性复述能力和综合素养。

以《两茎灯草》为例。课文通过动作描写,把严监生极其吝啬的特点刻画得入木三分。学完课文,可以安排学生以小组为单位演一演这个片段。提示学生在关注人物语言和严监生动作的同时,还可根据故事内容、人物特点,结合自己的理解,增加一些"创意",将故事表演得更加生动一些。比如,可以揣摩严监生的心理活动,可以想象各人说话时的动作……经过一段时间的商量和排练后,学生表演严监生有了突破和创造。大侄子走上前来问道:"二叔,你莫不是还有两个亲人不曾见面?"他就把头摇了两三摇,心想:"算了算了,他们来又要增加两双筷子了。"二侄子走上前来问道:"二叔,莫不是还有两笔银子在那里,不曾吩咐明白?"他把两眼睁得溜圆,心想:"银子,你们休想动我的银子!"他把头又狠狠摇了几摇,越发指得紧了。奶妈抱着哥子插口道:"老爷想是因两位舅爷不在眼前,故此纪念。"他听了这话,把眼闭着摇头,心想:"这两位舅爷,什么人呐?我看也不要看。"那手只是指着不动。赵氏慌忙揩揩眼泪,走近上前道:"爷,别人说的都不相干,只有我晓得你的意思!你是为那灯盏里点的是两茎灯草,不放心,恐费了油。我如今挑掉一茎就是了。"严监生心想:"对了!不愧为我的知心人哪。"其他几位人物表演时都加上了动作:大侄子"凑到严监生的耳边"二侄子,"伸出两只手",奶妈"面向二侄子",赵氏"拉拉被角,轻轻地拍拍严监生的手"。

## 第三节　高阶思维能力培养

### 一、高阶思维概述

对于高阶思维,不同的学科领域的关注点不尽相同。

哲学领域对高阶思维的思考是从人文科学的角度出发的。从苏格拉底、柏拉图、亚里士多德时代起,哲学通过对话和辩证得以发展,也因此关注批判性思维,强调思维的严谨性、逻辑性和证据的应用,避免人们产生错误的争论、得出不合适的结论。批判性思维成了哲学领域高阶思维的具体表现。从逻辑推理的角度来看,批判性思维是以原则、标准对事物或言论做理性的判断与推论;从价值判断的角度来看,批判性思维是依据标准和规范去对事物做价值的判断;从消除偏见的角度来看,批判性思维是以客观、无私和审慎的态度来辨识和消除偏见;从问题解决的角度来看,批判性思维是从发现问题到解决问题的整个连续过程。

心理学领域中,心理学家对高阶思维的定义倾向于把逻辑推理能力放在哲学家们提倡的更宽泛的框架中。因此,从这个视角来看,心理学家更关心的是思维的过程,以及这种过程是如何在意义和结构层面上让人们体会到自己经历的价值所在,关注思维的过程及在这一过程如何帮助人们在具体情境中构建意义、形成结构。因此,创造性思维、问题解决、元认知、决策等都是心理学领域在讨论高阶思维时重点关注的内容。

教育学领域中,对高阶思维的研究是从能力的角度切入,是以多年的课堂经验和对学生学习的观察为基础,从思维水平层次展开的研究。最主要的代表是布卢姆教育目标分类学及其修订版。高阶思维,是发生在较高认知水平层次上的心智活动或认知能力。20 世纪 50 年代,美国教育家和心理学家布卢姆提出了教育目标分类学。他从教育目标和教育任务的角度,将学习目标分为认知领域、情感领域和动作技能领域。认知领域有知道、领会、应用、分析、综合、评价 6 个类别,其中知道、领会、应用通常被称作"低阶思维",分析、综合、评价被称作"高阶思维"。2001 年,美国卡内基梅隆大学的心理学和计算机科学教授安德森将布卢姆认知领域教育目标分成知识维度和认知过程维度。知识维度的教育目标包括事实性知识、概念性知识、程序性知识和元认知知识。认知过程维度的教育目标包括记忆、理解、运用、分析、评价和创造。其中的记忆、理解、运用为低阶思维,活动分析、评价、创造为高阶思维活动。

对高阶思维的概念界定,也有 3 个不同的视角。

一是类别视角。从分类的角度界定高阶思维采取的是"高阶思维包含哪些构成成分"的思路,直接表现为对各种术语(问题解决、批判性思维、创造性思维、元认知、决策、推理、逻辑、反思等)的不同组合。

二是层次视角。从分层次的角度界定高阶思维侧重于高阶和低阶的对比,被很多研究者所接受的是布卢姆的教育目标分类学。此外,类似的还有哈拉德娜的心智处理四水平、纽科姆和特雷夫茨的模型、比格斯的SOLO 分类等。

三是特征视角。从高阶思维特征的角度进行界定,则是采取"高阶思维是什么样的"的思路。这种做法不直接回答"高阶思维是什么",从而避免进入"概念沼泽"。最具代表性的研究是雷斯尼克提出的高阶思维关键特征,他认为:①高阶思维是非算法的,也就是说,行动路径完全不是预先指定的;②高阶思维往往很复杂,整个思路在心理上不是"可见"的;③高阶思维往往产生多种解决方案,而不是唯一的;④高阶思维涉及细致的判断和解释;⑤高阶思维涉及多个标准的比较和应用,这些标准有时会彼此冲突;⑥高阶思维通常涉及不确定性,并不是所有手头上的任务都是已知的;⑦高阶思维包括思维过程的自我调节;⑧高阶思维涉及自己给出含义,要在明显无序中找出结构;⑨高阶思维是相当费力的,在所需的阐述和判断中涉及相当多的智力活动。

上海"绿色评价"中的"学生学业水平指数"包含一项内容——高层次思维能力指数。高层次思维能力主要包括知识迁移能力,预测、观察和解释能力,推理能力,问题解决能力,批判性思维和创造性思维能力等。

## 二、高阶思维培养

如何在小学语文教学中培养学生的高阶思维能力呢? 下面就以《白

银仙境的悲哀》一文为例,结合布卢姆的认知过程维度分类理论,简单谈谈高阶思维能力在课堂教学中的培养。

## (一) 区分

区分是根据适当性或重要性将一个整体结构分解成为部分。学生从无关信息中辨别出有关信息,或是从不重要信息中辨别出重要信息时,区分就出现了。区分的替代术语是辨别、选择、区别。例如,对于《白银仙境的悲哀》的原因分析,教师可以设计这样一道选择题:①罗宾逊在不经意间向外人透露了白银仙境空气好、环境美的消息;②镇长与罗宾逊签了一个买下白银仙境空气的合同;③村民们买回许多化工材料搭建房屋、装修内外,还使用剧毒杀虫剂;④游客川流不息地涌入村子,还乱丢垃圾等。请学生进行辨别,选出至关重要的两个原因,并说明理由。

## (二) 归属

归属是指揣摩并确定潜在于材料中的作者的观点、假定或意图。它强调对事物的了解,但又超越了了解,重在推论在现象背后的意图与观点。归属的替代术语是解构。在小学生的语文学习中,他们能够弄清隐藏在材料中的作者的观点、偏好、价值时,归属便出现了。例如,在感受白银仙境的面目全非时,教师请学生前后联系地读读文章的第1和第8自然段,说说作者为什么要这样写,引导学生关注文本的表达特色,解构作者运用对比的写作意图。在学完全文后,也可以安排学生讲一讲作者写这篇文章是想表达什么样的观点。

## (三) 评判

评判就是依据标准或规格对一个产品或过程所做的判断,可以是找出并阐明自己和他人思维中的错误,也可以是查明程序对问题的适当性,并阐明自己对问题的看法。评判是批判性思维的核心,它的替代术语是判断。例如,教师在课上可以设计这样的学习情境:"小镇的环境日益恶化,许多村民纷纷怪罪罗宾逊,认为他是破坏环境的始作俑者。对此,你是怎么看的?"请学生对村民的这一看法做出判断并阐述理由。

## (四) 生成

生成是指提出能够满足特定标准的假设或备选方案。学生的生成超越先前的知识和现有的理论边界时,便涉及发散思维,并成为创造性思维的核心。生成的替代术语是假设,因为生成的目的往往是获得多种可能性。例如,教师在教学时可以结合第1自然段所描写的美景,想象出被污染之后的小镇景象。设计这样的填空练习:请你结合课文第1自然段的内容,完成填空:如今的小镇已是面目全非,树木_____,小河_____,野花_____,小鸟_____,空气_____。

### (五) 计划

计划是指根据对外部环境和内部条件的分析,设计完成某一任务的一套步骤或规划,提出实现目标的具体途径。计划的替代术语是设计。我们可以通过请学生拟定解题方案、描写解答计划或者选择给定问题的解答计划等形式对学生进行思维训练。例如,在文本学习的最后,教师可以就"如何才能拯救白银仙境"的问题,请学生以小组为单位,共同研究相互讨论,制订一项治理环境的规划。

再以《母鸡》一课为例,谈谈高阶思维能力的培养。

一是知识迁移能力的培养。奥苏贝尔认为:"知识迁移是指已有的认知结构对新知识学习发生影响。"知识迁移能力是指学生把所学到的知识应用到新的情境之中,解决新问题时所体现出来的一种能力。它一般包含对新情境的感知和处理能力、旧知识与新情境的链接能力、对新问题的认知和解决能力等层次。知识迁移能力,正是新课改所积极倡导的"学以致用"的能力。

学习第8自然段,在学生充分感受母鸡的负责与勇敢之后,教师可以安排一则想象说(写)话:"一天晚上,一只黄鼠狼靠近了鸡窝,母鸡_____。"提醒学生模仿第5自然段的语言特色,关注母鸡的动作写几句话。用刚刚建立的认知结构来解决新情境中遇到的问题,指向"语用"。

二是批判性思维能力的培养。批判性思维是指能动、持续和细致地思考任何信念或被假定的知识形式,洞悉支持它的理由以及它所进一步指向的结论。识别、分析和评价这些构成要素是批判性思维的关键。在小学语文课堂中,质疑是培养批判性思维能力的起步。

学习《母鸡》，教师至少可以组织学生就三项内容进行质疑与辨析：①文章的开头说："我一向讨厌母鸡。"结尾却说："我不敢再讨厌母鸡了。"这样写不矛盾吗？②文章的第2自然段写道："它永远不反抗公鸡。"可第6自然段却说："连大公鸡也怕它三分。"这又是为什么？③文章赞颂母鸡的负责、勇敢、慈爱、辛苦等母亲品质，而第1至第6自然段写的是母鸡的令人心烦、欺软怕硬、炫耀自我，去掉这3个自然段可以吗？

三是创造性思维能力的培养。创造性思维能力指思维活动的创造意识和创新精神，表现为创造性地提出问题和创造性地解决问题。奇异、求变、创新是创造性思维能力的关键词。在语文学习中，可以表现为对文本的再造。例如，在理解"一个母亲必定就是一位英雄"环节，可以组织学生以四人为一组，结合课文内容创作一首诗歌来赞颂母鸡：这是一只的母鸡，她_____。这是一只_____的母鸡，她_____。这是一只_____的母鸡，她_____。这是一只_____的母鸡，她_____。

## 三、高阶思维培养的注意点

在小学语文教学中培养学生的高阶思维，还要注意以下3个方面。

### （一）优化问题教学

关注高阶思维的教学强调课堂问题的生成，把问题作为思维主线，用问题来激发高阶思维。让学生针对文本，提出问题，做出判断，寻找到解决问题的办法。课堂问题要力显以下3个特点：一是挑战性。难度过低的问题，学生自然不屑一顾；难度过大的问题，学生觉得无从下手，从而放弃尝试思考。所以，挑战性的问题应落在学生认知的"最近发展区"内。二是开放性。没有现成答案的问题对学生更有吸引力，学生的思维不易受到限制，在思考中更能激发高阶思维。三是层次性。要为学生提供适当的台阶，利于学生找到思考问题的切入点和连续性，让学生的思维层层递进、逐步深入。

### （二）善用可视化工具

"真正有价值的教是看到学生思维的教。"可视化思维工具是最能表达学生思维品质的教学辅助手段。它运用图文并重的技巧,把各级主题的逻辑关系用相互隶属的层级图直观地表现出来。例如,流程图,可以理清发展顺序,培养学生的综合能力;蝴蝶图,可以判断前后变化,培养学生的评鉴能力;鱼骨图,可以寻找真正原因,培养学生的归因能力;树状图,可以展开发散想象,培养学生的创造能力;韦恩图,可以分清相互关系,培养学生的分析能力等。借助这些可视化思维工具,可以将学生高阶思维能力的培养融合于辅助理解、引领创造的具体教学活动之中,更有利于激发学生学习的兴趣,培育乐观、智慧、勇敢的人格精神;更有利于学生碰撞出更多的思想火花,激发创造灵感,提升高阶思维能力,促进可持续发展。

### (三) 注重和谐发展

虽然"记忆、理解、应用"属于"低阶思维能力",但并不代表它们不重要。学生的学习往往是从记忆事实开始,然后是逐步理解,最后才能将其应用到实际的生活中。学生(尤其是小学生)高阶思维的形成与发展往往是以低阶思维为前提和基础的。高阶思维需要在真实的学习情境中通过社会性的协商与互动解决实际问题,促进自我的调节和省思。所以,在小学语文教学中,不能孤立地、分割地看待学生的各个层面的思维能力,不能简单片面地只注重某项思维的培养,应注意"六个类别"之间的相互关系。还要充分关注低段、中段、高段学生的年龄特征和认知水平差异,科学设计教学,坚持由易到难的原则,致力于学生的思维品质由低阶到高阶的衔接性、梯度性发展,以及低阶思维与高阶思维的整体性、协调性发展。

# 第五章　例说情理课堂

## 第一节　《g k h》第一课时　教学设计与教学实录

### 《g k h》第一课时　教学设计

### 一、教学目标

1. 能借助课文情景图,认读声母 g、k、h。

2. 能正确拼读 g、k、h 和韵母组成的两拼音节。

3. 能在四线格中正确书写 g、k、h。

### 二、教学过程

1. 创设情境,引入新课

（1）出示教材中的情景图,谈话导入:公园里可美啦！那里绿树成荫,湖水清澈。瞧,一大早我们的小伙伴玲玲就迫不及待地去了公园。

（2）请学生说说:图片中有谁？ 她(它)在做什么？

（3）揭示课题:今天我们要学的 3 个声母就藏在这幅图中。

2. 借助情景图,学习声母 g、k、h

（1）借助情景图,学习声母 g。

① 出示声母 g,指导读音,注意发音轻而短。教师范读。

② 指名读。

③ 编儿歌记住 g 的发音:谁能编句儿歌记住 g 的发音呢？（预设:鸽

子鸽子 g、g、g)

④ "开火车"练读 g,相机正音。

⑤ 创编儿歌,记住 g 的字形:现在请小朋友们再看看图片,鸽子衔着的花环,像什么数字呀?(预设:9 字加弯 g、g、g)

⑥ "开火车"读字形儿歌,识记 g 的字形。

(2) 借助活动单,同桌学习声母 k、h。

① 出示活动单。

读一读,读给同桌听一听。

找一找,从书中的插图中找到 k 和 h。

说一说,怎么记住这两个声母?编个顺口溜。

② 学生同桌合作学习。

③ 交流:(声母 k)

读一读,相机正音。

从插图中找到 k。

说说帮助记住 k 读音的儿歌:蝌蚪蝌蚪 k、k、k;帮助记住 k 字形的儿歌:水草蝌蚪 k、k、k。

全班齐读。

④ 交流:(声母 h)

读一读,相机正音。

从插图中找到 h。

说说帮助记住 h 读音的儿歌:喝水喝水 h、h、h;帮助记住 k 字形的儿歌:像把椅子 h、h、h。

全班齐读。

(3) 游戏巩固。你们太聪明了,一学就会。接下来,我们要玩一个闯关游戏。玲玲在公园里看到一只小猴子不敢过河。如果你们闯关成功,就能帮小猴子过河啦。

① 第一关:"叫号小游戏"。

a. 明确游戏规则。老师说数字,你们来读声母,看谁读得又快又准。

b. 齐读。男女生比赛读,"开火车"读。

② 第二关:"谜语猜猜猜"。

a. 教师说谜语。学生来猜。

b. 同桌合作猜谜语。同桌两人一组,一个人说谜语,一个人猜声母。

c. 指名反馈。

3. 学习 g、k、h 的两拼音节

(1) 情境过渡:g、k、h 三个声母宝宝太孤单啦,它们要去找韵母朋友结对子啦。

(2) 复习拼读规则。"前音轻短后音重,两音相连猛一碰。"

(3) 指名拼读不带声调的音节,相机正音。

(4) 加声调拼读。戴上声调"小帽子",你们还会拼读吗?

① 自由练读。

②"开火车"读。

(5) 出示音节和图片,组词拼读。

① 老师示范。hé 小河的河。

② 指名拼读第二、三幅图。(预设:荷花的 hé,核桃的 hé)

③ 指名拼读第四幅图,复习已学生字"禾""火""花"。

(6) 借助图片,组词拼读 gē。

① 同桌合作拼读。你能学着刚才的样子,联系图片拼一拼 gē 吗?先和同桌一起拼一拼。

② 指名反馈。

(7) 学习 g、k、h 的两拼音节。

① 自由拼读两拼音节。

② 教师范读,学生跟读、正音。

③ 组词拼读。举例:gè。每人选 3 个你喜欢的音节,说给同桌听。

④ 交流反馈。

(8) 看图选择正确的音节。

① 先拼读图片下的两个音节,再说说你选的是哪一个,为什么选它。

② 教师示范。hè 与 gé,我选 hè,因为图上画着两只鹤。

③ 学生模仿练习。

④ 指名交流。

(9) 用"抓气球"游戏巩固两拼音节。

4. 书写指导

（1）背诵四线格儿歌。

（2）观察 g、k、h，发现共同特点：都占两格，都是两笔写成。

（3）学习 g 的书写。

① 学生观察声母 g 在四线格中的位置。

② 学习新笔画：竖左弯。

③ 教师范写，学生书写。

（4）学习 k、h 的书写。

① 观察 k、h 在四线格中的位置：发现都占上格和中格。

② 教师范写，学生书写。提醒注意 k 的第二笔左斜右斜的转折点在中格的中间，上下一样宽。

（5）学生练写，教师巡视。

（6）反馈评价。

5. 布置作业

拼读《语文》书第 28 页的两拼音节。

## 《g k h》第一课时　教学实录（片段）

### 一、创设情境，引入新课

师：小朋友们，你们喜欢去公园吗？

生齐答：喜欢！

（出示教材中的情景图。）

师：公园里可美啦！那里绿树成荫，湖水清澈。瞧，一大早我们的小伙伴玲玲就迫不及待地去了公园。大家看看这张图片，图片中有谁？她（它）在做什么？

生 1：图中的玲玲坐在椅子上喝水。

师：不错！你把句子说完整了。

生 2：我还看见一只白色的鸽子，嘴巴里衔着一个字母。

师：这字母是柳条编成的。

生 3：我发现，小河里有水草，还有蝌蚪。

……

师:大家看得真仔细!

(出示课题。)

## 二、借助情景图,学习声母 g、k、h

(出示声母 g。)

师:这个声母就藏在这幅图中,请你找一找。

师:请一位同学上来指给大家看看。

(一名学生从图中找到"g"。)

师:她找对了吗?

生齐答:对!

师:掌声献给她!

(学生鼓掌。)

师:奖励你读读这个声母。

生:g。(声音略长)

师:声母发音轻而短,请再来读一读。

生:g。(声音轻而短)

师:一起跟老师读一读。

(学生跟读。)

师:开组"小火车"。

(学生"开火车"读。)

师:你能编句儿歌记住 g 的发音? 自己试试看。

(学生练习。)

生:鸽子鸽子 g、g、g。

师:可以啊! 我们一起说一说:"鸽子鸽子 g、g、g。"

(学生齐说。)

师:还有什么好办法记住 g? 请小朋友们再看看图片,鸽子衔着的花环,像什么数字呀?

生:9 字加弯 g、g、g。

师:开组小火车读一读。

（学生"开火车"读。）

师：刚才我们一起学习了声母 g，声母 k 和声母 h 请大家自己学习。

（出示学习单。）

读一读：读给同桌听一听。

找一找：从书中的插图中找到 k 和 h。

说一说：怎么记住这两个声母？编个顺口溜。

师：大家都学得很认真。我们来交流交流。请哪一组？

生 1：我会读——k。

师：读得很标准！请你带领大家读一读。

生 1：k。

生齐读：k。

生 2：我发现，图中的一根水草加上两只蝌蚪，就是 k。蝌蚪蝌蚪 k、k、k。

师：我们一起说一说。

生齐说：蝌蚪蝌蚪 k、k、k。

师：还有什么好办法记住 k？

生 3：水草蝌蚪 k、k、k。

师：对啊！一根水草加上两只蝌蚪，就是 k 的字形。我们一起说一说——水草蝌蚪 k、k、k。

生齐说：水草蝌蚪 k、k、k。

师：声母 k，大家学会了。声母 h 呢？请一组小朋友来交流交流你们是怎么学的。

# 第二节　《搭船的鸟》第一课时　教学实录

师:同学们,这一课,我们要进入新的单元的学习,我们先来看看这个单元的导语页。请一位同学来读导语页中的这两句话。

生:体会作者是怎样留心观察周围事物的。仔细观察,把观察所得写下来。

师:这两句话当中,有一个关键词语——

生齐答:观察。

师板书:观察。

师:这个单元的重点,是学作者是怎么观察的,然后要把观察到的东西写下来。刚才我发现好多学生会观察。接下来,我们通过一篇课文的学习,学习作者是怎样观察的。一起读课文的题目——

生齐读:搭船的鸟。

师:这是一只怎样的鸟呢? 我们先来看看,它来了。

(出示翠鸟插图。)

师:这是一只怎样的鸟? 请你来说说它的样子。

生1:这只鸟是一只非常好看的翠鸟。

生2:这只鸟站船头。

生3:它的嘴巴是尖尖的,而且还是红色的。

师:这三位同学都只说了一句话,能不能说两句话呢?

生4:这只鸟翅膀的颜色是有一些绿色,还带一些蓝色,它的羽毛很漂亮。

师:我们看看作者是怎样写这只鸟的样子的。打开课本,自由地读读这篇课文,找到作者写鸟样子的句子,用直线画出来。

(学生自学。)

师:好。把你画的句子读给大家听听。

生:它的羽毛是翠绿的,翅膀带着一些蓝色,比鹦鹉还漂亮。它还有一张红色的长嘴。

师:这是在课文第几自然段的呀? 我们交流的时候可以先告诉大家在第几自然段,然后说是哪些内容,请你重新再说一遍。

生:在第2自然段中,有这么两句话:它的羽毛是翠绿的,翅膀带着一些蓝色,比鹦鹉还漂亮。它还有一张红色的长嘴。

师:谢谢! 我们一块儿读读这两句话。

(学生齐读。)

师:读得可好听了,我还听出你们很喜欢这一只小鸟。我们再来读一读。读的时候,你要想想从哪些地方可以看出作者看得很细致。

(学生齐读。)

师:我们来交流交流。

生1:作者由这只鸟想到鹦鹉,把这只鸟与鹦鹉做比较,说"比鹦鹉还漂亮"。

生2:作者观察到了这只鸟身上的羽毛的颜色:有翠绿、蓝色、红色。

师:还可以从哪儿看出作者观察很仔细?

生3:作者说这只鸟的翅膀带着一些蓝色,从"一些"这个词,可以看出蓝色不多,也说明作者观察很仔细。

师:是的,你说得很有道理! 老师查了一下资料,翠鸟有多大呢? 一般来说跟我们看到的麻雀差不多大小。这么小的鸟,作者看出了鸟身上的羽毛的差别。他观察真仔细! 我们要把掌声献给他。

(学生鼓掌。)

师:我们继续交流。

生4:作者写的它有一张红色的长嘴,不仅看到了嘴的颜色,还写出了嘴的长短。刚刚李老师也为我们介绍了这个,这只翠鸟的个头不大,但是作者坐在船舱里还能看出来,而且天还下着雨,他还能看出来"它有一张红色的长嘴",说明作者观察得很细致。

师:说得真好! 我们一块儿再来读好这段文字。

(学生齐读课文第2自然段。)

师:作者观察细致还体现在哪些地方呢? 请大家读读课文的第1自然段。

出示学习提示(见图5-1)。

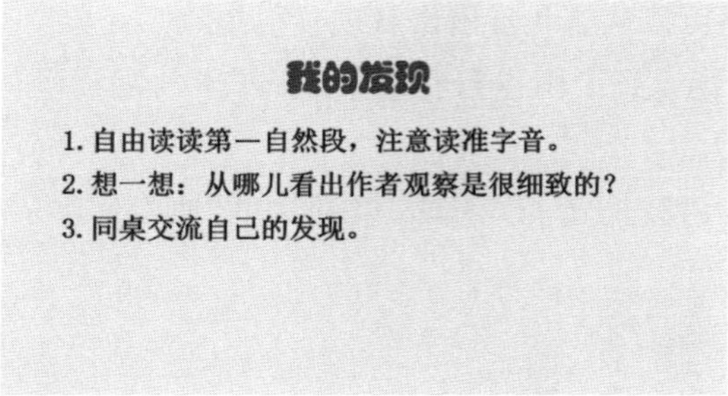

**我的发现**

1. 自由读读第一自然段,注意读准字音。
2. 想一想:从哪儿看出作者观察是很细致的?
3. 同桌交流自己的发现。

图5-1 学习提示

(学生自学。)

师:好,现在我们来交流。先请一位同学读一读这段文字,注意把字音读正确。

(学生朗读。)

师:这位同学读得不错!"船篷、船舱、橹"等词语的字音都读正确了。请一位同学上来指一指"船篷""船舱""橹""船夫"分别在哪儿?

(出示图片,一名学生上来指。)

师:文中还有一样东西,谁来读一读?

生1:蓑衣。

师:平舌音读正确了。请你带领大家再来读一读。

生1:蓑衣。

生齐读:蓑衣。

师:见过蓑衣吗?

生1:没有。

师:猜猜蓑衣是什么样子的?

生1:像现在的雨衣的样子。

师:它是用什么做成的?

生1:草。

师:对啦! 你怎么知道蓑衣是用草编成的?

生1:因为"蓑"字是草字头。

师:真会学习! 掌声送给她!

(学生鼓掌。)

师:我们还可以从哪儿看出作者观察很细致?

生2:作者还看到了雨点打在船篷上,发出沙啦沙啦的声音,说明外面的雨下得很大。

师:这个词语读正确了,"沙啦沙啦"中的"啦"读第一声,请你再读给大家听听。

生2:沙啦沙啦。

师:我们一起来读一读。

生齐读:沙啦沙啦。

师:还有哪个带有"啦"的表示声音的词语,"啦"字也读第一声的?

生2:哗啦哗啦。

师:真聪明! 刚才你说这沙啦沙啦的声音是作者看到的,对吗?

生2:是作者听到的。

师:是啊! 我们在观察的时候不仅仅要用眼睛,还可以用耳朵认真听。(板书:听)我们继续交流,还可以从哪儿看出作者观察很细致?

生:我从"船夫用力地摇着橹"也能看出,"用力"是很吃力的样子,说明外面的雨下得很大。

师:是的! 我们再来感受感受作者细致的观察。一起读好第1自然段。

(学生齐读。)

师:我们再来看看第3自然段。自由地读读,然后想想:这个自然段写了什么?

(学生自由读。)

师:我们来交流交流。

生3:这个自然段讲了作者的疑问。

师:作者面对这只搭船的鸟,发出的一连串的疑问。数数看,一共有几个问题?

生3:3个。

师:第一个问题是——

生3:它什么时候飞来的呢?

师:第二个问题是——

生3:它站在那里做什么?

师:第三个问题是——

生3:难道他要和我们一起坐船到外祖父家里去吗?

师:你关注了三个问号。作者还有疑问吗?

生3:它静悄悄地停在船头有多久了。

师:这也是作者的一个疑问,尽管没有用问号。这些都是作者的疑问,也是作者的想法。我们在观察的时候,不仅可以用眼睛仔细——

生齐答:看。(板书:看)

师:还可以用耳朵认真——

生齐答:听。

师:还可以用心地去——

生齐答:想。(板书:想)

师:接下来我们学习作者的观察方法,来观察这一只鹦鹉。

(出示鹦鹉图片和学习提示见图5-2。)

图5-2　我会观察

(学生同桌学习。)

师:大家讨论得很热烈,请一组同学把你们的讨论情况与大家分享。

生1:我觉得这只鹦鹉的羽毛颜色非常漂亮,它的整体部分是绿色的,尾部有一些黑色和红色的羽毛,头顶上也有一些蓝色和黄色的羽毛。它的眼睛睁得非常大,嘴巴弯弯的,是黑色的。它的脚上还有一个编号。

师:你有什么补充?

生2:它为什么要停在这块石头上？它在看什么？眼睛为什么瞪得这么大？

师:一位同学讲看到的,一位同学讲想到的。合作得不错!

师:再请一组同学来说说。

生3:我就补充一句:这只鹦鹉脖子当中,有一圈羽毛是灰黑色的。

师:你看得比较仔细。

生4:这只鹦鹉真漂亮,它的羽毛是绿色的。细细地看,脖子里的羽毛是黑灰色的,尾巴也是黑灰色的,还夹杂着一点儿红色,头顶上还有一些浅蓝色的羽毛。它的爪子特别锋利,脚踝上还扣着一个铁环。铁环上有它的编号:SDZ。

师:啊!看得这么细致,是用"放大镜"看的吧!大家都观察得比较细致。有一位同学把观察的内容写了下来,我们读读看。

（出示）

> 这只鹦鹉真漂亮!
>
> 脚上有一个银色的环。
>
> 脚是黄颜色的。
>
> 脖子上有一圈黑色的羽毛。
>
> 它的羽毛是绿色的。
>
> 它的嘴巴和眼睛都是黑色的。
>
> 尾巴上有几根红色的羽毛。

师:我们来评价一下,这位同学写得怎么样?

生:我觉得他观察得还是比较仔细的,但介绍的顺序有点乱。

师:对了!就是这个问题。同桌讨论讨论,怎么调整介绍的顺序?

（学生讨论。）

师:谁来帮帮这位同学?

生1:我觉得可以先介绍鹦鹉身上的羽毛,要先说"它的羽毛是绿色的",然后再说脖子上的羽毛的颜色,最后说尾巴上羽毛的颜色。

生2:可以先介绍羽毛的颜色,按照刚才他说的顺序,再介绍嘴巴、眼睛的颜色,最后介绍脚。

师:按照你的顺序,说说看。

生2:这只鹦鹉真漂亮！它的羽毛是绿色的。脖子上有一圈黑色的羽毛。尾巴上有几根红色的羽毛。它的嘴巴和眼睛都是黑色的。脚是黄颜色的。脚上有一个银色的环。

师:这样介绍就有顺序了。谢谢你！同学们,今天我们学习《搭船的鸟》第一课时,我们重点研究了"观察",可以用眼睛仔细看,用耳朵认真听,还有用心去想。作者还对这只搭船的鸟进行了哪些细致观察呢? 我们下一节课继续研究。下课！

# 第三节 《父亲的谜语》教学实录及点评

## 《父亲的谜语》教学实录

### 一、在模拟中感知猜谜的乐趣

师:同学们,今天我们一起来学习——

生齐读课题。

师:小时候,父亲最爱教我猜谜语。我们一块儿来看看课文的第 2 自然段,请一位同学来读一读。

(一名学生朗读。)

师:父亲有很多谜语,(圈出"很多"一词)。请同学们拿出笔,在课文也圈出这个词语。

(师板书:很多。)

师:大家喜欢猜谜语吗?

生齐答:喜欢!

(师请生 1):现在请你来猜猜老师的一个谜语:十个小伙伴,分成两个班。互相团结紧,倒海又移山。

生 1:谜底是"手"!

师:正确! 想不想再猜一个?

生 1:想。

师:请听——兄弟两个一样长,形影不离总成双。只吃饭菜不喝汤,细长身子永不胖。

生 1:猜不出。

师:努力想,使劲儿想哦。

生 1(摇头):还是猜不出。

师:是不是有点头脑发胀的感觉?

生 1:有。

师：课文中就有一个词语描写了你此时的状况——

生2：苦思冥想。

师：祖国的汉字很神奇！这个词语的四个字的字序换一换，又变成了一个新的意思一样的词语。

生3：是"冥思苦想"。

师：我们再来看看刚才的谜语。"兄弟两个一样长"，（老师伸出两个手指）"形影不离总成双"。（老师做出夹菜的动作）"只吃饭菜不喝汤"，（老师用手摸了摸自己的腰）"细长身子永不胖"。

生1：我知道了，是"筷子"！

师：对啦！在"我"想不出的时候，父亲就是这样地给我"巧妙的提示"。我们一块儿再来读读这些文字。

生齐读第二自然段。

## 二、在鉴赏中学习表达的技巧

师：在父亲很多的谜语中，只有一条谜语"我"猜不出。

师板书：一条。

师：拿出笔，在课文第3自然段中圈出这个词语。

（出示课文的第4至第10自然段。）

师：仔细读读这些文字。思考作者写这"一条谜语"与写"很多谜语"的方法有什么不一样？然后说给你的同桌听听。

（生自由读后同桌交流。）

师：现在我们来交流交流。

生1：我发现作者写这部分内容重点写了"我"与父亲的对话。

生2：我发现这儿写了好多人物的语言。

师：接下来请同桌两人分角色读好父亲与"我"的对话。

（出示对话句式。）

师：请两位同学来读一读。

生1（读）：晚上关箱子，早上开箱子，箱子里有面小镜子，镜子里有个细妹子。

师：他读得怎么样？谁来评价评价？

生1：我觉得他读正确了，还比较流利。

生2：我觉得他读时挺有感情的。

师：在朗读的速度上，有什么建议呢？

生3：应该再快一点。

师：是快一点，还是慢一点？课文的第2自然段有一个词语告诉了我们。

生4：我觉得应该读得慢一点。

师：说说你的理由。

生4：父亲说得慢一点，其实是给"我"思考的时间。课文中还有一个词语——悠悠地。

师：这个词语的意思是——

生4：慢慢地、很悠闲地。

师（面向生1）：他说得有没有道理呀？

生1：有！

师：那就请你再来读一读父亲的话。

生1与同桌读完父亲与"我"的对话。

师：作者写这段对话，与李老师写的有好多地方不一样。用笔标出不一样的地方，然后同桌间相互说一说。

（学生"圈画"后同桌交流。）

师：现在我们来交流。

生1：我发现在第5自然段中，作者多写了"想了半天想不出"。

师：作者想通过这个告诉我们什么信息呢？

生1：我不是立即问父亲的，而是经过了一番思考。

生2：我发现在第10自然段中，作者还多写了"父亲摸摸饱经忧患而早白了的头发"。

师：你来做做这个动作。

生2用手摸摸自己的头发。

师：父亲你这么做的目的是——

生2：给女儿提示，叫她关注我的"早白了的头发"。

生3：我发现老师将第6自然段改了好多。

师:是呀,我们一块儿来看看这段文字。

(出示两段文字。)

师:请你具体地说一说。

生3:老师删去了"笑着"。

师:这是父亲的——

生3:神情。老师还删去了其中的"他把眼睛闭上""又把眼睛睁开""父亲把眼睛凑近我"。

师:你说的这3处文字都在描写什么呀?

生3:父亲的动作。

师:现在请你边做动作,边读读父亲的话。

生3朗读第6自然段。

师:现在我们一块儿来读好这段文字。注意:别忘了3处动作哦!

(学生朗读。)

师:假如父亲叫我猜这两个谜语,又会通过什么动作来巧妙地提示"我"呢?请大家以小组为单位,选择其中的一个谜语,先做做动作,再试着写写3根横线上的内容。

(出示两则模仿说话填空。)

父亲悠悠地念着,"十个小伙伴"。

＿＿＿＿＿＿＿＿＿,"分成两个班"。

＿＿＿＿＿＿＿＿＿,"互相团结紧"。

＿＿＿＿＿＿＿＿＿,"倒海又移山"。


父亲悠悠地念着,"兄弟两个一样长"。

＿＿＿＿＿＿＿＿＿,"形影不离总成双"。

＿＿＿＿＿＿＿＿＿,"只吃饭菜不喝汤"。

＿＿＿＿＿＿＿＿＿,"纤细身子永不胖"。

(学生小组合作学习,《夜明》音乐轻轻起。音乐停后交流。)

生1:父亲悠悠地念着:"十个小伙伴。"

师:注意"悠悠地"的意思哟,再读——

生1(放慢语速):父亲悠悠地念着:"十个小伙伴。"他把两只手分开,

"分成两个班"。又把两只手握在一起,"互相团结紧"。父亲用力伸出一只手,"倒海又移山"。

师:很好!很好!再请一组来汇报。

生2:父亲悠悠地念着:"兄弟两个一样长。"他伸出了两个食指,"形影不离总成双"。接着做了一个夹菜的动作,"只吃饭菜不喝汤"。最后父亲用手摸了摸自己的腰,"细长身子永不胖"。

师:好啊!这样的描写就形象生动了。我们一起再来欣赏欣赏作者的这段文字。男生读父亲的语言并做做动作,女生读"我"的话。

(师引读课文的第4至第10自然段。)

师:父亲通过一个个谜语引导"我"学会观察、学会思考,给"我"带来好多知识。

(教师板书:带来光明。)

## 三、在情境中体会父爱的温暖

师:父亲的谜语还有什么神奇的作用呢?请大家自由读读课文的第11自然段,动动笔,在文章的旁边写一写,最好也用四个字来概括。

(学生自学。)

师:我们来交流。

生1:带来快乐。

生2:我写的也是"带来快乐"。

师:如果不说"带来",还可以怎么说?

生3:"变出",因为课文最后一个自然段就有这个词语。

师:我们一起来读读这个段落。

(学生齐读最后一个自然段。)

师:请你将"变出快乐"写在"带来光明"的下面。

(学生3板书:变出快乐。)

师:真是太神奇了!父亲不管在什么时候,总能猜出我想要什么,或是巧克力,或是——

生(齐答):大苹果、洋娃娃、蝴蝶结、花裙子、有小鹿的卷笔刀。

(出示填空一)

有一次,妈妈加班,没有做晚饭,我饿得头昏眼花。父亲便悠悠地念了起来:"早上开箱子,晚上＿＿＿＿＿＿＿。"笑眯眯的眼睛一张一合,然后问我:"镜子里面＿＿＿＿＿＿＿?"我不做声,他便猜,"＿＿＿＿＿＿＿"。

（师生合作读。）

师:有一次,妈妈加班,没有做晚饭,我饿得头昏眼花。父亲便悠悠地念着:

生1:早上开箱子,晚上关箱子。

师:笑眯眯的眼睛一张一合,然后问我:

生1:镜子里面有个什么呢?

师:我不作声,他便猜——

生1:巧克力。

（出示填空二）

有一次,我生病了,躺在病床上,特别孤单。父亲便悠悠地念了起来:"早上＿＿＿＿＿＿,晚上＿＿＿＿＿＿。"笑眯眯的眼睛一张一合,然后问我:"镜子＿＿＿＿＿＿?"我不做声,他便猜,"＿＿＿＿＿＿"。

（师生合作读。）

师:有一次,我生病了,躺在病床上,特别孤单。父亲便悠悠地念着:

生2:早上开箱子,晚上关箱子。

师:笑眯眯的眼睛一张一合,然后问我:

生2:镜子里面有个什么呢?

师:我不作声,他便猜——

生2:洋娃娃。

（出示填空三）

有一次,我摆弄着小辫子,总觉得自己不够漂亮。父亲便悠悠地念了起来:"＿＿＿＿＿＿,＿＿＿＿＿＿。"笑眯眯的眼睛一张一合,然后问我:"＿＿＿＿＿＿?"我不做声,他便猜,"＿＿＿＿＿＿"。

（师生合作读。）

师:有一次,我摆弄着小辫子,总觉得自己不够漂亮。父亲便悠悠地念着:

生3:早上开箱子,晚上关箱子。

师:笑眯眯的眼睛一张一合,然后问我:

生 3:镜子里面有个什么呢?

师:我不作声,他便猜——

生 3:蝴蝶结。

师:有一次,怎么怎么样;有一次,怎么怎么样。

生 1:有一次,怎么怎么样。

生 2:有一次,怎么怎么样。

生 3:有一次,怎么怎么样。

(学生笑。)

师:作者有没有像我这样写呢?

生(齐答):没有。

师:作者巧妙地用上一个词语,将我刚才说的几种情形都概括进来了。谁有发现?

生 4:是"每当"。

师:"每当"是什么意思?

生 4:就是任何时候、不管在什么时候。

师:对了。请你把这个词语写在黑板上。其他同学拿出笔,也圈出课文中的这个词语。

师(指板书):这就是作者的高明之处。先写了"父亲有很多谜语",再具体写其中的"一条谜语",最后写——

生:每当我在烦恼的时候,父亲都会用这个谜语猜出我想要什么。

师:这段文字非常适合朗读。接下来,请大家再认真地读读,待会儿我请一位同学来朗读。

(学生练习朗读,教师请一位同学回答。)

师:看过中央电视台的《朗读者》节目吗?

生:看过。

师:朗读呀,就是读文字中的自己,再把自己读给世界听。你想把这段文字献给谁呢?

生:我想把它献给我的父亲。

师:好的。我们去朗读吧!

《夜明》音乐起,生感情朗读。

师:父亲将它们"变"出来时,我总是搞不明白,父亲怎么就猜得出我镜子里面是什么呢? 因为那时我还小啊。

(出示句式:渐渐地,我长大了,终于明白……)

生1:渐渐地,我长大了,终于明白最关心我的是父亲啊!

生2:渐渐地,我长大了,终于明白父亲最懂得我的心思,父亲最疼爱我。

……

师:说起父亲和"我"的故事,我又想到了这部漫画集——《父与子》,老师选取了几页漫画,我们一起来感受浓浓的父子深情吧!

(播放《父与子》漫画,《夜明》音乐再起。)

## 《父亲的谜语》点评

### 杨文华

李伟忠老师的这堂课不仅展现了他幽默风趣的个人教学风格,而且体现了他对阅读教学的深入思考和独到见解,带给我们很多有益的启示。

## 一、紧扣文本语言,发掘有价值的教学内容

叶圣陶先生说:"课文无非是个例子。"语文教学内容并不等于课文内容,需要教师从文本和相关资源中去寻找有价值的教学内容。《父亲的谜语》是一篇文字较长的叙事散文,可教的内容很多。而且课文内容本身很浅显,学生基本一读就懂。在这种情况下,就需要老师有独到的眼光去发掘文本的教学价值所在,引导学生去发现他们没有注意到的文本秘妙之处,体会作者的匠心和语文的魅力。根据叙事散文的特点和对文本的深入解读,李老师确定了本课的主要教学内容:①在模拟中感知猜谜的乐趣;②在鉴赏中学习表达的技巧;③在情境中体会父爱的温暖。这3项教学内容都紧扣文本的语言,通过反复揣摩人物对话、神态、动作的语言特色,从中体味浓浓的父子深情。它们都指向学生语言理解和运用能力的培养,有着很高的教学价值。

## 二、加强语言实践，让学生经历学习的过程

语文是一门实践性很强的课程，学生的语文能力和素养主要不是靠老师教会的，而是在大量语言实践中习得的。李老师这堂课，没有采用传统语文课堂"初读课文—理解内容—总结拓展"的教学形式，而是采用"认识—实践—运用"的教学方式，尽量压缩老师讲解的时间，把大量时间留给学生进行语言实践。比如，"学习人物对话的语言特色以及体会提示语在人物对话中的作用"是这堂课的重点教学内容。为了让学生读好父亲和"我"的人物对话，李老师精心设计了多层次的朗读训练：先是同桌之间互相练习着读，接着请两名学生分角色朗读，并请其他同学评点，再让学生配上人物神态和动作进行表演朗读。经过反复比较、揣摩人物语言、动作和神态，学生一步步走进了父亲和"我"的情感世界。临近下课，李老师播放《夜明》音乐，让学生再次朗读父亲和"我"的对话，每个学生都读得入情入境，为课文所描绘的父子之情所深深打动。这样的学习不是仅仅停留在肤浅的学过，而是让学生经历了真实、完整的学习过程，在语言实践中提升了语文能力和语文素养。

## 三、创设真实情境，促使学生运用课文语言

李伟忠老师这堂课上得生动活泼，学生学得兴趣盎然。我认为，巧妙的情境创设是这堂课成功的又一个重要因素。

李老师不愧是南通培养出来的特级教师，深得李吉林老师情境教学的精髓，在课堂上创设了一个个非常巧妙的教学情境，让学生在特定情境中学习语言，而不是进行简单机械的语言训练。李老师的高明之处是：一是他所创设的情境是与学生生活紧密联系的，学生觉得特别亲切。上课伊始，李老师就创设了一个真实猜谜语的情境。因为几乎每个学生都喜欢猜谜语，所以一下就点燃了学生的学习兴趣。在游戏化的猜谜语过程中，学生不知不觉就进入了课文的学习，可谓水到渠成。二是李老师创设的情境与课文语言有着内在联系，这就非常顺当而且很自然地促使学生运用课文语言。例如，为了让学生体会父爱的温暖，李老师借鉴中央电视台正在热播的《朗读者》节目，创设了极有现场感的教学情境。在这样的

情境中,学生们完全进入了状态,他们用深情的朗读表达出了对父亲的爱和感激。接下来的语言表达训练,学生们纷纷动情地抒发了自己的心声。这时候,课文语言已经不再是一个个生冷的文字,而是带上了情感的温度,流入了学生的心田,融进了他们自己的语言宝库。

## 第四节 《慈母情深》教学实录

### 《慈母情深》教学实录

（课前播放母子情深的图片,配乐:《我的父亲母亲》）

师:这么一组图片,勾起了我们对母亲的一段段深情回忆。是母亲,给了我们生命;是母亲,哺育我们成长;是母亲,赋予我们荣光! 今天,我们也随着作者梁晓声一起去感受母亲的浓浓情意。

师:我们已经预习了课文,这篇文章主要写了一件什么事?

生:课文主要讲了我非常想要买一本书,母亲给了我钱,我却将钱为母亲买了水果罐头。母亲数落我之后,又给我凑足了买书的钱。

师:这是一个非常令人感动的故事。作者将慈母对儿子的深深情意揉进了细腻的语言文字之中。作者梁晓声是我国当代著名的作家,假如我们将这部作品拍成电影,假如你就是一位摄像师,你最想抓住作品中的哪一个感人的细节来拍摄呢? 轻声读读文章,画出最令你感动的文字。

（学生在课文中画出令自己感动的句子。）

师:谁先来说说?

生1:最令我感动的是第 29 自然段:"母亲说完,立刻又坐了下去……"我觉得母亲为了工作,不能和我说过多的话。她很忙碌。

师:你从哪儿感受到母亲的忙碌?

生1:我从"立刻""立刻""立刻""立刻"4 个"立刻"中看出母亲工作非常忙。

师:请你读好这段话。

（学生 1 有感情地朗读。）

师:怎么读好这四个"立刻"呢? 自己先练练看。

（教师指一名学生朗读。）

师:是啊! 母亲工作必须争分夺秒。再请一位同学来读读。

（教师又指一名学生朗读,语速稍快一些。）

师:咱们一块儿抓紧时间地来读读。

（学生齐读。）

师:还有哪些细节也值得拍摄?

生2:我画到"背直起来了,我的母亲。……"我觉得母亲非常的辛苦。

师:这段文字中最打动你的是——

生2:"褐色的口罩上方,一对眼神疲惫的眼睛吃惊地望着我。"

师:眼睛是心灵的窗户,你抓住了最传神的眼睛,真是"独具慧眼"!通过母亲的这双眼睛你读懂了什么?

生2:我读懂母亲非常疲惫,腰酸背疼,却时时刻刻为我们这些孩子着想。

师:是啊,这是一位辛劳的母亲。（板书:辛劳）

师:我再请一位同学来读读这句话。

（教师指一名学生感情朗读。）

师:你饱满深情的朗读打动了我们。母亲是在极其恶劣的环境下长时间地工作,我们该怎么读好这段文字呢?

（教师指一学生。）

师:你先给大家说说,你打算怎么读?

生:母亲工作很长时间,站起来腰很酸疼,很艰难,可以艰难地读。速度也应该慢一些。

师:请你读出这份艰难!

（该生深情朗读。）

师:咱们学着她的样儿一块儿来读读。

（生齐读。）

师:作者的这段文字非常有特色,你留意了吗?

生:我发现每句话的结尾都有"我的母亲",一共有3个"我的母亲"。

师:如果将"我的母亲"放在前面可以怎么说?

生:我的母亲背直起来了,我的母亲……

（屏幕显示两段文字。）

师:自由读读这两段话,体会体会作者强调的重点有什么不一样?

(学生自由读后交流。)

生:我觉得第一段文字强调:"这就是我的母亲。"

师:对呀,这是我对母亲深情的呼唤呀!

师:(引读)背直起来了——(我的母亲)。转过身来了——(我的母亲)……

师:你还抓住哪些感人的细节?

生3:我觉得第33自然段的内容挺感人的:"你这孩子,谁叫你给我买水果罐头的……"

师:这是母亲的语言。说说为什么令你感动?

生3:母亲又给我凑足了钱买书。这钱来之不易,我感到母亲对我深深的爱意。

师:是啊,我们别忘了母亲的语言。还有哪些?

生4:我感动的是:"我穿过一排排缝纫机,走到那个角落,看见一个极其瘦弱的脊背弯曲着……"这段文字中"周围的几只灯泡烤着我的脸",当然也烤着母亲的脸,母亲要这样工作一整天呀!

师:你关注了母亲的工作环境。对于这段文字还有谁比较感兴趣的?

(教师指生5回答。)

师:如果请你来拍这段场景,你打算怎么拍?

生5:我打算重点拍母亲的背影,这是极其瘦弱的背影,说明母亲很劳累。

师:这是一位瘦弱的母亲。(板书:瘦弱)带着一份心疼,请你读读这段话。

(学生5朗读。)

师:作者在原文中还有一段这样的环境描写(屏显),自由地读读这段文字。

(学生朗读。)

师:读完了,你有什么话要说的?

生:我觉得母亲非常伟大,我在那儿待一会儿就受不了,而她却要工作一整天。

师:用一个词来说母亲的工作环境。

生:环境恶劣!

师:是啊,母亲就在极其恶劣的环境下艰难地工作的,现在我们来读这段话,你的感受肯定会更真切。

(学生有感情地朗读。)

师:你还画到哪些文字?

生6:我画到的是:"母亲掏衣兜,掏出一卷揉得皱皱的毛票,用龟(guī)裂的手指数着。"只有那些干粗活的人才会手指龟(guī)裂,而母亲还很年轻,母亲真是太辛苦了!

师:手指粗糙、开裂那叫龟(jūn)裂。假如请你拍这组镜头,你打算怎么拍?

生6:我把镜头对准这只手,对准"皱皱的毛票"。可以看出母亲平时不舍得花钱,哪怕是小小的毛票。

师:这是一个特写镜头,你的体会真深刻!

师:你还打算拍什么?

生7:第34自然段,"母亲数落了我……"我从"凑足"一词中看出,母亲钱真的不多,买书的钱来之不易,但母亲还是给了我。

师:聪明的你肯定看出了这个家庭的经济状况——

生7:家境贫寒。

师:这是一个贫困家庭,这是一位贫困母亲。(板书:贫困)

师:还有许多细节也值得拍摄!

生8:我画到的是:"旁边一个女人停止踏缝纫机……"这段好像是从侧面描写母亲十分辛苦。

师:就是侧面描写。在这部电影中这位阿姨是配角,你为什么要拍摄一个配角的语言?

生8:因为这段话中更能看出,母亲工作不容易,挣钱不容易,养活我们也不容易。

师:从这4个"供"字上我们又想起平时母亲关爱我们的许多感人情景。

生:我想到我小时候母亲一个人含辛茹苦地带我长大的情景。

生：我想到了我生病时母亲坐在床边，两鬓增加了几丝白发。

……

师：是啊，母亲肩上的担子可重了，孩子们的温饱冷暖、喜怒哀乐、读书学习都是她割舍不掉的牵挂。咱们一起读好这段文字。

（引读）

师：还有谁说说看？

生9：我画到的是第17至第21自然段的对话："母亲大声问……"母亲没有责怪我，还是没有更多犹豫地将钱给了我。

（出示："母亲却已将钱……"引读母亲的话）

师：假如你是母亲，你会怀着怎样的心情说这句话？

生：欣慰的心情对旁边的女人说。

师：请你欣慰地说说看。

（学生用欣慰的语气读。）

生：我觉得可以用自豪的语气说。

师：你自豪地说说。

（学生自豪地读。）

师：这话是母亲说给那位阿姨听的，还可能说给谁听的？

生：我觉得她还可能说给我听的。

师：你听懂了母亲的话外之意吗？

生：我听到了，母亲说你不要伤心，我挺高兴的，只要你想要读书，我再苦再累也值得。

师：这话还可能讲给谁听的？

生：还可能讲给母亲旁边的其他女人听的。

生：也许是讲给当场所有的人听的。

生：我觉得也可能是讲给自己听的，她在宽慰自己。

师：真是懂事的孩子！你读懂了母亲的良苦用心。咱们满怀深情地读好这句话。

（学生齐读。）

师：大家拍摄的这些细节，都非常令人感动。作者通过对母亲的语言、动作、神情、外貌和母亲工作环境，以及一些侧面描写，让我们深深地感受到母亲对我的浓浓情意。

（屏幕显示:这到底是一位怎样的母亲呢?）

师:这个问题也是这部电影的导演考虑得最多的问题。（指板书）这是一位——贫困的母亲、瘦弱的母亲、辛劳的母亲。还应该是一位怎样的母亲?（指黑板）这些横线上还可以填哪些词语呢? 同座的同学相互讨论一下,说说各自的理由。

（学生讨论。）

生:我觉得这是一位通情达理的母亲。她很讲道理。我要钱买书,她不顾一切,就给了我钱。

师:老师送给你一个词——开明。（板书:开明）

生:我觉得这是一位无私的母亲,每天供我们上学,供我们吃住,等等。（板书:无私）

师:说起母亲的无私,你肯定会想起书上的一个细节。

生:母亲不舍得为自己买一瓶水果罐头,却高兴给钱让我买书看。

生:这还是一位呕心沥血的母亲。

生:我觉得这是一位坚强的母亲,她工作非常辛苦,但是她从无怨言,挺了下来,为了照顾我们坚强地忍受着一切。

师:这是一位瘦弱的母亲,却是一位坚强的女性!（板书:坚强）

师:这位贫困、瘦弱的母亲,无论在任何境遇都百倍地努力工作,任劳任怨。始终对生活充满希望,对我们充满期待,用瘦小的身躯为子女们撑起一片蔚蓝的天。

师:理解了人物是演好人物的关键。在这部电影中一共有几个人物?

生:一共有 4 个——"我"、母亲、阿姨、老大爷。

师:请同学们扮演这 4 个角色,读好这 4 个人物的语言,老师读其他的文字。

（《我的父亲母亲》音乐起,师生合作读好文章的第 5 至第 29 自然段。）

（音乐停,屏幕显示填空:那一天我第一次发现,母亲原来是那么瘦小! 那一天我第一次发现,母亲＿＿＿＿＿＿＿! 那一天我第一次发现,母亲＿＿＿＿＿＿＿!）

生:那一天我第一次发现母亲是这样的辛苦!

生:那一天我第一次发现母亲赚钱是这么的不容易!

生:那一天我第一次发现母亲为了我付出了那么多!

……

(屏幕显示填空:那一天我第一次觉得自己长大了,应该是个大人了,应该_____,应该_____。)

生:应该懂事了。

生:应该要回报母亲了。

生:应该要学会体谅母亲了。

生:应该帮母亲分担一些什么了。

……

(屏幕显示两句话)

师:(引说)哲学家米尔说"母爱是世间最伟大的力量",罗曼·罗兰说"母爱是融化一切的巨大火焰"。学了课文之后,你对母爱有什么新的理解,把它写下来。

(《我的父亲母亲》音乐又起。)

生:母爱是冬天里一缕温暖的阳光,母爱是母亲疲惫的身影。

生:母爱是为我们遮雨的伞,母爱是滋润幼苗的春雨。

生:母爱是母亲劳作的身影,母爱是和煦的春风。

生:母爱是一元五角钱的珍贵,母爱是下雨天母亲送来的伞。

……

师:同学们,母亲是最可亲可敬的,母爱是最无私无畏的。"谁言寸草心,报得三春晖",让我们用实际的行动报答母爱,回报母亲。最后我想把一首歌曲送给在座的和世界上的每一位母亲。

(阎维文演唱的《母亲》起,师生跟唱。)

# 第五节　在"点赞式阅读"中提升语文素养

## ——以统编版三年级下册《花钟》第一课时教学为例

## 一、背景

《义务教育语文课程标准》指出,语文课程应激发和培育学生热爱祖国语文的思想感情,引导学生丰富语言积累,培养语感,发展思维,初步掌握学习语文的基本方法,养成良好的学习习惯。国际学生评估项目(PISA)阅读素养测评中,对受测者在阅读过程中处理文本信息的行为和任务进行了分析,将其界定为 5 个层级,即检索信息、形成整体理解、解释文本、评价文本内容和评价文本形式。

文本评价既是一种语文学习的能力,又是阅读教学的基本方法。选入教材的文本都是文质兼美的佳作,具有很高的文学价值和教育价值。对这种价值的发现和实现,需要一双"语文的慧眼"。对文本的评价,关键是鉴赏"文理"。这儿的"文理"是指教材的外在的"肌理"及内在的原理,包括文本自身所蕴含的作者的思路、作品的文路以及语言文字的结构特色等。文本评价是学生与文本进行对话、与作者进行对话的过程。在这个过程中,可以实现深度学习,促进思维发展,提升语文素养。

"点赞式阅读"是符合小学生的身心特点和认知规律的、侧重于文本评价的阅读教学方式。教师的引领下,让学生去发现、去体会作者精妙的表达,去关注某个词语、某个句子,以及句与句之间的关系等。在理解的基础上,学生尝试评价、鉴赏、创造等学习活动。以统编版三年级下册《花钟》第一课时教学为例,笔者进行了如下尝试。

## 二、教学过程及分析

### （一）初识"花钟"

师:同学们,春天来了,桃花开了,梨花开了,油菜花开了,玉兰花开了,牡丹花开了,郁金香花开了。看到了这些图片,你想到了什么词语?

生1:百花齐放。

生2:春意盎然。

生3:芬芳扑鼻。

生4:五彩缤纷。

师:老师也带来几个词语,我请一位同学读一读。

生5:鲜花朵朵,争奇斗艳,芬芳迷人。

师:红颜色的两个字再读给大家听听。

生5:芬芳。

师:第一个字前鼻音,第二个字后鼻音,读正确了。你猜猜这个词语的意思。

生5:我觉得"芬芳"是描写花儿的气味的。

师:什么气味?

生5:花的香味很浓。

师:对! 很有意思哦,把这些词语排在一起,就是一个很美的句子。咱们一起来读一读。

生齐读:鲜花朵朵,争奇斗艳,芬芳迷人。

师:有一位植物学家曾有意把不同时间开放的花种在一起,把花圃修建得像钟面一样,组成了花的"时钟"。我们一起读下去。

生齐读:这些花在24小时内依次开放。你只要看看什么花刚刚开放,就知道大致是几点钟,这是不是很有趣?

师:这是课文的第3自然段,非常有趣的还有课文的第1和第2自然段。

【分析】文本评价,关键是发现文本的语言密码。对课文第一句话的学习,教师先出示几张鲜花盛开的图片,然后让学生自由说说想到的词语,再出示课文中的三个词语,最后让学生连起来读读。"很有意思哦,把这些词语排在一起,就是一个很美的句子。"教师讲的这句话看似随意,实是用心,隐含的是对文本表达的评价与赞赏,让学生体会优美语句的同时,也感受到语言文字的趣味性。

### （二）整体感知

师:请一位同学读读"学习活动单一"。

生:①读。自由读读课文第1至2自然段,注意读准字音,读通句子。②想:课文第1和第2自然段主要写了什么?③画:第1自然段中,哪句话提示了段落的主要意思?用直线画出来。

（学生自觉。）

师:今天,李老师也带来了三朵花。一朵是粉色的,一朵是红色的,一朵是蓝色的。在三朵花的后面还有不同的知识呢,我们先来看看蓝色的那一朵,请你读读这两个词语。

生:淡雅,艳丽。

师:读正确了。看看这4种花,你说给大家听听,什么花是淡雅的,什么花是艳丽的。

生:我觉得月光花是淡雅的,蔷薇是艳丽的,昙花也是淡雅的,午时花是艳丽的。

师:你把每一朵花是淡雅还是艳丽,都说清楚了。能不能用上什么和什么是怎样的句式说一说。

生:月光花和昙花是淡雅的,蔷薇和午时花是艳丽的。

师:很好! 掌声在哪?

（学生鼓掌。）

师:来看看红花后面藏的是什么知识。谁来读读这两组词语?

生:干燥、灼伤、苏醒、吻合。

师:平翘舌音、前后鼻音都读正确了,请你带领大家读一读。

（学生跟读。）

师:粉色花后面有3个词语,请你来读给大家听听。

生:绽开、欣然怒放、含笑一现。

师:我们再来说说这两个自然段主要写了什么。

生1:第1自然段主要写了不同的花,开放的时间是不同的。第2自然段主要写了植物开花的时间与温度、湿度、光照有着密切的关系。

师:第1自然段中,有一句话提示了段落的主要意思。

生1：我画的是"要是我们留心观察，就会发现，一天之内，不同的花，开放的时间是不同的"。

师：在概括这段话大意的时候，我们可以把这句话的内容改一改。你想想看，怎么改？

生1：去掉"要是我们留心观察，就会发现"。

师：剩下的是？

生1：一天之内，不同的花，开放的时间是不同的。

师：我们也能借助课文第2自然段的一句话概括这一自然段的大意。不过，也要改一改，第二课时我们再来研究。

【分析】"借助关键语句概括一段话的意思"是本单元的语文要素，我们既可以把它作为单元学习的语文能力，也可以把它作为这一教学环节"点赞式阅读"的一项内容。第1自然段的关键语句是"一天之内，不同的花，开放的时间是不同的"。接下来，作者具体写了9种花在不同的时间是怎样开放的。作者"围绕一个意思写"的方法，值得点赞。

## （三）鉴赏写法

师：这堂课我们重点来学习第1自然段。这一自然段写了好多的花，动笔把作者写到的花的名字圈起来。

（学生"圈画"）

师：作者一共写了几种花？

生：9种。

师：请你说说是哪9种花。

生：分别是牵牛花、蔷薇、睡莲、午时花、万寿菊、紫茉莉、月光花、夜来香和昙花。

师：我们来看看这几种花。这是睡莲，好美啊！这是万寿菊，开得怎么样？

生：我觉得万寿菊开得很艳丽、很大。

师：这是什么花啊？

生齐答：紫茉莉。

师：原来紫茉莉长这个样子。再来看看夜来香，它的花是淡雅的，还是艳丽的?

生齐答:淡雅的。

师:我们一起读读描写 9 种花的句子。

生齐读:凌晨四点,牵牛花吹起了紫色的小喇叭;五点左右,艳丽的蔷薇绽开了笑脸;七点,睡莲从梦中醒来;中午十二点左右,午时花开花了;下午三点,万寿菊欣然怒放;傍晚六点,紫茉莉在暮色中苏醒;月光花在七点左右舒展开自己的花瓣;夜来香在晚上八点开花;昙花却在九点左右含笑一现。

师:听了大家的朗读,我感受到大家是非常喜欢这些花的。我们要感谢作者,是作者把这些花描写得这么美妙,把热烈的掌声献给作者。

(学生鼓掌。)

师:我们要"为作者点赞",请一位同学读读"学习活动单二"。

生:①读。轻声读读作者写花开的句子。②画。在你认为写得好的地方画上"☆"。③说。同桌之间说说点赞的原因。

(学生自学。)

师:我们来交流。

生 1:我打五角星的地方是"牵牛花吹起了紫色的小喇叭"。因为在这里,作者运用了拟人的手法。牵牛花长得很像小喇叭,它最普遍的颜色也是紫色的,所以我特别喜欢它。

师:带着你的喜爱之情读读描写牵牛花的句子。

生 1:凌晨四点,牵牛花吹起了紫色的小喇叭。

师:第一朵小花,是献给你的,也是献给作者的。请你把"拟人"两个字写到方框里。把花当作人来写的不仅仅是牵牛花吧,还有呢?

生 2:还有月光花,"月光花在七点左右舒展开自己的花瓣"。

生 3:我觉得紫茉莉写得也挺好的。作者写的是"在暮色中苏醒",它好像人一样,睡完觉醒过来了,所以也是拟人。

生 4:还有"昙花却在九点左右含笑一现"。

师:大家有没有留意这一句:"万寿菊欣然怒放"?

生 5:我觉得,这也是把万寿菊当作人来写,因为这儿有一个"怒"字,植物不会"怒"。

师:哦!这是你的理解。"欣然"是什么意思?

生 5:不知道。

生 6:"欣然"就是开心、愉快的意思。

师:读好这个词语。

生 6:欣然怒放。

师:还有哪些带有"然"的四字词语?

生 6:悠然自得。

生 7:庞然大物。

生 8:愤然而去、勃然大怒。

师:"勃然大怒"中也有一个"怒"字,这和"欣然怒放"中的"怒"字意思一样吗?我们来看看字典中的解释。

生 8:"欣然怒放"中的"怒"字是气势很大的意思,"勃然大怒"的"怒"是愤怒的意思。

师:刚才你认为"欣然怒放"中的"怒"的意思是?

生 5:生气、愤怒。

师:现在理解了吗?

生 5:是气势很大的意思。

师:我们一起来读好这些句子。

生齐读:凌晨四点,牵牛花吹起了紫色的小喇叭;五点左右,艳丽的蔷薇绽开了笑脸;下午三点,万寿菊欣然怒放;傍晚六点,紫茉莉在暮色中苏醒;昙花却在九点左右含笑一现。

师:还有哪些地方也要为作者点赞的,我们继续交流。

生 1:我觉得"在中午十二点左右,午时花开了"这句话也写得好。因为他说的是"左右",没有直接写"中午十二点",是大概的时间。作者用词非常准确。

师:是的,这儿也应该为作者点赞。请你把"用词准确"也写在黑板上。说到花开的时间,你还有什么发现?

生 2:我发现作者是从早上开始,按时间顺序写,没有一下子跳到晚上九点。

师:哦!请你具体说说。

生2:从"凌晨四点"写起,然后是"五点左右""七点""中午十二点左右""下午三点""傍晚六点""七点左右""晚上八点""九点左右"。

师:你真会学习! 掌声! 请你把"按时间顺序"写在黑板上。我们继续交流。

生3:我发现作者用不同的说法写花开。他抓住了牵牛花、睡莲、紫茉莉、蔷薇等开花的各自特点,用不同的说法来描写9种花的美。

师:嗯嗯! 这也值得我们点赞! 你想在黑板上写什么?

生3:用不同的说法写花开。

师:可以,请你在黑板上写一写。是的,同样是花开,作者写的是不一样的。我们一块儿看着填空背一背。

(学生背诵。)

【分析】"为作者点赞",其实质是充分关注作者的表达。通过"点赞"这一学生感兴趣的方式,教师引导学生细读文本,与文本对话,和作者对话,思考"作者是怎么写的""为什么这么写"。教师借助学习活动单,顺学而教,让学生自己去发现、去板书,激发了学生的学习积极性。学生用"语文的慧眼"从《花钟》的这段文字中,发现了作者丰富的语言表达形式,充分感受了语言的生动形象。"点赞"是换一种形式的学习,是主动发现、用心欣赏,是理解文本、评价文本、鉴赏文本的过程,可以培养学生的语感、促进思维的发展、提升阅读的能力。

### (四) 迁移运用

师:相比而言,李老师写的花开就太单调了,大家帮忙改一改哦。请一位同学读读"学习活动单三"。

生:①写。用不同的说法来表达鲜花的开放。(选择三句写一写。)②评。同桌之间评一评所写的内容。(改好一句送上一颗"☆"。)

(学生自学。)

师:我特别期待看到你们帮我修改的内容,我们来交流交流。

生1:我写的是玉兰花、桃花、梨花。玉兰花绽开了娇嫩的花瓣;桃花像红了脸的小姑娘一样绽开了笑脸;梨花露出了白白的小脸蛋。

生2:我写的是桃花、油菜花、牡丹花。桃花展现出粉嫩的花瓣;油菜花的花瓣金灿灿的,绚丽夺目;牡丹花开出一片片美丽的花瓣。

　　生3:春风吹红了桃花的面颊;梨花那白白的脸蛋,绽开了灿烂的笑容;玉兰花那淡雅的花瓣也灿烂地笑了。

　　生4:桃花绽开的笑脸;杜鹃花穿上了火红的衣裳;郁金香金黄一片,引来了许多蜜蜂。

　　生5:油菜花一眼望去,金黄一片;玉兰花露出了洁白的脸蛋;郁金香花开了,芬芳扑鼻。

　　师:"油菜花一眼望去,金黄一片。"这句话读上去不怎么通顺,你改一改。

　　生5:一眼望去,油菜花金黄一片。

　　师:对咯。继续交流。

　　生6:桃花穿上了粉红色的衣裳;郁金香花慢慢绽开了花蕾;梨花在微风中翩翩起舞。

　　……

　　【分析】伴随着"点赞式阅读"的是评价与鉴赏,是高阶思维活动。但,"点赞"并非语文学习的目的。"点赞式阅读"的目的是模仿运用。"在另一个语境中也能运用,才真正形成语文能力。"这一环节,教师再次呈现上课开始时诵读的一首小诗《春天来了》,让学生"给小诗添彩",学习作者"用不同的说法来表达鲜花的开放",借助"学习活动单三",选择其中的三种改一改。在课堂中落实课后练习与小练笔内容,现学现用,活学活用,从模仿到运用,从"学"到"习",有效提升了学生的表达能力。

# 第六节　《绝句》教学实录

师:同学们,今天李老师还带来了一位客人,他是——

(出示卡通人物。)

生:小万。

师:小万可是一位古诗小达人,我们有不懂的知识可以问他。小万给大家带来一个信息,请听——

(播放录音:杜甫,唐代伟大的诗人,与李白合称"李杜"。)

师:大家听得可认真啦! 听懂了小万介绍的内容吗?

生齐答:听懂了。

师:我要考考你。杜甫是哪个朝代的诗人?

生1:唐代。

师:"李杜"指的是哪两位伟大的诗人?

生2:李白和杜甫。

师:今天我们一起学习的是唐代伟大诗人杜甫的一首诗——《绝句》。伸出手指,跟老师一块儿来写写这个字。

(板书课题"绝句",生跟写。)

师:接下来请大家自由地读读这首诗,注意读正确每个字的字音。

(学生自由读。)

师:请一位小朋友读给大家听听。

生1:《绝句》,唐,杜甫。两个黄鹂鸣翠柳,一行白鹭上青天。窗含西岭千秋雪,门泊东吴万里船。

师:谢谢! 这两个后鼻音的字"鸣、岭",读得很准确。小老师,带领大家读一读。

(生1领读,大家跟读。)

师:这首诗中还有两个多音字"行""泊"。你就是一只白鹭,"一行白鹭"是多少?

生1:还有几只。

师:你邀请几只白鹭。邀请谁呢?

生 1:我们这一排。

师:来来来,我们站起来,张开翅膀,一起飞。这几只白鹭排成一排,就叫——

生齐说:一行白鹭。

师:这个字读——

生 1:bó。

师:读 bó 时,"泊"的意思是——

生 1:停泊。

师:对啊! 再请一位同学读读这首诗。

(学生 2 读诗。)

师:我们一起读一读。

(学生齐读。)

师:读这样的每行有 7 个字的古诗,通常我们可以在前 4 个字后面做停顿。老师和大家合作读一读。

师:两个黄鹂——

生齐读:鸣翠柳。

师:一行白鹭——

生齐读:上青天。

师:窗含西岭——

生齐读:千秋雪。

师:门泊东吴——

生齐读:万里船。

师:现在请同桌的两个小朋友合作读读这首诗。

(学生同桌合作读后,请三组学生合作读。)

师:我们先来看第一、第二句诗。这里面啊,介绍了好多景物,请大家拿出笔,把这两句诗中作者写到的景物圈起来。

(学生"圈画"。)

师:把你圈到的景物说给大家听听。

生 1:我圈到的是"黄鹂""翠柳""白鹭""青天"。

师:看见过"黄鹂"吗?

生1:没有。

师:猜猜看,"黄鹂"是什么?

生1:一种鸟。

师:对啦! 说说你的理由。

生1:因为"鹂"字是鸟字边。

师:真会学习! 你还能告诉大家,黄鹂鸟的羽毛是什么颜色的。

生1:黄色。

师:老师带来了黄鹂的图片,我们一起看一看。

(出示黄鹂图片。)

师:他猜对了吗?

生齐答:对!

师:掌声送给他!

(学生鼓掌。)

师:白鹭的羽毛是——

生齐答:白色的。

师:我们来看看。

(出示白鹭图片。)

师:你们圈到的这些景物,在书中的插图中也能找到。自己找找看,找到后指给你的同桌看一看。

(学生找、学生指。)

师:我请一位同学上来指给大家看看。

(生1上来在图片中指出"黄鹂""翠柳""白鹭""青天"。)

师:第一、第二句诗描写的是怎样的画面? 说给大家听听。

生1:有两只黄鹂在柳条之间鸣叫。

师:这首描写近处的景物,远处的呢?

生1:有一行白鹭展开翅膀飞上蓝天。

师:是啊! 这是一幅彩色的画,有黄色,还有——

生2:还有绿色、白色、蓝色。

师:这还是一幅有声有色的画,听到声音了吗?

生3：听到了黄鹂美妙的歌声。

师：太美了！请你美美地都给大家听听。

生3：两个黄鹂鸣翠柳，一行白鹭上青天。

师：第三、第四句诗请大家自己学。怎么学呢？给大家一个小提示：第一步是"圈"，圈出作者看到的景物名称；第二步再去"找"，从插图中找到你圈到的景物；第三步"说"，说说你看到了什么样的画面。

（出示学习提示，见图5－3。）

窗含西岭千秋雪，
门泊东吴万里船。

| 1 | 圈 | 圈出作者看到的景物名称。 |
| 2 | 找 | 从插图中找到你圈到的景物。 |
| 3 | 说 | 说说你看到了什么样的画面。 |

图5－3　三步学习法

（学生根据学习提示自学。）

师：我们来交流。先说说你"圈"到了哪些景物。

生：我"圈"到了"西岭""千秋雪""万里船"。

师：我发现有的同学还"圈"了"东吴"。对不对呢？我们先听听小万的介绍。

（播放录音：东吴，是指现在的江苏南部、浙江一带。）

师：东吴，指的是一个地方。

（出示中国地图。）

师：作者是在四川成都写诗的，东吴在这儿的江苏南部、浙江一带。东吴不是作者看到的景物。再请一位同学上来指指"西岭""千秋雪""万里船"。

（生1上来指。）

师：指对了。你能告诉大家什么是"千秋雪"吗？

生1：千秋雪就是多年不融化的积雪。

师：是的。谁能结合刚才小万的介绍，说说"万里船"的意思。

生2：就是从万里之外开来的船。

师：从哪里开来的？

生2：东吴。

师："万里船"也有人解释为：要开往万里之外的东吴去的船。这儿还有一个生字"含"。谁来猜猜"含"的意思？

生3："含"就是放在嘴巴里，因为"含"字下面有个"口"字。

（出示两张图片。）

师：大家看，图中的姐姐嘴巴里含着草莓。

生4：图中小妹妹的嘴巴里含着棒棒糖。

师：古诗中"窗含西岭千秋雪"，窗子和"含"字有什么关系？谁来说说？

生：因为作者站在屋子里，透过窗子往外看，他看到的景色就好像含在窗子里了。

师：哦！我们都在屋子里，一起透过窗子往外面看，看看外面的景色。这些景色都包含在窗子里了。

师：现在请你试着说说第三、第四句诗的意思。自己先练练看。

（学生练说。）

师：请你来说说。

生：我透过窗子向外望去，远处西岭上有终年不化的积雪，门前停泊着从万里之外的东吴开来的船。

师：我们一起读诗的题目——

生齐读：绝句。

师：什么是绝句呢？问问小万吧！

（播放小万的音频介绍：绝句，每首诗有四句，按每句诗的字数可分为五言绝句、六言绝句、七言绝句。）

师：听懂小万的介绍了吗？我考考大家。这首《绝句》，每句几个字？

生齐答：七个字。

师：所以叫几言绝句？

生齐答：七言绝句。

师：杜甫还写过一首《绝句》。

出示：《绝句》：迟日江山丽，春风花草香。泥融飞燕子，沙暖睡鸳鸯。

师:这是:

生:五言绝句。

师:绝句的语言很有特点,往往两句两句是对的。比如,"黄鹂"对——

生:白鹭。

师:"千秋雪"对:

生:万里船。

师:还有哪些地方也是这样两两相对的? 同桌之间对对看。

(学生同桌相对。)

师:我请一桌给大家对对看。

生1:"两个"对——

生2:一行。

生1:"西岭"对——

生2:东吴。

生1:"窗含"对——

生2:门泊。

生1:"千秋"对——

生2:万里。

……

师:古诗读好了,理解了,还要背出来,当然也是可以唱出来的。

(播放李昕融演唱的《绝句》。)

(播放3遍录音,学生跟唱,PPT显示书法家写的《绝句》书法作品。)

师:请大家拿出书法纸,完成书法作品。

| 绝 | 句 | | 唐 | | 杜 | 甫 | |
|---|---|---|---|---|---|---|---|
| 两 | 个 | 黄 | 鹂 | 鸣 | 翠 | 柳, | |
| 一 | 行 | 白 | 鹭 | 上 | 青 | 天。 | |
| 窗 | 含 | 西 | | 岭 | 千 | 秋 | 雪, |
| 门 | 泊 | 东 | | 吴 | 万 | 里 | 船。 |

图 5－4 书法作品

# 第七节　《清平乐·村居》教学实录

## 一、比一比

师:我们来欣赏一幅中国画。

(出示丰子恺画的《村居》。)

师:这幅画是根据一首诗的内容画出来的。是哪一首诗呢?

生1:清朝高鼎的《村居》。

师:背给大家听听。

生1:草长莺飞二月天,拂堤杨柳醉春烟。儿童散学归来早,忙趁东风放纸鸢。

师:今天,老师还带来了一首词,《清平乐·村居》,这是宋朝的辛弃疾写的。

(出示《清平乐·村居》。)

师:请同学们比较一下,左边的这一首诗《村居》和右边的这一首词《村居》,形式上有什么不一样啊?

生2:每一句的字数不一样。诗每一句的字数一样,词的字数不一样,有的是4个字,有的是5个字,有的是6个字。

师:所以,词也称"长短句"。

生3:古诗《村居》就四行,词《清平乐·村居》有两个部分,中间有空格。

师:上半部分称作"上阕",下半部分称作"下阕"。还有什么不一样?

生4:我发现他们的题目也不一样,词在"村居"前面还加了"清平乐"。

师:是的。"清平乐"是词牌名。李老师查了资料,一般词都有词牌名。老师还带来一个"文化小贴士"。

(出示"文化小贴士一")

词牌名有1000多个,大多是3个字,如《忆江南》《渔歌子》《破阵子》

《如梦令》《卷珠帘》等。

师:请一位同学来读一读。

(学生读。)

## 二、读一读

师:我们来读好这首词。

(出示学习要求:(1) 自由读读这首词,注意读准字音。(2) 在每句的停顿处用"/"标上记号。)

(学生按照提示自学。)

师:请一位同学来读一读。

(指生读。)

师:我们来看看。

(出示"莲蓬"图片。)

师:这是:

生1:莲蓬。

师:吃过里面的莲子吗?

生1:吃过。

师:告诉大家,怎么才能吃到里面的莲子?

生1:剥(bāo)开绿色的皮,里面就是白白的莲子,去掉莲子的壳,就能吃到莲子了。

师:这首词中的"剥"与"蓬"的读音,和你刚才说的不一样。"溪头卧剥莲蓬"中"剥"读作"bō","莲蓬"中"蓬"不能读作轻声,而是读第二声。请你把这句再读一遍。

生1读:溪头卧剥莲蓬。

师:我们一起来读一读。

生齐读:溪头卧剥莲蓬。

师:读这首词的时候,在哪些地方停顿?

生:我觉得可以在"茅檐""溪上""吴音""白发""大儿""中儿""最喜""溪头"后面稍做停顿。

师:有道理。其实,词的停顿与古诗、文言文的差不多,一般在谁、什么的后面可以稍做停顿。我们再来读一读,这次读的时候,注意适当的停顿。

（学生齐读。）

## 三、想一想

（出示"文化小贴士二"）

古诗词是中国画创作的重要素材。读一首好的诗词就好比在欣赏一幅美妙的画卷。

师:如果你就是画家,你会根据这首词画些什么呢? 说给你的同桌听听。

（学生自学。）

师:我们来交流。哪位画家来说说你的构思? 先说说画中有哪些景物?

生1:我画一间茅草屋,还要画一条小溪,还有一片荷花池。

师:还要画什么景物?

（生1摇摇头。）

师:谁来帮帮他?

生2:我觉得还要画豆田。

师:为什么?

生2:因为"大儿锄豆溪东",他在给豆田除草,一定要有豆田了。

师:刚才这位同学说到画一条小溪。在这首词中,作者写了几个"溪"字?

生齐答:两个。

师:老师查了资料,"溪"字在辛弃疾的诗词中出现了131次。请几位同学来读读这些内容。

生3:青山屋上,流水屋下绿横溪。

生4:饱饭闲游绕小溪,却将往事细寻思。

生5:夜夜入清溪,听读离骚去。

师:作者为什么在他的诗词中写了这么多的"溪"字? 感兴趣的同学课后可以去研究研究。茅草屋、小溪、荷花池、豆田,就构成了这样美丽的

自然风景。

（出示风景图。）

师：画中还应该有人物，都有哪些人？

生6：有两个老人、三个孩子。

师：请你上来，指着图片说说，这些人可以画在哪儿？

（生6上台。）

生6：在茅屋前画两个老人。

（媒体呈现老人。）

生6：在豆田这儿出现大儿子。

（媒体呈现大儿子。）

生6：茅屋旁画二儿子在小溪旁。

（媒体呈现二儿子。）

生6：在小溪旁画小儿子。

师：小儿子是怎样的姿势？

生6：他趴在地上，手上拿着莲蓬。

师：为什么画这个姿势？

生6：因为词中说"小儿卧剥莲蓬"。"卧"就是趴的意思。

师：真厉害！为这位出色的画家鼓掌。

（学生鼓掌。）

师："卧"的姿势，很自由、很舒适、很天真、很可爱。说到"卧"，我们还能想到几个词语。火车里可以躺着睡觉的铺位：

生齐说：卧铺。

师：我们晚上睡觉的房间是——

生齐说：卧室。

师：你身体不舒服，需要——

生齐说：卧床休息。

师：刚才还说到一对老人，他们在干什么？

生：喝酒。

师：好惬意自在啊！想象一下，老两口喝着美酒，他们会说些什么呢？同桌两人想象说话。

（出示想象填空,如图 5－5 所示。）

图 5－5　填空

（学生同桌练说。）

师:请一组同学来说说。

生 1:老伴啊! 你今天这么开心,喝了不少。

生 2:是啊! 天气好,环境好,儿子们孝顺。

生 1:瞧你,脸都红了。

生 2:我是容光焕发,越来越年轻了。

……

师:这两位老人有说有笑,互相打趣,用词中的词语来说就是?

生:相媚好。

师:太幸福了。（板书:景美人和）

（《寄情》音乐起。）

师:听——溪水潺潺,笑声阵阵。看——莲叶田田,豆苗青青。大儿憨厚勤劳,中儿心灵手巧,小儿天真无赖,老俩口相媚好。看到这景美人和的景象,词人情不自禁地吟诵起来。

（声配乐吟诵。）

## 四、写一写

（出示“文化小贴士三”）

说到国画,不得不提的是书法,因为中国的书法和国画是一对“孪生兄弟”。

师:我们来欣赏几幅《清平乐·村居》书法作品。

(出示草书、隶书、行书、楷书书法作品,配古乐。)

师:拿出自己的书法纸,我们也来写一写。

(学生在书法纸上写两行。)

# 五、唱一唱

(出示"文化小贴士四")

中国传统文化源远流长,诗、词、书、画都是一颗颗闪亮的艺术明珠。愿这些文化瑰宝在我们的语文课堂中、在我们的日常生活中熠熠生辉、代代相传。

师:我们怎样让这样的中华经典代代相传?

生1:我们要背出这首词。

生2:不仅仅我们要背出,还要让我们的下一代也要背出。

师:音乐家把这些古诗词的内容给写成了朗朗上口的歌曲,这样就可以广泛地传唱,能够代代相传。

(播放《清平乐·村居》歌曲,学生跟唱。)

## 第八节　《我家的杏熟了》教学实录及说课稿

### 《我家的杏熟了》教学实录

师:我们先来看看这一个单元的导语页。其中这两个语文要素,请一位同学来读一下。

生:了解作者是怎样把事情写清楚的。写一件事,把事情写清楚。

师:这一单元,我们学课文的时候要了解作者是怎样把事情写清楚的? 我们还要写一篇作文,写这篇作文要注意把事情写清楚。今天我们学的是一篇习作例文,一起读课文的题目。

生齐读:《我家的杏熟了》。

师:这篇习作例文我们要研究三个问题:第一,作者写了什么事情? 第二,作者是怎样把事情写清楚的? 第三,我们从这篇例文中学到什么? 我们先来看第一个问题,给大家的学习提示,请这位同学来读一读。

(出示学习提示一。)

图 5-6　学习提示

(生读学习提示。)

师:现在请大家按照学习提示自己学习。

(学生自学。)

师:我们一起来分享一下自学收获。谁来说说,课文围绕"杏"讲了什么事?

生1:这篇例文围绕着"杏",讲述了我家的杏熟了后,奶奶把这些杏往下打,然后把它分给我的小伙伴们,让大家一起吃。

师:嗯,你用非常简洁的语言,把这篇课文的主要内容说了一下。掌声献上!

(学生鼓掌。)

师:这篇文章可以分成这么两个部分:第1~4自然段是一个部分,这部分讲什么呀?

生1:这部分讲了杏儿熟了,我在那儿数杏。

(板书:数杏。)

师:接下来的内容写什么呢? 谁来说说看?

生2:讲奶奶把杏分给了小伙伴们。

师:用两个字来说说看这是?

生2:分杏。

(板书:分杏。)

师:我们重点学习第二部分"分杏"。再请一位同学说说这件事。注意说清楚事情的起因、经过和结果。

生3:这一年,杏又熟了,邻居家的小淘淘嘴馋,摘杏从树上摔了下来,我非常生气。奶奶扶起小淘淘,然后把杏打了下来,分给我和小伙伴们。我每年都照着奶奶的嘱咐,把熟透了的金黄金黄的杏分给小伙伴和邻居尝鲜。

师:很好! 接下来我们来关注第二个问题:作者是怎样把事情写清楚的? 我们重点关注的是"分杏"这件事。也就是作者是怎么把"分杏"给写清楚的? 先自己读读想想。

(学生自学。)

师:我们来交流。

生:作者是按照事情发展的顺序来写的。先写了事情的起因,再写分杏的经过,最后写结果。

师:是呀! 这很重要,写一桩事情,把事情的起因、经过、结果交代清楚。

板书:起因→经过→结果。

师:作者又是怎样把分杏的经过写清楚的? 接下来我们一起来研究研究。

(出示学习提示二。)

图5-7　学习提示二

(学生自学。)

师:我们来交流。先请三位同学读读第6~8自然段。

(让三位学生朗读。)

师:第8自然段有点难读,我们一起读一遍。

(学生齐读第8自然段。)

师:作者是怎样把分杏的经过写清楚的?

生1:作者具体写了奶奶的动作。

师:你圈画到哪些动作?

生1:"扶起""揉揉""往屋里走""回过头""拿""走""打"。

师:一连串的动作,把奶奶先干什么,再做什么,然后干什么交代得很清楚。谁愿意演一演奶奶?

(让一位学生上来演奶奶。)

师:我就演一演文中的淘淘。

(师生合作演。)

师:作者把奶奶的动作写得很具体。我们的眼前仿佛就浮现出奶奶的样子。请一位同学读第6~7自然段,其他同学闭上眼睛,感受奶奶的样子。

(让一位学生朗读第6~7自然段。)

师:你的眼前是不是出现了奶奶的样子?

生:有。我印象最深的奶奶颤颤巍巍的样子。

师:这就是文字的魅力,朗读的魅力。我们再来看看文章第 8 自然段。作者一步一步地写了什么?

生:先写了"我"捡起掉在地上的杏,接着写了奶奶叫我把杏儿分给大家吃,然后写奶奶笑了,最后写奶奶对我说的话。

师:作者就是这样按照事情发展的顺序,一步一步地把人物的一言一行都记录下来。这样就把事情写清楚了。

师:刚才我们研究第二个问题:作者是怎样把事情写清楚的? 有答案了吗?

生:作者是按照事情的起因、经过、结果来写的。在这个过程中,作者具体描写了奶奶的动作和语言。

师:最后我们探究第三个问题:我们从这篇例文中学到什么? 前面我们学过了"初试身手",观察家人炒菜、擦玻璃或者做其他家务的过程,用一段话把这个过程给写下来,注意用上表示动作的词语。有一位同学,他关注的是妈妈擦玻璃。

(出示例文:擦厨房里窗玻璃可不容易啊! 妈妈先用湿的抹布擦一遍,然后用干的抹布擦。擦油污多的玻璃,要花好长时间。擦完玻璃,妈妈总是腰酸背疼。)

(教师让一名学生朗读。)

师:这位同学有没有把妈妈擦玻璃的过程写清楚?

生:没有。

师:接下来,我们四人小组讨论一下,给这位同学提提建议,怎么把经过写清楚。

(出示学习提示三,学生小组讨论。)

①读读"初试身手"《擦玻璃》。
②想想这段话有没有把擦玻璃的经过写清楚。
③四人小组讨论修改意见。

图 5 - 8　学习提示三

师:我们来交流。

生1:我觉得他没有把妈妈擦玻璃的具体动词写进去,可以改成——妈妈先把干的抹布放进水里洗一下,擦一遍;再把它拧干,再擦一遍。也就是加了人物的一些动作,擦玻璃之前的一些准备工作。

生2:我觉得他还可以在这篇短文里面加一些妈妈的语言,比如她可以说擦玻璃真累。

生3:我觉得擦玻璃的这个时候,可以加上妈妈的细致动作。比如,"妈妈先用湿的抹布擦一遍"。在这个前面加"妈妈先倒了一盆水,把抹布往水里蘸一蘸,然后再拧干"。

生4:擦高处的难擦的玻璃时,妈妈先搬来一张凳子,然后站在凳子上,够不着的地方,还得踮起脚跟。

师:对于油污多的玻璃,妈妈又会怎么擦呢?

生5:妈妈一手拿着一块湿抹布,一手拿着喷壶。她先向油污处喷了点清洁剂,然后用力去擦。一遍不行,再来一遍。

……

师:现在请大家动笔改一改《擦玻璃》。注意,用上表示动作的词语,把擦玻璃的过程写清楚。

(学生修改。)

## 《我家的杏熟了》说课稿

《我家的杏熟了》是统编版《语文》教材四年级上册第五单元的一篇习作例文。作者回忆了小时候杏儿成熟时,自己数杏和奶奶给小伙伴分杏的事,表现了奶奶淳朴、善良的品格。课文按照事情发展的顺序,把奶奶给小伙伴分杏的起因、经过和结果交代得十分清楚。

本课教学,我想努力做到以下几点。

一是凸显习作例文的特点。习作例文是习作的范例,是为习作服务的。它在语言文字方面具有示范性,在写作方法上具有启发性。从建构主义角度来看,习作例文是一种先行的认知图式,学生以此可以推想习作的言语和结构模型。本习作例文的教学指向单元习作的终极目标——写好写事文章《生活万花筒》,注重了"勾连上下":"向上"与前一板块的

"初试身手"《擦玻璃》建立关联，"向下"为单元习作做好准备。

二是落实单元语文要素。本单元指向阅读的语文要素是"了解作者是怎样把事情写清楚的"。指向习作的语文要素是"写一件事，把事情写清楚"。按照"阅读铺路，由读到写"的编写理念，教材编排了精读课文《麻雀》《爬天都峰》，习作例文《我家的杏熟了》《小木船》。本课教学，紧紧围绕"写清楚"，重点引导学生关注作者是怎样把奶奶分杏的过程写清楚的，聚焦对奶奶的动作和语言的描写。在品味语言的基础上，提炼出把事情经过写清楚的方法和路径。

三是用核心问题引领学习。为了避免"碎讲碎问"，本课教学围绕"写清楚"的主题设计了一组问题链，重点探讨 3 个问题：作者写了一件什么事？作者是怎样把这件事写清楚的？我们从这篇例文中可以学到些什么？为了解决这些核心问题，我又设计了对应的学习"支架"——3 个学习单。通过自由读读课文，看看课文中旁批的内容，说说课文围绕着"杏"讲了一件什么事；通过仔细读读课文第 6~8 自然段，关注奶奶的动作和语言，圈画出文中的相关内容，引导学生体会课文怎样把事情的经过写清楚的；通过同桌讨论，指出初试身手中《擦玻璃》的不足，并提出修改意见。层层深入地教学与引领，从内容到方法，从现象到本质，从例文到习作，逐步实现由读到写，从而达成学以致用的目标。

# 第九节　《那次玩得真高兴》教学实录

师:今天这堂课,我请来一位小伙伴。他是——

(出示卡通人物乐乐。)

生齐答:乐乐。

师:跟乐乐打招呼。

生1:乐乐,你好!

生2:欢迎你,乐乐。

师:乐乐的课余生活很丰富。

(出示教材中的情景图。)

师:请你选择一幅图说一说。

生1:乐乐和同学们在掰手腕。

生2:乐乐和爷爷在钓鱼。

生3:乐乐和爸爸妈妈在动物园里玩。

生4:乐乐和同学们坐过山车。

师:大家的语言都非常简洁,用一句话说了乐乐"玩了什么"和"和谁一起玩"。(板书:玩)要介绍乐乐喜欢玩的内容,除了介绍"玩了什么"和"和谁一起玩"之外,还要介绍什么?

生1:要介绍在什么时候玩。

生2:要介绍在哪儿玩的。

生3:还要介绍怎么玩的。

师:有道理。按照大家的建议,我们先来看看这幅图,试着介绍清楚"什么时间""在哪儿""和谁一起玩""玩了什么"。自己先练练看。

(出示图5-9。)

图 5 - 9　看图说话

生:一个星期天,乐乐和爷爷去老家的小河边一起钓鱼。

师:其他 3 幅图的内容,你们也来说一说。

生 1:在暑假里,乐乐和爸爸妈妈一起去动物园玩,乐乐最爱看树袋熊表演。

生 2:下课了,乐乐和同学们一起玩掰手腕的游戏。

生 3:国庆节那天,乐乐和小伙伴一起去游乐场坐过山车。

师:你们平时都喜欢玩些什么呢? 四人小组为说一说。

(出示学习提示,学生小组交流。)

1. 围绕这四个问题说说你玩了什么。

2. 在小组内与同学分享你的快乐。

图 5 - 10　学习提示(玩的内容)

师:请几位同学分享喜欢玩的内容。

生 1:双休日,我约上几位小伙伴在小区的空地上踢足球。

生 2:过年时,我与爸爸一起在老家放鞭炮。

生 3:下课后,我和同学们玩丢沙包游戏。

师:今天,我们习作的题目是《那次玩得真高兴》。(板书完课题)除了介绍玩的内容,还要写清楚怎么玩的。我们先来看看乐乐写的钓鱼的内容。

（出示短文:外公是个钓鱼高手,不到半个小时,他就钓到 5 条鱼。4 条是鲫鱼,1 条是小黑鱼。最大的一条鲫鱼比我手掌还要大。我按照外公教给我的方法一步一步去做,过了好长时间,才钓到一条小鱼。）

师:你们有没有感受到乐乐钓鱼的乐趣?

生 1:没有。

生 2:没有。

生 3:没有。

师:为什么感受不到?

生:因为乐乐没有把“怎么钓鱼”介绍清楚。

师:有道理! 怎么把“怎么钓鱼”介绍清楚? 大家给乐乐提提建议。

（学生小组讨论。）

生 1:可以具体说说怎么“一步一步做的”。

生 2:要写清楚钓鱼的经过。

生 3:要具体介绍第一步干什么,第二步干什么,第三步干什么。

师:那么到底怎样才能把钓鱼的有趣的经过写清楚呢? 我们看看书中的建议。

（出示教材内容:把你玩的过程像放电影一样回想一遍。）

师:老师找了一段钓鱼的录像,我们一块儿来看一看。

（播放钓鱼视频。）

师:钓鱼的过程得是怎样的? 说给同桌听一听。

（学生同桌交流。）

师:谁来说一说?

生 1:先是给鱼钩加上鱼饵,然后将鱼钩甩到河里面,接下来就是耐心地等待了。鱼漂有点动静的时候,要格外专注。鱼漂上下动了几下,猛地一拉,鱼就上来了。

生 2:将鱼慢慢拖到河岸边,然后用一个鱼兜把大鱼捞起来。

师:不错! 我们也用“放电影”的方法先回忆一下那次你玩的过程,再说给同桌听听。

（出示学习提示,见图 5-11。）

1.用"放电影"的方法回忆一下玩的过程。

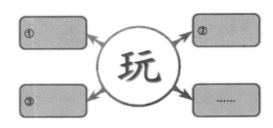

2.同桌之间说一说你是怎么玩的。

图 5－11　学习提示

师:接下来,请你写一写《那次玩得真高兴》。

(学生尝试习作,教师巡视指导。)

师:我们来看看这位同学写的内容。

生:双休日,我和几名同学在我家的小区玩"鳄鱼和鸭子"游戏。我们选了我们班最淘气的同学开始第一轮角逐。一个当鳄鱼,一个当鸭子。裁判员吹响了哨子,"鳄鱼"便飞快地冲向鸭子,"鸭子"也非常灵活地躲闪起来。只见他们一会儿向左,一会儿向右,就在"鳄鱼"离"鸭子"仅一步远的时候,"鸭子"一个箭步走进了绿色区。"鳄鱼"在河里气得张牙舞爪。"鸭子"向"鳄鱼"做了一个鬼脸,仍然停在绿色区里,不肯出来。"鳄鱼"见了,生气地走了,"鸭子"觉得没意思,于是就跳入水中,打算再次开始和"鳄鱼"战斗。

师:我们借助下面的评价要求来评价一下?

生1:标点符号都写正确了,并且把玩游戏的过程写得比较清楚。她还写了玩游戏时高兴的心情。

生2:我觉得可以先介绍游戏的规则:选一个人当鳄鱼,选一个同学当鸭子。如果"鳄鱼"两分钟之内抓住了"鸭子","鸭子"就会被淘汰;如果"鳄鱼"在两分钟之内没捉到"鸭子",那么"鳄隹"就会被淘汰。谁被淘汰掉了,谁就要围着小区跑一圈。

生3:我觉得她还可以继续写下去,"打算再次开始和'鳄鱼'战斗"又是怎样的。

**附:《那次玩得真高兴》习作单**

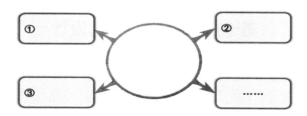

（1）玩什么？

（2）怎么玩？

先在右图中填一填关键词,然后再写。

（从①开始写起）

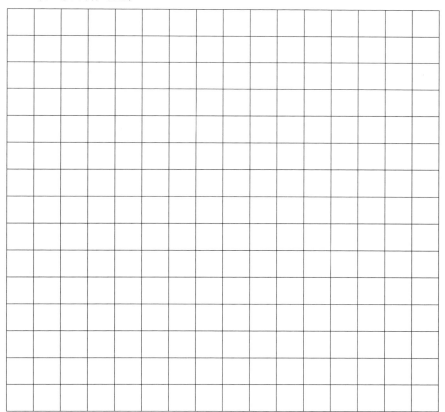

　□写出玩的过程　　　□写上快乐的心情　　　□正确使用标点符号

# 第十节 "长作业"的设计

何谓"长作业"？它是与传统的当日完成或隔日完成的"短作业"相对而言的，是指需要较长时间(一周或数周)才能完成的作业。

"长作业"形式多样，内容丰富，是对"短作业"的有效补充，对小学生语文综合素养的提升有着重要的促进作用。

第一，它有利于激发学生的作业兴趣。"长作业"从学生的兴趣出发，以项目为载体，以学生的真实生活情境为基础，将学习过程与学生的个人生活经验紧密相连。作业内容从书本拓展到课外，作业形式不是机械、乏味的简单识记，而是生动丰富、贴近生活、富有想象力和创造性的多彩活动，更能让学生接受和喜爱。

第二，它有利于提高学生的探究意识。"长作业"是带着问题去学习，是一种发现学习。教师针对学习中生成的疑问，鼓励学生质疑书本、超越教师，通过实践活动去搜集资料和数据，疏通障碍，形成解释，获得答案。"长作业"的过程就是学生自主探寻、主动思考、积极建构的过程。

第三，它有利于促进学生的语文积累。积累是学习语文的必经之路。语文的学习注定是长期的过程，正所谓"厚积薄发"。"长作业"注重日常积累和默会学习，通过多样化的作业活动使得书本知识更好地转变为学生的个人知识，将教育的"锚"从原本的海平面深入到海底，力求促使学生更多地对除书本知识以外的知识体系进行掌握和认知。

第四，它有利于培育学生的核心素养。"长作业"可以培育科学精神，学生在学习、理解、运用书本知识等方面可以形成科学的价值标准、独特的思维方式；还可以帮助学生学会学习，善于发现和提出问题，勇于探究，不畏困难，积极实践，学生能自觉地获取、使用信息，寻求有效的问题解决方法。

如何设计小学语文"长作业"呢？

# 一、根据单元主题设计

许多版本的教材,每一个单元的几篇文章表现的都是同一个教育主题。人教版五年级上册第二组课文都是思念、赞美故乡的主题,表达了浓浓的家乡情结。在学习这组文章之后,教师可以设计题为"我的家乡美"的为期6周的"长作业"。让学生通过了解家乡,介绍家乡,培养热爱家乡的情感。通过参与多样化的语文实践活动,提升语文综合素养。

在第一周的准备阶段,教师围绕"家乡美"这一活动主题,让学生讨论:对家乡的哪些东西比较感兴趣? 有哪些方面的内容想研究并可能得出研究成果? 教师和学生共同商量,确定可研究的活动专题有4类:①风俗民情类,如传统节日、满月大礼等;②名人轶事类,如人物故事、镇(村)名由来等;③自然风光类,如石板老街、渔港新貌等;④特产美味类,如缸爿饼、醉螃蟹等。

然后,各小组完成作业计划,确定具体的作业内容和大致的作业过程。例如,第一小组(风俗民情类)实践活动预设情况如下:①通过到实地、图书馆、上网等形式收集有关资料。②填写作业记录表,运用摘录要点的形式进行信息转载;③通过采访家长及老人,了解民俗;④资料汇总;⑤商讨小组汇报提纲,推荐一人参加全班交流。

"长作业"是动态复杂的过程,教师应及时了解学生开展活动的情况,有针对性地进行指导、点拨与督促。在此过程中,学生完成如下的《我的家乡美》作业记载表(见表5-1)。

表5-1　"我的家乡美"作业记载表

| 作业选题: | | 作业人: | |
|---|---|---|---|
| 作业记载 | 作业时间: | 作业地点: | |
| | 作业形式: | 资料来源: | |
| | 作业具体过程: | | |

最后,全班进行作业成果的汇报交流,主要内容如下。①赞"家乡美

景"："贴一贴"——家乡美景图片展；"比一比"——我当出色小导游。②颂"家乡人物"：夸"家乡名人"、说"民间故事"。③品"家乡特产"："看一看"——家乡特产包装美；"尝一尝"——家乡特产好滋味；"说一说"——家乡特产广告会。④说"风俗民情"：介绍风土人情，畅谈作业感受。最后，选取优秀作品编成"我的家乡美——优秀'长作业'专辑"。

## 二、根据文本内容设计

在学习了一篇课文之后，我们从文本内容和表达方式入手，总能寻找一些拓展的训练点，这是对文本学习的有效巩固，于是便能设计出有价值的"长作业"。

例如，学习了《三顾茅庐》，学生感受了刘备求贤若渴、礼贤下士的精神。同时，他们又生成出许多问题：诸葛亮又是如何辅佐刘备的呢？"草船借箭"究竟是一个怎样的故事？《三国演义》中一共有多少个著名人物？针对学生的这些阅读兴趣和探究欲望，教师可以设计为期三个月的长作业——"走进'三国'"。由此掀起经典阅读的高潮，用阅读引领成长，让学生亲近书籍，与好书为友，与经典对话，积淀文学底蕴，提高文学修养。学生可以关注"三国"中某一个人物，对其展开深入研究，如曹操的身世之谜、关羽的性格特点；可以收集与"三国"有关的成语、歇后语，如一身是胆（赵云），望梅止渴（曹操），孔明大摆空城计——化险为夷；可以研究"三国"中的作战计谋；还可以为电视剧《三国演义》的片段配音。

例如，学习了《刷子李》，学生充分感受了作者"一波三折"的表达方式：起初，学徒曹小三对师傅的本领只是半信半疑；看到师傅"悠然摆来，悠然摆去"，墙面"天衣无缝"便相信师傅，心生赞叹；当他看到师傅身上的一个白点的时候，师傅那如山般的形象轰然倒去，情绪马上跌落下来；最后搞明白那"白点"其实是抽烟时烫出的小洞，曹小三对师傅又一次升腾出敬佩之情。为强化和落实这样的表达，教师可设计一则"长作业"：①课外阅读，读读《泥人张》《快手刘》《好嘴杨巴》《孙悟空三借芭蕉扇》等文章，进一步体会"一波三折"的表达魅力；②观看电影《碟中谍》，体会情节的跌宕起伏给人带来的心理感受；③习作训练，编写一个"一波三折"的故事。

## 三、根据质疑问难设计

人教版二年级下册第一单元有一首古诗《咏柳》。读到"二月春风似剪刀"时,学生质疑:"唐朝就有剪刀了吗?"教师一时也不能给出准确的答案,于是,设计了一项探究性的"长作业":剪刀的故事。一周后,进行了作业成果的展示:

1. 剪刀的历史

据考古资料记载,古埃及人早在公元前 3 世纪就已经开始使用青铜铸造剪刀了。在孔翁坡神殿内的墙上刻画有剪刀和一些医学用具,因此,学者们也普遍认为是由埃及人率先采用了外科手术技术。

但上述剪刀并非现今使用的交叉型样式,考古学家弗林德斯·皮特里认为在公元 1 世纪出现交叉型剪刀。在公元 5 世纪,西班牙塞维尔的埃斯多曾描述过裁缝及理发师将这种剪刀作为主要工具。

剪刀在中国的历史也是相当悠久的。目前在洛阳的西汉古墓中出土的剪刀距今已有 2100 多年。在公元 6 世纪左右,由中国将剪刀传入了日本,在日本江户时期开始大量制造。

2. "剪"的字理

汉字"剪"是会意字。剪,有的篆文𩮰=𠦝(前,行进)+刀(刀,刃具),表示向前剖切的特殊刃具;有的篆文𩮱=𠦝(前,行进)+羽(羽,鸟的交叉状尾翼),表示用尾翼状的刀具向前剖切。古人将剪刀又称"龙刀",可见它在生活中的重要性。

教师设计与实施"长作业",应注意以下几点。

一是不"喧宾夺主"——凸显学科特色。一位教师设计了《春天在哪里?》的"长作业",其主要有 4 个任务:①"拍一拍",拍几张春天的风景照片,贴在作业纸上。②"画一画",以"我爱春天"为题,画一幅图画。③"查一查",在春天里,哪些花儿开放了?④"写一写",写一首歌颂春天的儿童诗。乍看上去,活动形式可谓丰富,但细细想想,有些内容与语文学科的性质关联不大,直接挂钩的只是"写一写",其他的则直接服务于美术与科学了。虽然,我们强调"长作业"的综合性与实践性,但对于学科类的"长作业",还是要努力凸显学科特色的。所以,这项语文"长作业"可调整为这样的几个作业要求：①吟诵有关春天的诗句（至少 5 句）。②积累与春天有关的成语（至少 10 个）。③和小伙伴或父母去春游，用笔记下你看到的春天的景象。

二是不"揠苗助长"——符合年段要求。适逢鸡年，一位教师给二年级学生布置了寒假"长作业"：①查一查鸡生肖的来历。②编一个与"鸡"有关的谜语。③观察鸡，写一篇短文。④创作一张鸡年小报。这一则"长作业"真的难住了二年级的学生，以至于许多学生整个寒假过得不愉快。究其原因，主要是因为这些作业的内容对小学二年级的学生来说，难度太大了。要知道，许多完成的作业都是父母共同参与的结果。有些教师在布置"长作业"时，喜欢追求"高大上"，拔高对学生的要求，忽略了对学生认知现状的了解与尊重。那么，如何针对小学二年级学生设计这则寒假"长作业"呢？不妨试试下面的方案：①了解生肖鸡的来历。②积累 10 个与"鸡"有关的成语。③记住一副春联。④读绘本《下怪蛋的鸡》。⑤写下你的新年愿望。

三是不"虎头蛇尾"——重视过程评价。对于"长作业"，师生们往往是开头时期待多多、信心满满，但随着时间的推移，学习兴趣与关注程度，逐渐消退了有的因为难以评价而不了了之。"长作业"比较注重掌握调查、收集、观察、实验及现代信息技术等科学研究的方法和技能，学习者对所学知识和信息的选择、判断、解释、动用是关键。换句话说，"长作业"的过程本身也就是它所追求的结果。所以，过程性评价就显得尤为重要。教师可以综合采用以下 3 种评价方式。一是组员互评。许多"长作业"需要小组合作完成，每个人在小组中的表现如何？组员之间最为了解。二是自我评价。学生自我评价过程就是自我反思过程。它可以帮助学生认识自己的不足，帮助学生根据作业的难易度了解自己的学习水平，或者把自己的疑问及时反馈给教师。三是家长评价。我们应该充分调动学生家长的积极性，让他们也参与学生的作业评价。这样不但可以让家长全面了解孩子的知识水平与学习情况，而且也做到了教师、学生、家长之间的有效互动。

# 第十一节　无纸化测评

## 萌虎逛乐园　语文新天地
### ——小学二年级第一学期语文无纸化测评

"双减"明确要求小学低年级不进行纸笔考试,这是减轻学生负担、促进学生健康成长的重要举措。替代传统纸笔考试的无纸化测评,具有情境性、综合性、实践性、趣味性和自主性,契合小学低年级学生的认知特点,有助于推进语文综合评价改革工作的发展。

本次小学二年级第一学期语文无纸化测评,主题为"萌虎逛乐园,语文新天地"。根据《义务教育语文课程标准》《上海市小学语文教学基本要求》,结合教材内容与学生特点,我们拟开设 7 个乐园:赤园、橙园、黄园、绿园、青园、蓝园、紫园,分项检测学生的查字典、找错别字、仿说句子、朗读课文、背诵诗文、口语表达和阅读理解等能力。

## 一、赤园:大海捞针

1. 检测目标

能通过部首查字法从字典中找到指定的字。

2. 操作方法

准备一本《新华字典》和一个六面骰子。检测时,学生通过掷骰子的方法决定要查的字(骰子的点数对应相应序号的字),用部首查字法从字典中查出这个字。

要查的字:跳、熊、歌、第、候、层。

3. 评价标准

☆☆☆:能在 2 分钟内从字典中查到要查的字。

☆☆:能在 4 分钟内从字典中查到要查的字。

☆:在老师的提示下,从字典中查到要查的字。

## 二、橙园:火眼金睛

1. 检测目标

能从一组词语中找到有错别字的词语。

2. 操作方法

收集学生日常书写中的错别字,制成词语卡片,与其他没有错别字的词语卡片混合在一起。让学生在 3 分钟内找出有错别字的词语卡片。(至少找到 4 张)

词语卡片内容为:赶紧、以前、房屋、晴朗、水汽、铜号、水衫、圆珠笔、秤杆、往常、于是、从林、身边、水分、纸船、急忙、木棉。

3. 评价标准

☆☆☆:能在规定时间内从卡片中找到 4 张及以上带有错别字的卡片,而且没有错选现象(将正确的词语误认为有错别字的词语)。

☆☆:能在规定时间内从卡片中找到 3 张带有错别字的卡片,而且没有错选现象;能在规定时间内从卡片中找到 4 张带有错别字的卡片,但有 1 次错选现象。

☆:能在规定时间内从卡片中找到 2 张带有错别字的卡片,而且没有错选现象;能在规定时间内从卡片中找到 3 张带有错别字的卡片,但有 1 次或多次错选现象。

## 三、黄园:依葫画瓢

1. 检测目标

能仿照例句说句子。

2. 操作方法

准备 3 个仿说练习和 3 张抽签卡片。让学生通过抽签的方式仿说其中的一句。

例 1:<u>蓝蓝的天空</u>飘着<u>五颜六色</u>的气球。

_____马路边停着_____汽车。

例 2:葡萄一大串一大串地挂在绿叶底下,有红的、白的、紫的、暗红的、淡绿的,五光十色,美丽极了。

现在是冬天,菜场里的蔬菜依然不少,_____,

_____,品种很多,营养丰富。

例3:老师一边说,一边拿着笔在纸上写。
　·　·　　　·　·

_____

3. 评价标准

☆☆☆:能仿照例句的表达特点,把句子说正确。

☆☆:能仿照例句的表达特点,所说的句子有一处语病。

☆:能仿照例句的表达特点,所说的句子有两处及以上语病;在老师提示下,能仿照例句的表达特点,把句子说正确。

## 四、绿园:书声琅琅

1. 检测目标

能正确流利地朗读课文。

2. 操作方法

准备玩飞行棋的骰子和棋子,制作一张飞行棋图(见图5-12),图中的数字对应教材中的课文。检测时,每位学生共掷3次骰子,以最后落子的位置确定要读的课文。如果最后棋子落在"终点"处,免测得"☆☆☆"。

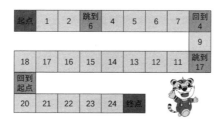

图5-12　"我会读"飞行棋

3. 评价标准

☆☆☆:能正确流利地朗读课文,语速适当。

☆☆:出现一两处不正确的地方,朗读不够流利,语速过快或过慢。

☆:出现多处不正确的地方,朗读很不流利。

## 五、青园:滚瓜烂熟

1. 检测目标

能背诵教材中指定的背诵内容。

2. 操作方法

制作一个大转盘,将教材中要求背诵的课文及"日积月累"中的诗歌标在转盘的下面(见图 5－13)。检测时,学生自己转动大转盘,离指针最近的数字对应要求背诵的内容。每个学生可以转两次,自主选择一项内容背诵。

1《植物妈妈有办法》 2《梅花》 3《树之歌》 4《田家四季歌》
5《小儿垂钓》 6《登鹳雀楼》 7《望庐山瀑布》 8《日月潭》第二至第四自然段
9《江雪》 10《夜宿山寺》 11《敕勒歌》 12《数九歌》

**图 5－13 "我会背"快乐大转盘**

3. 评价标准

☆☆☆:能正确流利地背诵选中的课文。

☆☆:出现一两处不正确的地方。

☆:出现多处不正确的地方,经老师提示才能背出。

## 六、蓝园:能说会道

1. 检测目标

能根据具体要求,在情境中与教师进行口语交际。

2. 操作方法

出示 3 个关于"商量"的交际情境,让学生自主选取一种情境,和教师一起演一演。教师扮演情境中的人物(教师、妈妈或同桌)。

情境一:向老师借的《小狗的小房子》已经看了一周,答应一周后就还的,可你还没有看完。如果你要再借一周,你怎样和老师商量?

情境二:你最喜欢看的动画片就要开始了,但是妈妈正在看连续剧。你怎样和妈妈商量呢?

情境三:你的语文书忘记带来学校,语文课上想和同桌一起共用语文书。你怎样和同桌商量呢?

3. 评价标准

☆☆☆:用普通话交谈,口齿清楚。能听懂对方的话,用商量的语气把自己的想法说清楚。

☆☆:用普通话交谈,口齿较清楚。能听懂对方的话,用商量的语气基本能把自己的想法说清楚。

☆:用普通话交谈,口齿不够清楚。能听懂对方的话,不能用商量的语气,不能把自己的想法说清楚。

## 七、紫园:融会贯通

1. 检测目标

能阅读简单的文本,并完成练习。

2. 操作方法

准备一则课外阅读资料,设计一星级、二星级、三星级练习题。学生阅读后,自主选择某个星级的题目,准备五分钟后回答。

### 征友启事

小牛想找个朋友,便贴出一张征友启事。

"我想找这样一个朋友:能陪我一起吃草,一起玩耍,一起晒太阳,一起学耕田。谁能做到,欢迎联系。"

征友启事刚刚贴出,山羊、猎狗、花猫、马驹都兴奋地跑过去看。可是,看完了,又一个个摇着头走了。结果,小牛一个朋友也没找到。

小牛跑到老牛那儿去诉苦:"唉,世界这么大,我怎么连一个朋友也找不到呢?"

老牛听了小牛的怨言,教了他一个办法。

第二天,小牛又贴出一张征友启事。

"我想找这样一个朋友:能陪我一起吃草,或者一起玩耍,或者一起晒太阳,或者一起学耕田。谁能做到其中一点,欢迎联系……"

新的征友启事刚一贴出,牛栏前就热闹起来。大家把小牛团团围住。

山羊说:"我同你一起吃草!"猎狗说:"我跟你一起玩耍!"花猫说:"我陪你一起晒太阳!"马驹说:"我和你一起学耕田!"

不一会儿,小牛就有了许多朋友。

☆:小牛的征友启事贴出之后,有哪些小动物跑来看了?

☆☆:小牛的两张征友启事有什么不同?

☆☆☆:小牛贴出第一张征友启事后,一个朋友也没找到。他贴出第二张征友启事后,有了许多朋友。这是为什么?

3. 评价标准

☆☆☆:答对三星级题,讲清楚小牛贴出两张征友启事后产生不同结果的原因。

☆☆:答对二星级题,讲清楚小牛的两张征友启事的不同之处,回答三星级题,基本讲清楚小牛贴出两张征友启事后产生不同结果的原因。

☆:答对一星级题,说出四个小动物的名字,回答二星级题,基本讲清楚小牛的两张征友启事的不同之处。

附:评价单(见图5-14)

姓名:_____　　班级:_____

| 我逛的园 | 我的本领 | 我获得的星数 | 我的游园感受 |
|---|---|---|---|
| 赤园 | 查字典 | | ♡♡♡♡ |
| 橙园 | 找错别字 | | ♡♡♡♡ |
| 黄园 | 仿说句子 | | ♡♡♡♡ |
| 绿园 | 朗读课文 | | ♡♡♡♡ |
| 青园 | 背诵诗文 | | ♡♡♡♡ |
| 蓝园 | 口语交际 | | ♡♡♡♡ |
| 紫园 | 阅读理解 | | ♡♡♡♡ |

图5-14　"萌虎逛乐园　语文新天地"评价单

本次无纸化测评是在大情境中进行的。"萌虎逛乐园"时,学生戴着老虎头饰进入乐园中参加游园活动。7个园7种色彩,教师根据检测内容精心布置环境,让学生有身临其境之感。"情境作用于人的器官,可以产生一系列神奇的效果。"在游园情境中,学生是自由的、轻松的、愉悦的。适宜的情境促进了学生的积极发挥与灵动创造。

本次测评充分考虑了小学二年级学生的身心特点,在测评时,有机融入了掷骰子、转大转盘、玩飞行棋、和老师演一演等小学生感兴趣的游戏方式,测评过程充满乐趣。在"打卡"环节,学生们兴奋不已:"真好玩!""游园活动真有意思!""我真想再玩一次。""这不是考试呀!"

评价表中的"我的游园感受"由学生根据自己对活动的喜欢程度涂色(涂满五颗♡表示"非常喜欢")。随机抽样统计显示,100%的学生"非常喜欢"查字典、找错别字、仿说句子、朗读课文、背诵诗文活动,94%的学生"非常喜欢"口语交际活动,92%的学生"非常喜欢"阅读理解活动。

# 参考文献

1. 董蓓菲.语文教育心理学[M].北京:北京大学出版社,2017.

2. 上海市教育委员会教学研究室.上海市小学语文学科教学基本要求[M].北京:人民教育出版社,2021.

3. 杨敬华.文学作品:感性与理性的统一体[J].湖北成人教育学院学报,2007(6).

4. 赵红娟.小学语文教学中理性思维的回归[J].智力,2021(1).

5. 叶小意.小学语文教学中的情感教育及其实施策略[J].西部素质教育,2017(19).

6. 张涵芝.情感性教学语言举例[J].江苏教育,1993(22).

7. 张春侠.小学生感情朗读"三部曲"[J].陕西教育(教学版),2017(Z2).

8. 何艳.小学语文教学中情感教育的实施策略[J].小学生作文辅导(语文园地),2021(8).

9. 苏伟.让情感之花盛开在课堂[J].语文学刊,2013(15).

10. 张兴文.浅谈小学语文高年级阅读教学中的情感训练[J].天天爱科学(教学研究),2021(8).

11. 赵淑琴.基于统编教材的小学语文情境教学研究[J].语文教学通讯,2021(11).

12. 杨波.以情境教学,促成小学语文教学新态势[J].小学生作文辅导(读写双赢),2021(9).

13. 俞丽美.情趣语文:学生核心素养培塑的教学乐园——小学"情趣语文"教学的实践与研究[J].江苏教育研究,2017(35).

14. 常小琴.创建情趣教学模式 优化小学语文教学[J].教师,2020(27).

15. 李春燕.儿童视阈下语文情趣教学的实践与反思[J].语文教学与研究,2019(16).

16. 吴冰.关注文本表达,提高阅读能力[J].新教育,2015(13).

17. 姚淑敏.思维导图在小学语文长文章阅读教学中的应用研究[D].天津:天津师范大学,2021.

18. 杨均.关注文本表达 促进语言建构[J].文理导航(下旬),2021(1).

19. 钱加清.语文学法指导的模式与原则探讨[J].语文学刊,2001(1).

20. 李艳波.学海无涯"法"作舟——浅谈小学语文学法指导的策略[J].读写算,2019(30).

21. 徐凤玲.论语文教学德育渗透艺术[D].内蒙古:内蒙古师范大学,2004.

22. 王琴.小学语文学科中渗透德育教育[J].课外语文,2017(18).

23. 段天才.风正帆悬气象新——论小学语文教学中如何落实立德树人[J].河南教育(基教版),2021(10).

24. 方圆.春风化雨 润物无声——谈小学语文课堂教学中的德育渗透方法[J].考试周刊,2021(98).

25. 李伟忠."三笑"之后,该说些什么?——三个不容忽视的教学细节[J].小学教学参考,2010(7).

26. 赵树娇.创造性复述的三种视角[J].小学语文教学,2016(13).

27. 赵霞.统编教材创造性复述的单元解读与教学策略[J].教学与管理(小学版),2019(32).

28. 吴宣泽.依托统编教材,习得创造性复述能力[J].语文天地,2020(9).

29. 陈晓冰.小学语文"情理课堂"的文化寻根[J].生活教育,2011(8).

30. 李俊儒,徐志远.论情感教育的特征和功能[J].课程教育研究,

2019(16).

31. 中国大百科全书出版社编辑部.中国大百科全书:哲学 1 − 2[M].北京:中国大百科全书出版社,1987.

32. 白金声.语文德育渗透艺术[M].北京:中国林业出版社,2000.

33. 李吉林.李吉林文集(卷1):情境教学实验与研究[M].北京:人民教育出版社,2007.

图书在版编目（CIP）数据

小学语文情理课堂 / 李伟忠著. — 上海：上海教
育出版社，2023.10
ISBN 978-7-5720-2094-0

Ⅰ.①小… Ⅱ.①李… Ⅲ.①小学语文课－课堂
教学－教学研究 Ⅳ.①G623.202

中国国家版本馆CIP数据核字(2023)第117147号

责任编辑　李　玮
封面设计　周　吉


**小学语文情理课堂**
李伟忠　著
————————————————————
出版发行　上海教育出版社有限公司
官　　网　www.seph.com.cn
地　　址　上海市闵行区号景路159弄C座
邮　　编　201101
印　　刷　上海普顺印刷包装有限公司
开　　本　700×1000　1/16　印张 15.5　插页 1
字　　数　231 千字
版　　次　2023年11月第1版
印　　次　2023年11月第1次印刷
书　　号　ISBN 978-7-5720-2094-0/G·1876
定　　价　62.00 元
————————————————————
如发现质量问题，读者可向本社调换　电话：021-64373213